De la Asociación Civil Museo Marítimo de Ushuaia

De la Asociación Civil Museo Marítimo de Ushuaia

El 2000 fue un año de mucha actividad. En la parte edilicia se ha terminado la planta baja del Pabellón 2 pasándose la biblioteca a este sector para que el público tenga libre acceso. Se ha acondicionado el Pabellón 3 para uso como depósitos y varios talleres. Se completo el cerramiento con vidrios de todo el edificio y se cambió el techo del Pabellón 2.

Para eliminar las barreras arquitectónicas se compró un ascensor para discapacitados para acceder a la planta alta del edificio con la colaboración de Te Le Fe, y se montó un baño especialmente adaptado. De esta forma todo el museo, en su despliegue actual puede ser recorrido sin obstáculos.

La actividad en la Galería de Arte fue muy importante con gran variedad de talleres y diversas muestras de artistas locales y del resto del país. Entre las novedades fue el estreno de un laboratorio de fotografía a pedido de los asistentes a los talleres. También está planificada una importante extensión del ámbito físico de la misma para dar respuesta a los pedidos que tenemos que, tanto Nicolás Martín como Gabriela Polvorinos, hacen lo imposible para responder favorablemente brindando su tiempo voluntariamente en un verdadero "amor al arte".

El complejo de Videoteca, Hemeroteca y Biblioteca *Roberto J. Payró* que funciona en la Biblioteca del Museo Marítimo con el apoyo de la Municipalidad de Ushuaia tuvo un año de muchas incorporaciones de libros sobre la Patagonia. Conjuntamente con la Municipalidad se realizó un certamen de historia dirigido al EGB1 y 2 celebrando el 50 aniversario de la Base Naval Ushuaia del cual participaron 1356 niños. Los premios fueron bicicletas y paseos para todo el grado por el Canal Beagle realizado en buques de la Armada Argentina.

Las salas Antárticas siguieron creciendo en número y además de las inauguradas por Adriane de Gerlache, en enero pasado, sobre la expedición del *Bélgica*; se sumaron las del *Austral* y las islas Orcadas; la de la Corbeta *Uruguay*; las bases de Argentina en la Antártida; la del *Endurance* del expedicionario inglés Shackleton y gracias al apoyo de la Dirección Nacional del Antártico por intermedio del Dr. Ricardo Capdevila y su actual Director el Dr. Molinari, se está preparando una sala dedicada a los pingüinos. Japón se sumo a esta iniciativa y Koichi Fujiwara donó una colección de fotos de todas las especies de pingüinos conocidas hasta el momento.

En cuanto las Expediciones continuaron las mismas a la Isla de los Estados extrayéndose muestras de maderas que pertenecieron al palo mayor y cubierta del bergantín goleta *Espora*, de don Luis Piedra Buena. Los hallazgos fueron realizados en la expedición a la isla realizada por el Dr. Adrián Schiavini de la cual participó, en carácter de botánico, Fernando Biganzoli, el cual esta preparando un herbario de la isla para el Museo. En febrero arribamos a bordo del *ARA Sobral* a recoger las muestras de los restos que el mar se encargó de destapar. Las muestras fueron analizadas por Marilín Castro, del CONICET.

En ese viaje se instaló un pequeño monumento en Bahía Franklin, donado por el Instituto Piedra Buena de Mar del Plata, que recuerda al osado navegante y primer defensor de nuestra soberanía en los mares y tierras australes.

En marzo se realizó un viaje de relevamiento por la costa de Santa Cruz, entre Monte León (al sur de Puerto Santa Cruz) hasta San Julián siendo nuestra base la ciudad de Comandante Luis Piedra Buena. Esta expedición, *Santiago 2000*, tenía como objetivo investigar los restos hallados por los lugareños que presumiblemente podían tratarse del naufragio la Nao *Santiago* de Hernándo de Magallanes en 1520. Análisis

de madera con el método de Carbono 14 dio en dos muestras la posibilidad de que sea de esa época. Se inició un trabajo más profesional con un equipo conformado por: el Museo Naval de la Nación, con el aporte de la arqueóloga Verónica Aldazábal; por el Science Museum of Long Island los Directores Robert Hemm y Marcelo Méndez (con gran apoyo instrumental); por el Museo Marítimo, Cecilia Illa, Horacio García y Carlos Pedro Vairo; y un gran apoyo de la gente local como Eduardo Jorge Segovia; Edgar Argentino Peralta; su hijo Juan Pablo; Horacio Abal (acrobacias con vehículos); Roberto Semino y el apoyo de la Municipalidad por medio del Sr. Intendente José Ramón Bodlovic.

Si bien el tiempo nos fue muy adverso con fuerte viento y lluvia, se aprovechó a trabajar en Isla Pavón y en lo que fue la casa de Gregorio Ibañez. Donde se tomaron medidas de las construcciones y se recogieron muestras. En San Julián pasamos momentos realmente agradables con Carlos Cendrón y su hijo "Pinocho". Se tomaron muestras del buque encontrado por ellos y se relevo el lugar. Se piensa que es de fines del 700 y se trata del galeón perdido cuando se fundo la colonia de "Floridablanca". En este momento se están analizando los materiales para estudiar su procedencia y datación. Estos análisis se están llevando a cabo en Estados Unidos y en Buenos Aires.

Entre otras actividades estamos a pleno con la tarea de difundir los temas de la región y es así como las publicaciones del Museo se van complementando como con la publicación del presente trabajo del Dr. Ricardo Capdevila sobre la historia antártica. También se ha publicado una carta histórica con los naufragios del Cabo de Hornos, Península Mitre, Canal Beagle e Isla de los Estados y los asentamientos humanos. De la misma forma se realizó una Carta Histórica de Isla de los Estados con todos los trabajos de relevamiento realizados por el Museo Marítimo y el apoyo del Servicio de Hidrografía Naval y la Base Naval Ushuaia.

En este punto también queremos agradecer al Intendente de la ciudad de Ushuaia Ing. Jorge Garramuño.

Queremos compartir con toda la gente que nos apoya el premio otorgado por el Servicio de Hidrografía Naval de la Armada Argentina, por la difusión de los Intereses Marítimos. Sabemos que en este caso somos la cara visible de muchísima gente que durante años trabajó aportando cada uno todo lo que tenía y podía brindar, a todos muchas gracias y a continuar.

Por la Asociación Civil Museo Marítimo de Ushuaia
Co–Director Lic. Carlos Pedro Vairo

COCINA PATAGONICA Y FUEGUINA
PATAGONIAN AND FUEGIAN COOKBOOK

COCINA PATAGONICA Y FUEGUINA
PATAGONIAN AND FUEGIAN COOKBOOK

Lic. Carlos Pedro Vairo

EN EL PRESIDIO
9410 USHUAIA - TIERRA DEL FUEGO - ARGENTINA

ZAGIER & URRUTY
PUBLICATIONS

© 1999, 2001 CARLOS PEDRO VAIRO
ISBN 1-879568-60-8

Traducción al inglés y corrección de textos: Iraí Freire
Ilustraciones: Roque Zambelli
Acuarela de tapa: Gabriela Garrote
Fotos de contratapa: Carlos Vairo

Reimpresión: agosto 2001

Todos los derechos reservados. Este libro no puede reproducirse, total o parcialmente, por ningún método gráfico, electrónico o mecánico, incluyendo los sistemas de fotocopia, registro magnetofónico o de alimentación de datos sin expreso consentimiento por escrito de los editores.

Aunque el autor y los editores han investigado exhaustivamente las fuentes para asegurar exactitud en los textos y fotos contenidos en este libro, ellos no asumen responsabilidad alguna por errores, inexactitudes, omisiones o cualquier inconsistencia incluída. Cualquier agravio a personas, empresas o instituciones es completamente involuntario.

Yaganes y Gob. Paz - Ushuaia
℡ (54-2901) 437481
FAX (54-2901) 437481
E-MAIL cvairo@dynamo.com.ar
WEB www.ushuaia.org

ZAGIER & URRUTY
P U B L I C A T I O N S

Las Lajas 1367 - Ushuaia
✉ P.O. Box 94 Sucursal 19
C1419ZAA Buenos Aires
Argentina
℡ (54-11) 4572-1050
FAX (54-11) 4572-5766
E-MAIL zagier@ciudad.com.ar
WEB www.patagoniashop.net

SOLICITE CATALOGO — *ASK FOR CATALOG*

A todas las mujeres que he amado y amo. Ellas me han alimentado con lo esencial en la vida: Amor. Desde mi madre, tías, nanas, hermana, sobrinas, amigas, amantes, novias y esposa; incluso algunas brujitas y brujas que quiero muchísimo (Tati and Co.). Nombrarlas sería omitir o lastimar a alguien injustamente. A todas ellas.

To all the women I love and have loved. They have fed me with what is essential in life: Love. From my mother, aunts, nannies, sister, nieces, friends, lovers, girlfriends and wife to even some witches and little witches I love deeply (Tati & Co.). To mention them would be to omit or hurt somebody unfairly. To them all.

Contenidos
Contents

Agradecimientos ... 13	**Acknowledgments** ... 13
A modo de introducción ... 15	***Introduction*** ... 15
Cocinando en el fin del mundo ... 17	***Cooking at the End of the World*** ... 17
Patagonia Norte ... 17	North Patagonia ... 17
Cocina fueguino-patagónica ... 18	Fuegian-Patagonic Cuisine ... 18
Ovejas y corderos ... 19	Mutton and Lamb ... 19
Corderos ... 19	Mutton ... 20
Capones y carneros ... 19	Capons and Rams ... 20
Ovejas ... 20	Ewes ... 20
Formas de preparación ... 20	Ways of Cooking Mutton ... 21
Asado ... 20	Roasted (asado) ... 21
Condimento ... 21	Seasoning ... 21
Chimichurri «el vasco» ... 21	Chimichurri «El Vasco» (the Basque) ... 21
Asado a la parrilla ... 21	Roasted on a Grill ... 22
Asado a la chapa ... 23	Roasted on a Metal Sheet ... 23
Asado al «chulengo» ... 23	«Chulengo» Roast ... 23
Un poco de historia ... 24	History ... 24
Cortes más frecuentes ... 25	Common Cuts ... 25
Costillar ... 25	Best End of Neck and Saddle ... 25
Cuarto trasero ... 26	Shank ... 26
Cuarto delantero ... 26	Shoulder and Foreshank ... 26
Lengua ... 26	Tongue ... 26
Cabeza ... 26	Head ... 26
Costillas de cordero (chuletas) ... 26	Mutton Chops ... 26
Comidas con cordero o capón ... 26	Mutton and Capon Dishes ... 26
Chuletas de cordero con salsa de calafate ... 26	Mutton Chops with Calafate Sauce ... 26
Cordero al calafate ... 27	Mutton with Calafate Sauce ... 27
Lomo de cordero con salsa de calafate ... 27	Mutton Loin with Calafate Sauce ... 27
Pierna de cordero al horno ... 27	Oven Roasted Leg of Mutton ... 28
Pierna de cordero asada ... 28	Roasted Leg of Mutton ... 28
Guisos de cordero ... 29	Mutton Stews ... 29
Guiso de cordero (I) ... 30	Mutton Stew (I) ... 30
Guiso de cordero (II) ... 30	Mutton Stew (II) ... 31
Guiso de cordero (III) ... 31	Mutton Stew (III) ... 31
Guiso de cordero (IV) ... 32	Mutton Stew (IV) ... 32
Guiso de cordero (V) ... 32	Mutton Stew (V) ... 32
Chuleta de cordero en pasta de hojaldre ... 34	Mutton Chops in Pastry ... 34
Curry de cordero con manzanas al vino tinto ... 35	Mutton Curry with Apples in Red Wine ... 35
Cordero al horno ... 36	Oven Roasted Mutton ... 36
Crema de oporto y hongos con cebollitas glaseadas ... 36	Port and Mushrooms Cream with Glaceed Onions ... 36
Salsa de naranjas ... 36	Orange Sauce ... 36
Testimonio de una antigua pobladora, «Tata» Fique ... 37	An Old Settler's Testimony, «Tata» Fique ... 37
Carbonada sureña ... 41	Southern Carbonada ... 41
Cordero con puré ... 43	Mutton with Mashed Potatoes ... 43
Paleta de cordero rellena ... 43	Stuffed Shoulder of Mutton ... 43
Empanadas de capón ... 44	Capon Turnovers ... 43
Costilla de ovino agridulce ... 45	Sweet-and-Sour Mutton Ribs ... 45
Chuleteada ... 46	Chops ... 45
Aprovechando todo el cordero ... 46	Taking Advantage of the Whole Mutton ... 46

Spanish	Page	English	Page
Lenguas de cordero	46	Mutton Tongue	46
Con salsa de huevos	47	With Egg Sauce	46
Lengüitas de cordero con salsa	47	Mutton Tongues in Sauce	46
Lengua de cordero a la rusa	47	Russian Mutton Tongues	47
Lenguas de cordero	48	Mutton Tongues	48
Patitas de cordero (cocción)	48	Mutton Trotters	48
Patitas de cordero con arroz	49	Mutton Trotters with Rice	48
Patitas de cordero en aspic (plato frío)	49	Mutton Trotters in Aspic (Served Cold)	49
Carne de vacuno	50	Beef	49
Bife a lo pobre	50	Steak a lo Pobre (Poor Steak)	50
Puchero de novillo o vaquillona	50	Veal Puchero	50
Puchero	51	Puchero	51
Pollo o ganso al horno (también conejo fueguino)	52	Oven Roasted Chicken or Fowl (also Fuegian Rabbit)	52
Pollo al disco	53	Chicken on Disc	52
Pollo al barro	54	Chicken in clay	53
Yeguarizo	56	Young Mare	55
Matambre de yeguarizo	54	Young Mare Plate	56
Liebre patagónica	57	Patagonic Hare	56
Liebre, conejo o mara en escabeche	57	Hare, Rabbit or Mara in Marinade of Oil	57
Conejo o liebre patagónica a la cazadora	58	Rabbit (or Patagonic Hare) alla Cazadora	58
Conejo (o liebre) con pastas	58	Rabbit (or Hare) with Pasta	58
Guiso de conejo o liebre patagónica al vino blanco	60	Rabbit Stew with White Wine (also Patagonic Hare)	60
Castor	61	The Beaver	61
Testimonio de una antigua pobladora: Zulema Beban	62	Testimony of an Old Settler: Zulema Beban	62
Pescados y mariscos	65	Seafood	65
Merluza negra	65	Black Hake	65
Merluza negra pochada a la manera de «Volver»	66	«Volver» Poached Black Hake	66
Merluza negra «Ideal»	66	«Ideal» Black Hake	66
Merluza negra en salsa de puerros de «Kaupe»	66	Black Hake in Leeks Sauce from «Kaupé»	66
Merluza negra al estilo de «Tía Elvira»	67	Black Hake «Tía Elvira»	67
Trucha de Almanza	67	«Almanza» Trout	67
Salsa	68	Sauce	67
Guarnición	68	Garnishing	68
Papillote de trucha (empaquetado en aluminio)	68	Trout Papillote	68
Filetes: trucha fueguina, salmonada o salmón rosado	68	Fuegian Trout Fillets, Salmon Trout or Pink Salmon	68
Centolla	69	King Crab	69
Centolla alacalufe	69	Alacalufe King Crab	69
Centolla italiana	69	Italian King Crab	69
Centolla al natural	70	Au Naturel King Crab	69
Centolla con arroz	70	King Crab with Rice	70
Centolla fueguina	70	Fuegian King Crab	70
Centollón	70	False King Crab (Centollón)	71
Salsa de centollón	71	Centollón sauce	71
Róbalo relleno con centolla y salsa de limón	72	Sea Bass Stuffed with King Crab and Lemon Sauce	72
Tortilla de merluza	72	Hake Tortilla	73
Torta de pescado	73	Fish Cake	73
Cazuela de corvina	73	Corvina Casserole	73
Corvina negra con salsa de hongos	73	Black Corvine in Mushrooms Sauce	74
Sopa de mariscos	74	Shellfish Soup	74
Caldillo de choros (mejillones)	74	Clam Caldillo	76
Caldillo de almejas	76	Large Oysters au Gratin	76
Ostiones gratinados	77	Recollections of our Stay in Punta Arenas	77
Algunos recuerdos de nuestro paso por Punta Arenas	77	Sailor-fashion Mussels	80
Mejillones a la marinera	80	Razor Clams au Gratin	80
Machas al gratín	80	Machas with Cream	82
Machas con crema	82	Parmigiana Razor Clams (or Clams)	83
Machas a la parmesana (también de almejas)	82	Locos	83
Locos	83	Sauteed Locos	83

Locos salteados 83	Locos alla Chilean 84
Locos a la chilena 83	Locos in Cream 84
Locos a la crema 84	Cold Locos Pancakes 85
Panqueques fríos de locos 85	Rice with Locos 85
Arroz con locos 86	Curanto in Saucepan 86
Curanto en olla 86	Milcao 88
El milcao 88	Piure Pie 90
Pastel de piures 89	Choritos Tortilla 90
Tortilla de choritos 90	Economical Globefish Tortilla 90
Tortilla económica de erizos 90	Prawns with Rice 90
Langostinos con arroz 90	Oven Prawns 91
Langostinos al horno 91	Clams alla Parmigiana 91
Almejas a la parmesana 91	Clams Stew 92
Guiso de almejas 91	Oven Clams 92
Almejas al horno 92	Globefish au Naturel 92
Erizos al natural 92	Globefish in Sherry 92
Erizos al jerez 92	Choritos Salad 93
Ensalada de choritos 93	Chupe de Locos (Sea Snails Stew) 93
Chupe de locos 94	Clams Cebiche 94
Cebiche de almejas 94	Coated Shrimps 94
Camarones rebozados 94	Shrimps Cocktail 94
Camarones en cóctel 94	Curried Shrimps 94
Camarones al curry 95	Calamari in their Ink 94
Calamares en su tinta 95	Seaweeds or Cochayuyo (Giant Kelp) 95
Algas o estofado de cochayuyo 95	Margarita Wilder's Testimony 95
Testimonio de Margarita Wilder 96	Bread Dough 96
Masa para pan 96	Bread Dough (Less Spongy) 97
Masa de pan menos esponjosa 98	Chilean Muleteers' Bread 98
Pan sin horno de los arrieros chilenos 98	Bread with Welsh Dough 98
Pan con masa galesa 98	Biscuits 99
Galleta 99	A Brief History of Bread 99
Pequeña historia del pan 99	Gaiman, A Welsh Colony 99
Gaiman, una colonia Galesa 100	Fruit Cake (Teisen Ddu, in Welsh) 102
Torta negra 102	Fruit Cakes 102
Tortas negras 103	Tea 103
Té 103	Scons 103
Scones 103	Cakes 104
Tortas 104	Lemon Cheese 104
Crema de limón o «lemon cheese» 104	Rhubarb Pie 104
Tarta de ruibarbo 105	Rhubarb Marmalade 104
Mermelada de ruibarbo 105	Plums or Pears Jam 105
Dulce de ciruelas o de peras 105	Tomatoes Jam 105
Dulce de tomates 106	Calafate Jam 106
Dulce de calafate 107	Gooseberries, Raspberries, Strawberries,
Dulce de grosellas, frambuesas, frutillas o cerezas ... 107	Cherries Jam 107
Panqueques 108	Plain Pound Cakes 107
Otras preparaciones típicas 108	Other Typical Recipes 107
Pastel de carne 108	Meat Pie 107
Pollo relleno 109	Stuffed Chicken 109
Testimonio de Lucinda Otero 109	Lucinda Otero's Testimony 109
Terrenos y quintas 110	Lots of Land and Orchards 109
Comida fueguina 110	Fuegian Cuisine 109
Cordero 110	Lamb 109
Pierna de capón asada 111	Roasted Capón Leg 109
Aprovechamiento del capón 111	Utilization of Capón 110
Comidas con algas 111	Seaweed Dishes 110
Buñuelos de alga (luche) 111	Seaweed (Luche) Friedcake 110
Cachiyuyo 111	Cachiyuyo (Giant Kelp) 111

Cazuela de luche	112
Verduras de la zona	112
Arrollados de verdura con masa	112
Pan de papa	113
Pescados y mariscos	113
Clases de peces	113
Otras comidas	114
Preparativos para el invierno	114
Conservacion de los alimentos	114
Frutas frescas	114
Postres	115
Pan	115
Licores	115
Caramelos	115
Carámbanos	115
La cárcel	116
Remedios caseros	116
Alimentación de los exploradores	117
Pingüinos	117
Lobos de mar	118
Lobos marinos y sus derivados	119
Pesca de centolla	120
Recetas de Julius Popper	120
Navegantes	121

Luche Casserole	*111*
Local Vegetables	*111*
Vegetable Rolls	*112*
Potato Bread	*112*
Seafood	*112*
Varieties of Fish	*112*
Other Dishes	*112*
Preparations for Winter	*113*
Preserved Food	*113*
Fresh Fruit	*113*
Desserts	*114*
Bread	*114*
Liquors	*114*
Candies	*114*
Icicles	*114*
The Prison	*114*
Home-made Medicine	*115*
Explorers' Diet	*115*
Penguins	*115*
Sealions	*117*
Sealions and Byproducts	*118*
King Crab Fishing	*119*
Julius Popper Recipes	*120*
Sailors	*120*

Agradecimientos
Acknowledgments

Es mi deber agradecer a todos aquellos que, voluntariamente o no, participan de este trabajo de recopilación. Muchas recetas son de cosecha propia, es decir las he visto realizar, por uno u otro motivo, y luego me dediqué a recrearlas. Muchas veces con ayuda de verdaderos profesionales como los cocineros que pasaron por el pequeño restaurante que teníamos en La Lucila («La Bodega») y otras por distintos cocineros y cheffs de un nutrido grupo de establecimientos que se mencionan en cada caso. Estos últimos fueron los que voluntariamente cedieron sus recetas, al igual que los pobladores entrevistados tanto de Chile, como Tierra del Fuego, Santa Cruz y Chubut. A los demás les pido disculpas por no haberles avisado la intención, pero es que fueron engrosando las libretas de apuntes de cada travesía, por mera curiosidad, sin saber que alguna vez iban a aparecer en una recopilación.

Un especial agradecimiento a Gabriela (Pizca) Garrote por los distintos motivos que realizó para la tapa y por sus comentarios al ser la primer lectora del borrador que en definitiva quedó así, en borrador.

I should thank to all those who, voluntarily or not, take part in this compilation. Many of these recipes are of my own creation —I have seen them being prepared, and later, I devoted myself to their re-creation. In many cases, I was advised by real professionals such as the cooks that worked in our little restaurant («La Bodega») in La Lucila. Other recipes I received from cooks and chefs of a large number of different establishments, which will be duly mentioned. The latter voluntarily ceded their recipes, the same as the people interviewed in Chile and in the Argentine provinces of Tierra del Fuego, Santa Cruz and Chubut. To the rest, I apologize for not having announced my intention, but the truth is that their ideas enlarged my notebooks little by little on each voyage —just out of curiosity— and in those days I simply did not know that, eventually, they would appear in a compilation.

Special thanks for Gabriela (Pizca) Garrote for the different paintings she made for the cover and for her comments. She was the first reader of these pages in its preliminary version.

Cocina de campo. Estancia Cancha Carrera, provincia de Santa Cruz, Argentina.

A modo de introducción
Introduction

El presente trabajo no intenta ser una prolija recopilación de recetas o formas de cocción, en todas sus variantes, de los alimentos que se pueden encontrar en la región. De ser así todo terminaría en convertir a este libro en un recetario o libro de cocina, cuando en realidad la tarea que nos propusimos fue otra.

Por una parte estamos tratando de responder a una pregunta muy sencilla que formula a diario la gente que visita la región: ¿Cuál es la comida típica? y luego un simple (casi irresponsable) ¿Por qué? que puede llevar un largo rato responder. Es evidente que la comida de la región es diferente a la de un poco más al norte pero, como me sucedió al tratar de responderme esa pregunta, las causas son muchas y no sólo está la geográfica.

Por otro lado, es un pequeño intento de rescatar del olvido costumbres o formas de vida y elementos que hacen al folclore de la Patagonia Sur.

Increíblemente estamos reflejando situaciones y costumbres que ya forman parte de una historia que, aunque parezca remota, no tiene más de tres o cuatro décadas y que comenzó no hace mucho más de cien años.

Los cambios introducidos en la región durante el último siglo fueron muchos y en algunos casos resultaron hasta drásticos. Solamente recordemos cómo el pueblo yamana (yaghan) se extinguió y en eso tuvo que ver mucho la alimentación y el cambio de costumbres. Como los shelknam (onas) tomaron a la oveja y al caballo como «guanaco blanco» o «guanaco grande» y decidieron servirse de él como lo hacían con el guanaco, lo que a muchos les costó la vida, ya sea por la acción directa de una bala, envenenados o sometidos a encierro. Los tehuelches del sur (aonikenk) en cierta manera tuvieron un poco más de suerte al poder escapar o, si se prefiere, deambular de un lugar a otro (entre el Estrecho de Magallanes y el río Chubut). De cualquier manera ellos también vieron reducir rápidamente su número y los caciques debieron hacer alianzas con un ejército o el otro (chileno o argentino), tratando de seguir con vida como pueblo. Todos podemos ver el resultado.

Pero en estos casos hablamos de la gente que llegó para radicarse ya sea por un tiempo

The present work does not intend to be a neat compilation of recipes or cooking methods —in all their variants— of food found in the region. If this were the case, this volume would become a book of recipes or a cookery book when, in fact, we meant quite another thing.

On the one hand, we are trying to answer a quite simple question that people visiting the region ask very often —Which are the typical dishes? to add later a simple (and somewhat irresponsible) Why? that takes long to answer. It is obvious that dishes are different from those prepared in northern Patagonia, but, as it happened to me when trying to answer that question, there are many reasons apart from the geographic ones.

On the other hand, this is a modest attempt to rescue from oblivion customs, a lifestyle and further elements that make up the folklore of South Patagonia.

Incredible though it seems, we are showing situations and customs that are already part of a history that, even when apparently remote, is no older than three or four decades and started not longer than one hundred years ago.

Many changes were introduced in the region during the last century and, in some cases, they were even drastic. Just remember how the Yamana (Yaghan) people were extinct and to what extent nutrition and changes in lifestyle influenced on this. Or how the Shelknam (Ona) mistook sheep and horses for white guanacos or big guanacos and decided to consume them as such thus finding death either because they were shot, poisoned or confined. The Southern Tehuelches (Aonikenk) were a bit more lucky as they escaped or wandered between the Magellan Strait and Chubut river. Anyway, their population was also quickly diminished and caciques had to ally with one or the other army (Chilean or Argentine) in an attempt to survive as a nation. We all can see the result.

But in this case we are referring to the people who arrived to settle down, either for a period or with the idea of staying for good. Explorers formed a separate caste. With their huge sail vessels, equipped with top-of-the-art technology, such as well calibrated marine compasses (a simple magnetic needle), reinforced hulls (double or treble wooden layer) to fight against

o con la idea de quedarse para siempre. Los exploradores formaron todos una casta aparte. Con sus grandes embarcaciones a vela, preparados con todos los adelantos de la ciencia del momento, como por ejemplo compases marinos bien calibrados (simples brújulas), cascos reforzados (doble o triple capa de madera) para luchar contra los hielos, velas de material grueso (motores infalibles), palomas mensajeras a falta de radio, carne salada o en toneles de grasa, latas de galletas, algunos elementos de medicina. No pensemos qué podía suceder con una simple infección. Con esos medios, no hace mucho (1900), se lanzaron a lo desconocido: la Antártida. Allí cazaron pingüinos o lobos marinos y volvieron. Partían de una especie de Cabo Cañaveral de la época: Isla de los Estados y el Faro del Fin del Mundo.

Unos 60 años después el hombre conquistaba el espacio y llegaba a la luna. Creo que las páginas de la historia están pasando demasiado rápidamente, tal cual vivimos; tan sólo como tienen que pasar. Pero a veces es conveniente rescatar algunas cosas que nos ayudarán a comprender nuestro pasado reciente o la vida en ese lugar, que ya ahora nos parece algo remoto.

Es así como a través de los platos, a veces comiendo o ayudando a prepararlos, fueron saliendo anécdotas, costumbres y distintos datos que nos brindan un mejor panorama de la región, desde la vida cotidiana, la de los héroes de todos los días.

ice, sails of thick fabric (never-failing engines), homing pigeons instead of radios, meat salted or preserved in fat casks, canned biscuits, some medicines —God knows what could happen in case of a mere infection. Not so long ago —in the 1900s— and with those means, they plunged into the unknown: Antarctica. They hunted penguins or sealions there and came back. They used to set sail from a sort of Cape Canaveral of those times —Isla de los Estados and the Lighthouse at the End of the World.

Around sixty years later, man conquered space and reached the moon. The pages of history, I think, are going by too quickly the way we are living. But this is just like it should be. Anyway, sometimes it is convenient to rescue some things that will help us understand our recent past or life in that place which already now seems to be remote.

It was through dishes, sometimes eating or helping to prepare them, that anecdotes appeared, customs and different aspects that build up a wide view of the region —starting with the ordinary life of daily heroes.

Canoa yamana y arpones.

Cocinando en el fin del mundo
Cooking at the End of the World

Patagonia Norte

Como ya mencionamos esta parte de la Patagonia está compuesta por las provincias de Río Negro, Neuquén y La Pampa. Entre las distintas características que la diferencian de la Patagonia Sur están las de sus comidas y bebidas. Es que en Neuquén y Río Negro están las últimas cepas de vid con la cual se elaboran excelentes vinos: los famosos vinos del «Valle», en sus variedades de blanco, tinto y rosado. Más al sur la uva se convierte en una rareza total. Muchos pensadores dicen que la civilización se desarrolló y evolucionó en los lugares donde la vid puede cultivarse y hasta publican mapas donde puede verse la dispersión de las plantaciones para viñedos y las civilizaciones que allí se desarrollaron. Es cierto que en los otros sitios la vida es mucho más dura, como en la estepa, los desiertos y las selvas tropicales. Pero, por suerte, a Patagonia Sur llegan excelentes vinos y son muchos los lugares donde se elabora una excelente cerveza.

Entre las comidas llamadas regionales están las que se preparan con carne de ciervo, jabalí y en especial los famosos ahumados del lugar. Estos abarcan desde quesos, truchas y salmones a los cortes más tiernos de animales salvajes. Entre los hongos encontramos uno muy particular que es la «morilla» u hongo de ciprés, que posee un sabor muy delicado.

Los dulces también son artesanales. Entre los principales están el de cerezas y los clásicos de duraznos, ciruelas, manzanas y peras. Por supuesto que el resto de la variedad también se encuentra presente.

La cerveza, preparada en forma artesanal, se la puede encontrar tanto en Bariloche como en El Bolsón o Neuquén, y es exquisita. Fresca y sin pasteurizar, posee un aroma y un sabor perfectos. Se la prepara tanto en su versión negra (para nada rancia) o la más preferida entre nosotros: la rubia (pilsen).

El secreto de esta cerveza es que se usa cebada pura y lúpulo; además de un agua pura como la de la cordillera. Industrialmente se usa un 60% de cebada y luego se le agregan otros granos como arroz y maíz; luego le agregan enzimas, espumantes y conservantes.

North Patagonia

This part of Patagonia is made up of the provinces of Río Negro, Neuquén and La Pampa. Dishes and drinks are among the different aspects that make it different from South Patagonia. In Neuquén and Río Negro, we find the last grapevines with which excellent wines are produced —the famous «Valley» wine in its white, red and rosé varieties. Down the south, grapes are a rarity. Many thinkers claim that civilization appeared and developed in places where vine could be cultivated and they even publish maps of the world showing the location of vine plantations and the civilizations developed around them. It is true that life in other places —such as deserts, tropical forests and steppes— is much harder. Fortunately, in South Patagonia there are excellent wines and, in many places, a luscious beer is brewed.

Among the so called regional dishes we find those prepared with venison, wild boar meat and, especially, the famous local smoked food. These range from cheese, trout and salmon to the most tender cuts of game. Among mushrooms, we find a special one called «morilla» (morel) or cypress mushroom which has a very delicate taste.

The most traditional homemade jams are prepared with cherries, peaches, plums, apples and pears. Of course, jams of other kinds of fruit are also produced.

Beer, brewed in an artisanal fashion, is found in Bariloche, El Bolsón or Neuquén, and it is delicious. Fresh and without pasteurizing, it has perfect flavor and taste. Both stout (not at all rancid) and the lager (Pilsen) type –the one I prefer— are prepared.

The use of pure barley and hops, apart from the pure waters of the cordillera, is the secret of this beer. In industrial production, a 60 per cent of barley is used and then other grains such as rice or corn are added, then enzymes, sparkling and preservative substances.

The Welsh community used to brew a homemade beer prepared with wheat and leaves of various plants such as prunes of Corinth, vine and horehound. But this is already a thing of the past and the recipe could only be found in the notebook of some old settler.

En la colectividad galesa existía la costumbre de preparar una cerveza casera que se hacía con trigo y hojas de diversas plantas como el corinto, uva y marrubio. Pero esto ya forma parte del pasado y sólo podrá hallarse en algún cuaderno de un viejo poblador.

Cocina fueguino-patagónica

Evidentemente cuando hablamos de Patagonia, Patagonia Sur o Tierra del Fuego nos referimos a la región más austral del hemisferio sur. En realidad, se podría englobar todo dentro del término Patagonia, como se hace con fines turísticos, pero la realidad nos muestra que los fueguinos actuales pertenecen, de ambos lados de la frontera, a la Patagonia Sur. Y ésta no es una diferenciación caprichosa, ya que presentan más similitudes. Es así como muchas de éstas se ven reflejadas en las comidas. La Patagonia Norte estaría compuesta por Río Negro, Neuquén y La Pampa. La Patagonia Sur por Chubut, Santa Cruz, Tierra del Fuego y la región de Magallanes, en Chile. Poner límites y hacer divisiones no es lo que más me agrada, pero creo que es la única forma de aclarar sobre la zona que «vagamos» para hacer esta reseña.

Durante muchos años, mientras deambulaba por Puerto Montt, Gaiman, El Calafate, Torres del Paine, Puerto Natales o Ushuaia, probaba platos típicos que difícilmente podía encasillar en una región. Del cordero se saltaba al puchero o los mariscos como podía aparecer el conejo y hasta el castor o las tortas galesas. En realidad esto no tenía ningún sentido. Específicamente si uno se pone a investigar a los primitivos dueños del lugar donde tanto los patagones, tehuelches y onas consideraban al chulengo (guanaco joven) o al choike (ñandú) como un gran manjar, mientras que los europeos aún hoy en día lo consumen asado al primero y en milanesas o empanadas al segundo dando fe de su bondad. Ni que hablar de los yamanas con su dieta de mariscos, lobo marino y también pingüinos, la que fue muy parecida a la dieta de los exploradores polares del s. XIX.

Grupos de europeos se fueron asentando en distintos lugares. Es así como los galeses establecieron una pequeña colonia en Gaiman; los escandinavos se asentaron en la zona del lago Buenos Aires; mientras que Punta Arenas atrajo a gente de todas las nacionalidades dado que a fines de los 800 era una gran «metrópolis» y Tierra del Fuego contó a los croatas como a una de sus primeras corrientes colonizadoras, ade-

Fuegian-Patagonic Cuisine

Obviously, when we speak about Patagonia, South Patagonia or Tierra del Fuego we are referring to the southernmost part of the austral hemisphere. We could include the three of them using the term Patagonia, as it is done for touristic purposes, but reality shows that the present Fuegians —on both sides of the frontier— belong to South Patagonia. This is not to show the difference just because, but simply there are more similitudes between them which are clearly revealed through their dishes. North Patagonia comprises the provinces of Río Negro, Neuquén and La Pampa. South Patagonia would consist of Chubut, Santa Cruz, Tierra del Fuego and the Magellanic region in Chile. I am not keen on drawing limits and dividing, but this is the only way to make it clear which is the area we are wandering about in this review.

For many years, while I was roaming about Puerto Montt, Gaiman, El Calafate, Torres del Paine, Puerto Natales and Ushuaia, I tried typical dishes that are difficult to classify according to a certain region. I used to taste from mutton to stew and from shellfish to rabbit and even beaver and Welsh cakes. In fact, this was senseless. Especially investigating about the primitive owners of the place —both «Patagones» (Tehuelches) and «Onas» considered the «chulengo» (young guanaco) or the «choike» (rhea) as tidbits. Europeans still prepare the

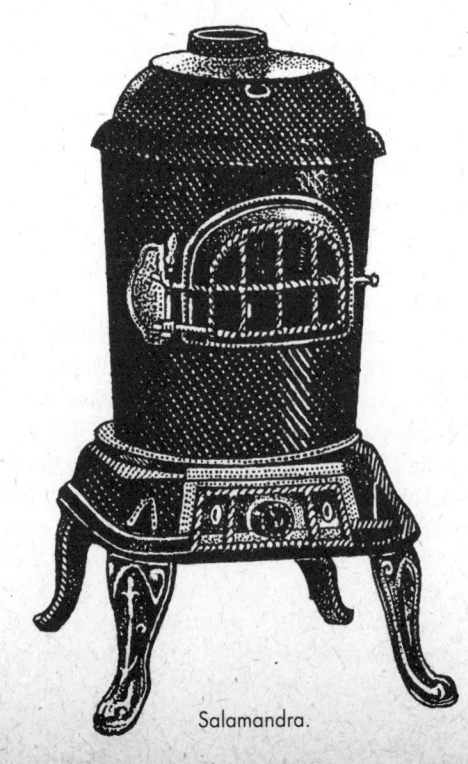

Salamandra.

más de los españoles y luego los italianos. Desde Puerto Montt hacia el Estrecho de Magallanes, los primeros colonizadores llevaron sus costumbres, siempre entre el mar y la tierra. Tanto es así que se los llamó los «paisanos–marinos»: su alimentación siempre fue una combinación de los frutos de mar y lo que obtenían de una incipiente ganadería y de las quintas.

Todo esto hizo a la comida del lugar, y lo veremos a través de sus platos. Pero también en el relato de muchos de aquellos viejos pobladores o anécdotas que acompañan a las recetas.

Ovejas y corderos

Al pensar en el sur algunos lo asocian automáticamente con frío, viento, soledad, ovejas, glaciares y canales. Gastronómicamente, saltan a la mente el cordero y los mariscos. Pero veremos que hay mucho más.

Como hay que empezar por alguna parte, lo haremos con el cordero. Pero en realidad es sólo una de las formas en que se consumen los ovinos.

Dentro de la clasificación de ovinos, de acuerdo a edad y tamaño, encontramos:

CORDEROS

Corderito, hasta los 6 meses. En general, se castra a los machos para mantener la carne más tierna. Cordero de hasta un año que en realidad ya es un «borrego». Tiene otro sabor y en la cocción desprende un olor más fuerte.

CAPONES Y CARNEROS

Son los ovinos machos. Los primeros, capados; y los segundos son reproductores.

former roasted and the latter as milanesas (scallops) or empanadas (sort of turnovers) — they assure it is delicious. Let alone the Yamanas, whose diet was based on shellfish, sealions and penguins. The polar explorers of the 1800s had a similar diet.

Groups of Europeans settled down little by little in different places. The Welsh established a small colony in Gaiman, the Scandinavian did it in the area of lake Buenos Aires; while Punta Arenas attracted people from all nationalities since, towards the end of the 1800s, it was a great «metropolis», and Tierra del Fuego received the Croatians as one of its first colonizing trends, apart from the Spaniards and, later on, the Italians. The first settlers started to spread with their customs —between the sea and the land— from Puerto Montt towards the Magellan Strait. They used to be called the «marine peasants» —their diet being based on a combination of seafood and what they managed to obtain from the incipient cattle raising and farming activities.

All this contributed to the birth of the local cuisine and this will be seen through its dishes. But also in the accounts and anecdotes of many old settlers that season the recipes.

Mutton and Lamb

Many people immediately associate the south with cold weather, wind, solitude, sheep, glaciers and channels. When it comes to food, mutton and shellfish spring to mind. But we will see there is much more to it.

To begin with, we will devote to lamb, which is the meat of young sheep.

Corderos.

OVEJAS

Son simplemente las hembras y, en cuanto al consumo, se las mezcla con el capón o el carnero.

Los animales grandes tienen bastante grasa y su sabor es fuerte. Los machos no castrados tienen un olor verdaderamente fuerte, capaz de convertir al plato en que se lo preparó en algo nauseabundo. El aroma que puede despedir es imposible de tapar; ni siquiera usando todas las hierbas del mundo. Para ejemplificarlo de alguna forma, es comparable a estar comiendo en un baño público, no muy limpio, de un país en vías de desarrollo. Puedo garantizar que el olor es parecido.

Formas de preparación

ASADO

El asado de cordero es realmente un manjar. Algunos prefieren las costillas, otros las partes con más carne, pero todas son buenas. Tiene la gran ventaja de permitir un buen desgrase.

La forma en que más se lo prepara en el sur, con gran atractivo turístico, es a la cruz o al palo.

Se trata simplemente de una cruz en donde se cuelga al animal sobre un fuego de llama y algo de brasa cerca de la carne. Se le coloca otra barra transversal en la parte inferior y

Classified according to age and size, we find the following:

MUTTON

Lamb up to six months old; rams are generally gelded to keep their meat tender. Mutton up to one year old which, in fact, is already a «borrego» (yearling lamb). It tastes rather different and, while cooking, smell becomes stronger.

CAPONS AND RAMS

They are male sheep. The former are gelded and the latter were breeders.

EWES

They are simply female sheep and their meat is consumed mingled with that of capon or ram.

Older animals have a lot of fat and taste strongly. Non gelded rams have a really strong smell that may turn a dish nauseating. This strong flavor is impossible to neutralize, no matter how many herbs are added. To give an example, this is comparable to the experience of eating at a not very clean public toilet in an underdeveloped country. I can assure the smell is alike.

Asado a la cruz o al palo.

una en la parte central para que el costillar no se cierre. De cualquier forma, cuando se prepara el animal hay que aclararle al carnicero (o si no hacerlo uno mismo) que marque las costillas en el espinazo y las patas para que no se cierren con el fuego.

Al colocar el animal en la cruz se debe tener en cuenta que es necesario ubicar los cuartos traseros cerca del piso dado que son más gordos y requieren más fuego, el que será dado por las brasas.

Se debe tener en cuenta que esta forma de cocción es muy larga y lleva más de tres horas si se hace bien. El fuego puede ser puesto de un solo lado y luego se da vuelta la cruz. Las brasas se van acercando al animal, sin llegar a quemarlo.

Esta técnica se puede utilizar para lechón, chivito, costillar, entre otras carnes y cortes. Según el tamaño y la grasa del animal va a llevar más o menos tiempo.

El cordero está listo cuando las patas delanteras tienden a desprenderse. Es ideal ir rociando al cordero con salmuera (se trata de una solución de agua saturada en sal) y, con vino tinto, la garganta del asador. Para cuando esté listo el cordero, el asador por lo general también estará fuera de combate.

CONDIMENTO

Para el cordero asado los condimentos necesarios son la sal (o salmuera) y, según cada asador, se le agrega chimichurri (varía mucho según quien lo hace: puede ser o no picante, pero todos llevan ají molido, ajo, aceite, limón o vinagre, sal y a veces romero) o jugo de limón.

CHIMICHURRI «EL VASCO»

De Alberto Nuin. Para él no existía un asado sin un buen chimichurri. Este proviene de la época en que residió en la Patagonia, cuando fue movilizado por el ejército. Como buen «vasco» se las arreglaba bien con la cocina y con las armas así es que, para complementar la mesa de los oficiales superiores, salía a cazar y luego preparaba diversos platos. Muchos de ellos están en distintas secciones.

Estos son los ingredientes: oregano, perejil seco, albahaca seca, ají Molido, ajo picado a cuchillo, sal fina, aceite de uva y vinagre blanco. Utilizaba todas hojas secas porque de esa forma no se fermentaba tan rápido y además porque en esa época encontrar condimentos frescos en la Patagonia era imposible.

ASADO A LA PARRILLA

Se lo asa como cualquier otra carne teniendo en cuenta que los cuartos llevan mucho más

Ways of Cooking Mutton

ROASTED (ASADO)

Roasted mutton is a real kickshaw. Some prefer best end of neck or loin; others, cuts with more meat, but all of them are tasty. The main advantage in this case is that very little fat is left.

The most traditional way of preparing it in the South —very picturesque for tourists— is **a la cruz** *or* **al palo**.

Mutton simply hangs on a cross and is cooked over a flaming fire and some red-hot coal. A transversal bar is added to the cross at the lower part and another at the center so that the best end of neck or loin does not shrink. Anyway, when the animal is being prepared, one has to ask the butcher to mark the ribs at the backbone so that they do not shrink with fire.

When placing the animal on the cross one has to be careful to put the shank cut near the floor since it is fatter and needs more fire than live coal can provide.

When cooking mutton in this way, one has to bear in mind that it takes long —about three hours to roast properly. Fire must be placed on only one side and the cross is to be turned round. Live coal has to be brought near the meat little by little to avoid burning it.

This technique is also used to roast suckling pigs, **chivito** *(young goats), chops, etc. The larger the animal and the more fat, the longer it will take to cook.*

Mutton is ready when foreshanks tend to detach from bones. The best thing to do is to sprinkle them with brine (a water solution heavily saturated with salt) while the **asador** *(cook) treats himself with red wine. Generally, when mutton is done, the cook is knocked out.*

SEASONING

For roasted mutton one needs salt (or brine) and, according to each cook, **chimichurri** *(this may be very hot or not, but its main ingredients are: ground bell pepper, garlic, oil, lemon juice or vinegar, salt and, sometimes, rosemary) or lemon juice.*

CHIMICHURRI «EL VASCO» (THE BASQUE)

By Alberto Nuin. He would eat no roasted meat without a tasty chimichurri. This custom comes from his years in the army, when he lived in Patagonia. As a genuine Basque he got along with cooking and arms quite well, so he used to go hunting and prepared various dishes for

tiempo que otras carnes y, en especial, que las costillas, las que requieren muy pocas brasas.

En cuanto a la brasa, según los especialistas, debe tomar un color blanco. Lo único que aseguro es que la brasa no debe desprender llama, salvo que se use lenga dado que casi no hace brasa.

Los buenos asadores dedican mucho tiempo para obtener una correcta cocción de la carne, haciendo que se desgrase sin que se seque. Para esto es un verdadero especialista don Ignacio Cortés, quien durante mucho tiempo fue contratado en distintos lugares para hacer asados de todo tipo (parrilla, asador, con cuero). Estos verdaderos hombres de campo, con la cultura que pudieron aprender en sus casas, en el medio del campo, aislados del resto salvo por alguna vieja radio, poseen una sabiduría muy particular. Hoy casi no se los encuentra, están en verdadera extinción. La televisión, los demás medios de comunicación y los estudios, que por lo general se siguen en centros urbanos lejos de «las casas» de los padres, marcaron profundos cambios. Para saber la hora a estos hombres solo les bastaba mirar el cielo y calcularla según la altura del sol; interpretando la luna podían prever el agua a caer. Muchos de los elementos que los rodeaban o actitudes de los animales domésticos, les daban la pauta de una próxima tormenta o de cómo vendría la cosecha. Este saber popular, con sus

higher rank officers. Many of these dishes appear in different sections.

Back to chimichurri. Ingredients: oregano, dried parsley, dried sweet basil, ground bell pepper, chopped garlic, salt, grape oil and white vinegar. He used all herbs dried because in this way he prevented the dressing from fermenting; besides, at that time it was impossible to find fresh condiments in Patagonia.

ROASTED ON A GRILL

Mutton is roasted as any other meat bearing in mind that shanks take much longer than other cuts; ribs need very few live coals.

Good cooks devote a lot of time to roast it properly obtaining meat without fat, but not dry. Don Ignacio Cortés is a true expert —for many years he was hired in different places to prepare asados of all kinds (grilled, roasted, with skin). These real countrymen, with their home culture, in the middle of the country, isolated except for some old radio set, are particularly wise. Nowadays they are practically extinct; there are few of them. Television, other mass media and the fact that the young have to emigrate to urban areas far away from their parents' home, introduced drastic changes. To tell the time, these men just looked up to the sky and calculated it according to the sun height; interpreting the moon, they could forecast rainfalls. And the elements around or the

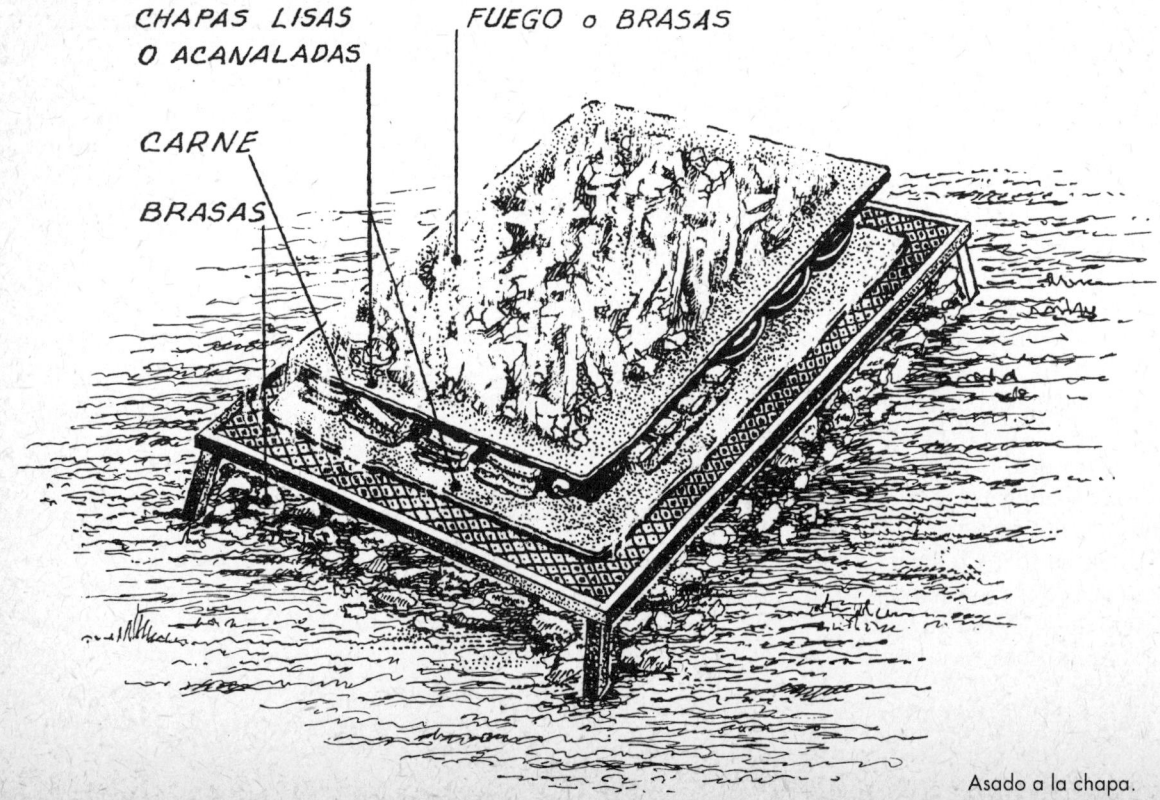

Asado a la chapa.

valores y reglas morales, era transmitido de padres a hijos a veces durante la **mateada** o justamente cuando se dedicaban a asar la carne. Durante esos pocos momentos que los reunían comenzaban las charlas, por lo general tocando un tema que salía por algún acontecimiento del día. Después cada uno volvía a su trabajo que, por lo general, era bastante solitario.

Me considero muy afortunado de haber asistido a muchas de estas charlas, compartiendo asados y mateadas, aunque lo único que lamento es no haber tomado nota en su debido momento dado que viajando de un lugar a otro muchas cosas las perdí rápidamente. Un poco ese fue el motivo de comenzar a llevar libretas de viajes o mini grabadores para poder anotar datos, algunas anécdotas o reflejar testimonialmente ciertas experiencias de vida.

ASADO A LA CHAPA

Esta técnica convierte a la parrilla en casi un horno. Se coloca una chapa separada de la parrilla, la cual debe estar bien fija, por hileras de ladrillos u otro elemento como piedras. La construcción debe ser bien sólida.

La idea es hacer un fuego muy fuerte sobre la chapa mientras por debajo de la parrilla se van colocando brasas producidas por el propio fuego de arriba. Se deben colocar debajo de las partes más carnosas (gruesas) teniendo mucho cuidado con el costillar que se asa muy rápido.

Se debe tener cuidado de utilizar una chapa bien limpia, tanto de óxido, como grasa o restos de pintura. Como el fuego de la parte superior de la chapa solo produce calor sin dar sabor a la carne, se puede usar cualquier tipo de leña.

ASADO AL «CHULENGO»

En realidad se le dice «chulengo» al guanaco muy joven, de pocos meses de vida, que según el decir popular es exquisito. En el sur el guanaco fue muy perseguido y no justamente por su carne sino porque competía con la oveja por las pasturas. Es así como se le dio bala sin descanso. La prohibición de caza hizo que la población se fuera recuperando lentamente.

Pero en este punto nos interesa un artefacto con forma de tambor que se utiliza para hacer asados y al que se le llama chulengo. Se trata de un tambor cortado al medio en forma longitudinal: una parte sirve como piso para hacer el fuego y la otra como tapa. Posee una chimenea, aberturas para ingreso de aire y otras para que no se convierta en horno.

Asado al disco.

attitudes of domestic animals gave them hints to predict coming storms or the conditions of the next crop. This popular knowledge, including its values and moral rules, was passed from fathers to sons sometimes during the traditional **mateada** *(round of mate) or while roasting meat. During those few shared leisure moments, they chatted about some event of the day. Later, each one was back to his work which, in general, used to be rather lonely.*

I consider myself very lucky for having taken part in many of those chats, sharing asados and mateadas. The only thing I regret is not having taken down notes duly as, traveling from place to place, I have quickly lost many of them. Partly, this was the reason why I started to keep travel notebooks or to carry minirecorders to collect information, anecdotes, or testimonies of certain experiences.

ROASTED ON A METAL SHEET

This cooking method turns the grill into a sort of oven. A metal sheet is placed under the grill, separated from it by some lays of bricks or stones. This construction must be solid and the sheet has to be tightly hold.

The idea is to prepare a high fire on the sheet to place, later on, the red-hot embers produced under the grill or griddle. Coals must be put beneath the thicker parts watching carefully best end of neck and loin, which are soon roasted.

One has to be careful to use a perfectly clean metal sheet; it should be free from rust, fat or paint remainders. As fire is produced on the sheet, it just produces heat without flavoring the meat, so one can use any kind of firewood.

«CHULENGO» ROAST

This is the name used for very young guanacos, just a few months old, which according to popular belief are really tasty. In the South, guanacos have been largely hunted, not for their meat but because they competed with sheep for pasture. So they were shot without rest. Once hunting was forbidden, their number started to grow slowly.

En la Patagonia el viento es un gran problema para hacer asados. Además se suma la variable del frío que hace que la carne esté caliente sólo del lado del fuego. Por este motivo se la tapa.

El secreto para manejar este artefacto es la habilidad que tenga cada uno para juzgar cuán grande se puede dejar la abertura de la tapa para que el asado no salga como si fuese al horno. Existen tantas teorías como chulengos; así es que hay que ir agarrándole la mano a medida que se van haciendo asados.

Un poco de historia

En la Patagonia el ovino aparece en las últimas décadas del 800. Fue traído por los primeros hacendados que se radicaron como tales. Sobre el Estrecho de Magallanes estuvieron las primeras estancias que importaron, desde las islas Malvinas, ganado ovino ya aclimatado a la región.

Lo mismo sucedió en Tierra del Fuego y en el resto de la Patagonia. La raza preferida fue la **Corriedale** aunque también se trajo un poco de **Romney-Marsh**. La adaptación a la región fue rapidísima y durante muchos años constituyó la mayor fuente de riqueza de la región. Es cierto que Punta Arenas supo explotar el tránsito marítimo hasta la apertura del Canal de Panamá, también que hubo y hay buscadores de oro, pero la verdadera y casi única actividad generadora de grandes utilidades fue la explotación ovina. La lana era exportada como así también lo fue luego la carne.

La actividad fue cayendo y en este momento son muchos los campos que han quedado prácticamente abandonados. Otros se dedican a explotar el turismo en las viejas y grandes casonas de principios del 900.

En los últimos años llegaron a la Patagonia inversores extranjeros que compraron gran cantidad de campos por muy poca plata. También están las petroleras que desde mediados del 900 fueron aumentando notablemente la exploración y extracción de petróleo y gas natural; tanto en tierra firme como en el mar.

Volviendo a los ovinos, la carne del cordero patagónico-fueguino ofrece un sabor único dado por los pastos de la región. Por otra parte, como el animal no encuentra demasiada abundancia debe caminar más y no acumula tanta grasa. Durante muchos años la carne era exportada casi en su totalidad. Todos toman como ejemplo la estancia «María Behety», cerca de Río Grande, que llegó a enviar más de cien mil animales al frigorífico en una sola temporada.

At this point we are interested in a container that is used to roast meat. We are referring to a drum cut lengthwise at the middle —one part used as floor to make fire and the other as a sort of cover. It has a chimney, openings for air to enter, and others so that it does not turn like an oven.

In Patagonia, wind is a great problem to prepare asados. Besides, cold weather makes meat keep warm only if next to the fire. This is why roasted meat is covered.

*The secret to use this artifact is eachone's skill to judge the suitable size of the opening in the cover so that meat is not cooked as if in oven. There are as many theories on this as **chulengos**, so one has to practice with every asado.*

History

*Sheep appeared in Patagonia during the last decades of 1800s. They were brought by the first ranchers that settle down. The first ranches (**estancias**) —situated along the Magellan Strait— imported sheep that was already acclimatized to the region from Malvinas islands.*

*The same happened in Tierra del Fuego and in the rest of Patagonia. **Corriedale** was the preferred breed, but **Romney-Marsh** specimens were also brought. They adapted to the region very quickly. For many years, sheep were the main wealth of the region. It is true that Punta Arenas knew how to take advantage and exploit the maritime traffic up to the opening of the Panama Canal. There were and there are gold-diggers, but the true and practically unique activity that produced important profits was the exploitation of sheep. Wool was exported and, later on, meat as well.*

This activity started to drop and, at the moment there are many ranches practically abandoned. Others open their old and large houses of the early 1900s to welcome tourists.

During recent years foreign investors arrived in Patagonia and bought large extensions of field at low prices. Oil companies began to increase their production in the mid 1900s extracting petroleum and natural gas, both in terra firma and in the sea.

But back to sheep, Fuegian-Patagonic mutton is considered to have a unique taste thanks to the pasture of the region. On the other hand, as grass is not so abundant, sheep have to wander and therefore they do not have so much fat. For many years, most of the production of this meat was exported. For instance, estancia «María Behety», near Río Grande, reached the

Al norte de Río Negro la raza que más abunda es la **Merino** y su carne es totalmente diferente a la del sur: más grasa y tiene otro sabor debido a la pastura. La actividad en la Patagonia fue tan intensa que requirió una gran cantidad de mano de obra y los inmigrantes llegaron de todas partes. Entre ellos muchos anarquistas que protagonizaron varios años de luchas obreras contra los dueños de la tierra, además de los almacenes y fletes, que en su mayoría eran ingleses. Es muy interesante leer trabajos como «La Patagonia trágica», «Masacre en la Federación Obrera de Magallanes» o «La Patagonia rebelde». Nos muestran un lado insospechado de la región, cuando los campos de un mismo dueño se extendían a uno u otro lado de la frontera sin que importara la demarcación internacional.

Cortes más frecuentes

COSTILLAR

Se trata de la parte de las costillas. Se asa entero; al horno suele secarse mucho y por tal motivo muchos lo marinan con limón o vino blanco y le van agregando más durante la cocción. En cuanto a la sal, le corresponde del lado del hueso. El costillar suele venir con el lomo y esto lo convierte en una de las mejores partes del asado.

number of 100,000 sheep sent to its cold-storage plant in a single season.

*To the north of Río Negro, the most abundant breed is **Merino** and its meat is completely different to that produced toward the south —it contains more fat and has a different taste owing to pasture. Activities related to this were so intense that demanded a great number of workers, so immigrants came from everywhere. Among them arrived many anarchists that, for some years, were the protagonists of workers' fights against landowners and against stores and cargoes which, in most cases, belonged to English men. It is worth and interesting reading books such as «La Patagonia trágica», «Masacre en la Federación Obrera de Magallanes» or «La Patagonia rebelde». They show an unsuspected side of the region, when fields owned by a single person extended from one side to the other of the frontier, regardless of boundaries.*

Common Cuts

BEST END OF NECK AND SADDLE

These correspond to the ribs and are usually roasted as a whole; cooked in oven meat turns dry and this is why many marinate it with lem-

Carnicería o heladera de campo.

CUARTO TRASERO

Se trata de la pata y nalga. Por ser la parte más gorda y gruesa del animal, requiere una mayor cocción. Es una de las partes más usadas para el horno o guisos.

Tanto cocido al horno o al fuego, por lo general se lo marina o mecha y durante la cocción se le va inyectando el vino o la marinada con una jeringa.

CUARTO DELANTERO

Al fuego es una de las partes más codiciadas del cordero.

LENGUA

En especial en Chile se la consumió en grandes cantidades. Ver recetas.

CABEZA

Se la prepara asada con cuero y en muchas regiones se hace la sopa de cabeza. Es un recurso para gente trabajadora que, con poco dinero, soluciona el problema de la alimentación. Por otra parte, por haberla probado muchas veces, puedo decir que llegan a hacerla muy sabrosa y en especial cuando se le agrega un poco de salsa picante. Combate muy bien el hambre y el frío.

COSTILLAS DE CORDERO (CHULETAS)

Asadas son uno de los platos más ricos y rápidos de realizar. Pueden combinarse con cualquier asado de carne vacuna y así matizar un poco.

Marinar previamente en cerveza (una botella) con sal y pimienta. Luego colocar al fuego e ir rociándolas con la cerveza.

Comidas con cordero o capón

En esta sección pasaremos algunas recetas de amigos, otras inventadas en la necesidad de salir de un apuro y otras que son platos fuertes de conocidos restaurantes. Por ejemplo, presentamos las que nos recomienda Lino Adillón, del restaurante Volver (Maipú 37, Ushuaia).

CHULETAS DE CORDERO CON SALSA DE CALAFATE

Dos chuletas por persona en una sartén de hierro sobre cocina de hierro. Procedimiento: marinar las chuletas con sal, pimienta y romero en aceite de oliva durante 2 horas. Reducir el calafate en caldo y hacer una salsa espesa. Sellar las dos caras de las chuletas en una plancha. Completar la cocción en una sartén grande con la salsa. Acompañar con papas.

on juice or white wine while cooking. Salt should be sprinkled on the bones side. Best end of neck is usually cut with loin, which makes it one of the best cuts for asado.

SHANK

This cut comprises the leg and the rump. Being the fattest and thickest part of the animal, it requires longer cooking. It is one of the preferred for oven and to prepare stews.

Either cooked in oven or roasted, it is generally marinated or stuffed and then, while being cooked, wine or marinade is injected using a syringe.

SHOULDER AND FORESHANK

Roasted, these are two of the most coveted cuts of mutton.

TONGUE

It used to be largely consumed in Chile. See recipes.

HEAD

It is served roasted with its skin and, in many regions, a soup is prepared with it. Working people usually solve the problem of nutrition with this cheap part. I have tried it many times and I can say it may be very tasty, especially when a bit of hot sauce is added. It is ideal to fight hunger and cold.

MUTTON CHOPS

Roasted are one of the most delicious and quickest dishes to prepare. They can be combined in any asado with beef for variety. First, marinate them in beer (one bottle) with salt and pepper. Then, place them over the fire and sprinkle with beer.

Mutton and Capon Dishes

In this section we will share the recipes of some friends; others were created in a rash moment and the rest are specialties of renowned restaurants. The following has been recommended by Lino Adillón («Volver» restaurant, 37 Maipú St., Ushuaia).

MUTTON CHOPS WITH CALAFATE SAUCE

Two chops per commensal cooked on an iron fryingpan or on an iron stove. Instructions: marinate the chops in salt, pepper and rosemary with olive oil for two hours. Boil down calafate with broth until the sauce thickens. Seal both sides of chops on a griddle. Serve with potatoes.

CORDERO AL CALAFATE

También por Lino Adillón. Trozar o deshuesar una pierna de cordero. Enmantecar una bandeja para ponerla al horno bien caliente. Antes, condimentar a gusto el cordero, llevarlo al horno para dorarlo, dándolo vuelta cada tanto.

Salsa: en una olla con 1/2 litro de vino tinto poner 3 cucharas soperas (200 g) de dulce de calafate (o igual cantidad de frutos frescos si los hubiere).

Agregar 1 cucharadita de mostaza y un toque de pimienta. Hervir la mezcla por 5 minutos a fuego fuerte y pasar a la olla la carne para su cocción definitiva (aprox. 20 minutos). Guarnición de verduras frescas salteadas en manteca.

LOMO DE CORDERO CON SALSA DE CALAFATE

De Chile nos llega esta receta de Cristián Verdugo Barros, del Hotel Cabo de Hornos en Punta Arenas.

200 g de lomo de cordero, 40 g de calafate, 80 c.c. de salsa española o de carne, vino tinto, sal y pimienta.

Amarrar el lomo de cordero en forma de arrollado y cocinar en la plancha con un poco de aceite de oliva. Condimentar.

Preparar la salsa de carne o española, agregar un poco de vino tinto, los calafates previamente molidos y revolver.

Terminada la cocción, desatar y cortar en pequeños medallones, bañar con la salsa de calafate y acompañar con puré.

PIERNA DE CORDERO AL HORNO

Es otra receta de nuestro amigo Lino Adillón. Dorar la pierna en horno fuerte. Espolvo-

MUTTON WITH CALAFATE SAUCE

By Lino Adillón too. Chop or bone a leg of mutton. Butter a tray to put it in oven at a high heat. Before this, season the mutton to taste and put it in the oven to brown, turning it round every now and then.

Sauce: Pour 1/2 liter of red wine into a saucepan and add 3 tablespoonfuls (200 g) of calafate jam (or the same quantity of this fresh fruit if available).

Add one teaspoonful of mustard and a touch of pepper. Boil this mixture for 5 minutes on a high flame and place the meat in the saucepan to complete cooking (about 20 minutes). Serve with a garnishing of fresh vegetables sautéed in butter.

MUTTON LOIN WITH CALAFATE SAUCE

This recipe is a creation of Christián Verdugo Barros, from Cabo de Hornos Hotel, in Punta Arenas, Chile.

200 g loin of mutton, 40 g calafate, 80 c.c. meat sauce or Spanish sauce, red wine, salt and pepper.

Tie loin of mutton rolling it, cook on a griddle with some olive oil. Dress.

Prepare meat or Spanish sauce, add some red wine and the calafates previously ground and stir.

Facones.

Cucharas y tenedor de madera.

rear con canela. Preparar aparte una salsa reduciendo a la mitad 1 litro de Merlot, canela, sal y pimienta. Agregar 400 g de crema y añadir al cordero hasta que termine la cocción. Acompañar con verduras frescas salteadas en manteca y un buen vino tinto.

PIERNA DE CORDERO ASADA

Esta variante también es del sur de Chile.

Una pierna de cordero, sal, aceite, 1 taza de agua, una papa grande por persona, 1 tomate, 1 cebolla, 2 vasos de vino blanco seco.

Condimentar la pierna de cordero con sal, ponerla en una asadera, agregar a ésta el agua, las papas algo grandes (peladas), el tomate partido por la mitad y la cebolla. Condimentar todo con sal, ponerle aceite por encima y cocinar en horno de temperatura regular durante una hora y media, aproximadamente, según el tamaño. Hacia la última media hora de cocción, rociar la pierna con el vino blanco. Cuanto más grande es la pierna, más grandes deben ser las papas.

Se la puede acompañar con verduras hervidas y salteadas en manteca con un poco de ajo.

Aunque muy sencillo, comer este plato resultó una experiencia única. Fue en Torres del Paine, Chile, en la Hostería Lago Grey, cerca del glaciar del mismo nombre. Estábamos al final de la temporada, cerca de Semana Santa, y casi no había turistas. Cecilia, dos muchachos que venían de Buenos Aires en moto y yo. Es así que el cocinero nos preguntó si queríamos algo en especial dado que de lo contrario iba a hacer un plato único para todo el mundo.

Once the meat is ready, untie and carve in small medallions, coat with the calafate sauce and serve with mashed potatoes.

OVEN ROASTED LEG OF MUTTON

This is another recipe by our friend Lino Adillón. Brown the leg at a high heat in oven. Sprinkle it with cinnamon. Prepare a sauce reducing 1 l of Merlot to a half, add cinnamon, salt and pepper. Pour 400 g of cream and add this to the mutton until it is ready. Serve with fresh vegetables sautéed in butter and a good red wine to go with.

ROASTED LEG OF MUTTON

This variant is also from the south of Chile.

One leg of mutton, salt, oil, cup of water, some large potatoes (one per commensal), 1 tomato, 1 onion, 2 glasses of dry white wine.

Season the leg of mutton with salt, place it on a roaster, add the water, the peeled potatoes, the tomato in halves and the onion. Season all this with salt, squirt with some oil and cook the meat for about an hour and a half in a moderate oven, according to the size of the leg. Half an hour before mutton is ready, pour the white wine on it. The larger the leg, the larger the potatoes need to be.

This goes with boiled vegetables sautéed in butter with some garlic.

Tomamos un aperitivo y luego nos hicieron pasar al comedor. Se nos presentó un espectáculo imponente. Por los grandes ventanales pudimos ver inmensos témpanos varados en un playa cerca del hotel y, hacia la cordillera, se veían islas de hielo que avanzaban hacia nosotros, empujadas por el viento. Daba la sensación de estar navegando por la Antártida. Pero existía una gran ventaja: pisar suelo firme y tener un entorno de bosques. No había ruido a motores, sólo un profundo silencio.

La combinación de glaciar, lago y bosques —en esa época del año las hojas ya habían comenzado a cambiar de color— es un paisaje extraño, atrapante. Tal vez más que la Antártida propiamente dicha, donde todo es hielo, nieve, mar y el negro de las rocas peladas.

Cenamos contemplando el paisaje mientras anochecía. La charla acompañada de un coñac se prolongó por horas. Afuera ya todo era oscuridad pero en nuestra retinas había quedado la imagen de los témpanos.

Durante la charla, el cocinero (Eduardo) nos fue develando algunos detalles de la preparación del simple cordero, como la mezcla de especias que le agregaba al agua, que en realidad no era agua sino un caldo muy concentrado de carne. Estos detalles muestran el sentimiento con que se preparó el plato, tratando de lograr mejores resultados ajustando pequeñeces.

Guisos de cordero

Deben existir tantas variantes como cocineros/as en toda la Patagonia Sur y tal vez un poco más. Así es que voy a transcribir unas cuantas recetas que son las que más me gustaron y una de creación propia. Creo que sería totalmente subjetivo decir cuál es mejor. Analizando un poco los ingredientes se puede tener una vaga idea, pero hay que tener en cuenta que el resultado va a depender del tipo de ovino usado.

Navegando por la costa de Turquía, hicimos noche en una pequeña caleta rodeada de las famosas tumbas «Lycias» (Tomb Bay en Skopea Liman, cerca de Marmaris sobre el Mediterráneo). En esas caletas por lo general hay algún pastor que, ayudado por su familia, aprovecha los beneficios del turismo y sirve un plato de cordero y otro de pescado a los que por allí pasan navegando.

Históricamente, todo el Asia Menor y en especial Irak, donde hace más de 9.000 años se domesticó la *Ovis orientalis*, utilizan el ovino como base de su dieta y de las economías pri-

Although very simple, trying this dish was a unique experience. It happened in Torres del Paine, Chile, in Bahía Grey hotel, near the glacier by the same name. The end of the season was approaching, Holy Week was near and there were practically no tourists: Cecilia, two guys traveling from Buenos Aires in their motorbikes and me. So the cook asked us if we wanted something in particular; if not, he would prepare a single dish for everybody.

We had an aperitif and then we were showed into the dining room. It was quite an imposing sight: through the large windows we could see huge icebergs run aground on a beach near the hotel and, toward the cordillera, ice islands drawn by the wind were approaching. You felt as if sailing around Antarctica. But there was one great advantage: to tread on terra firma and see surrounding forests. There was no sound of engines, just a deep silence.

The combination of glaciers, lake and woods —by this time of the year leaves had already started to turn in color— makes up a strange breathtaking landscape. Maybe even more than Antarctica itself, where everything is ice, snow, sea and the black of the naked rocks.

We had supper with the sight of the landscape at sunset. The chat accompanied by some cognac lasted hours. Outside, everything was darkness, but the image of the icebergs was engraved in our retinas.

During our conversation, Eduardo, the cook, revealed to us some details of the preparation of this simple mutton —how the mixture of spices was added to the water that, in fact, was a highly concentrated meat broth. These details show how heartily he prepared the dish, trying to get the best result by changing details.

Mutton Stews

There must be as many variants as cooks in all South Patagonia, and maybe more. Then I will transcribe a good number of recipes of the ones I liked most and one of my own creation. Which one is the best I cannot say because I would be subjective. One may have an idea considering the ingredients, but the result will basically depend on the meat used.

Once, while sailing along the coast of Turkey, we spent the night in a small cove surrounded by the famous «Lycias» tombs (Tomb Bay in Skopea Liman, near Marmaris, on the Mediterranean). Generally, in those coves there is some peasant who, helped by his family, offers some mutton dish to tourists and some fish for seaman.

marias. En la actualidad, los países de la media luna son los mayores consumidores.

Acostumbrados y añorando el guiso de cordero patagónico se nos ocurrió pedir el plato que nos ofreció. Incomible. Eran trozos de carne con papas y salsa, pero daba la impresión de que el preparado lo habían realizado, a falta de una olla, en un mingitorio: el plato despedía un aroma a baño de tren viejo. Esa oveja debe de haber muerto solitaria; la «catinga» que tenía era peor que el olor a búfalo cansado que despedían los pastores que nos miraban sin entender por qué dejábamos el plato.

Pero dejando esto de lado la siguiente receta es excelente. Realizado con auténtico cordero patagónico, este plato es del Chef Mariano Morales, del «Barcito Ideal» (San Martín esquina Roca, en Ushuaia).

GUISO DE CORDERO (I)

1 pierna de cordero, 300 g de cebolla, 1 diente de ajo picado, 100 g de arvejas, 200 g de zanahorias, 100 g de choclo, 200 g de pasas sin semillas, 100 g de papas noicette, 100 c.c. de aceite de oliva, 1 botella de vino blanco, sal y pimienta.

Rehogar las cebollas y el ajo en una olla con aceite, luego agregar el vino blanco y reducir a la mitad.

Incorporar el cordero cortado en trozos pequeños y las zanahorias en jardinera, cocinar 20 minutos revolviendo.

Añadir el resto de los ingredientes y cocinar 30 minutos.

GUISO DE CORDERO (II)

Para seis comensales. Se trata de uno de los platos que prefiero para improvisar dado que

Historically, the whole of Asia Minor and especially Iraq —where the Ovis orientalis has been bred for over 9,000 years— have mutton as their staple diet and sheep as the base of their primary industry. Nowadays, the countries of the Turkish Crescent are the main consumers.

Used to eating Patagonic mutton stew and longing for it, it occurred to us to order some. It was uneatable. There were chops of meat with potatoes and sauce, but it seemed that, not having a saucepan, it had been prepared in an urinal. That sheep must have died lonely; the smell it gave out was worse than that of tired buffalo of the peasant that stared at us in bewilderment when we stopped eating.

Leaving this aside, the following recipe is wonderful. Prepared with true Patagonic mutton by Chef Mariano Morales, from «Barcito Ideal» (San Martín St. and Roca St., in Ushuaia).

MUTTON STEW (I)

1 leg of mutton, 300 g onions, 1 clove chopped garlic, 100 g green peas, 200 g carrots, 100 g ears of corn, 200 g currants, 100 g noicette potatoes, 100 c.c. olive oil, 1 bottle white wine, salt and pepper.

Cook the onions and garlic in oil in a saucepan over a slow fire, then add the white wine and reduce it to the half.

Add the mutton cut in small chops and the carrots in dice and cook for 20 minutes while stirring.

Ollas de hierro.

permite muchas variantes (de acuerdo a la imaginación y a lo que se tenga a mano). Es ideal para usar una olla de hierro con orejas y aro.

Dorar en grasa la carne de cordero (2 kg) cortada en trozos. Agregar una cebolla picada, dorarla y espolvorear un poco de azúcar junto con un vaso de vino blanco. Cocinar 30 minutos, agregar las papas en cuartos, sal y ají. Cocinar otra media hora. Algunos agregan pasas de uva y pelones; en particular a mí no me gustan. También se puede hacer con ajo o con cebolla de verdeo y puerro. También queda bien con un poco de cada cosa. No hay que despreciar el apio y muchos son proclives a agregarle zanahoria trozada para alargarlo un poco. A veces aparecen invitados de último momento.

GUISO DE CORDERO (III)

Esta receta es de las que uno puede copiar con mucha facilidad en la casa de cualquier fueguino o patagónico auténtico. En mi caso particular se la vi hacer a don Ampuero cuando vivía solo en el aserradero de Túnel, cerca de Ushuaia. En su pequeña cocina económica, que a su vez le servía de calefacción para su casa, siempre tenía un poco de agua caliente para matear y, sin que uno se diera cuenta, preparaba algún plato sencillo pero muy rico. Para el postre, cuando era la estación, juntaba frutillas silvestres.

Entre las muchas charlas que tuvimos me quedará siempre en la memoria la de su oficio como peón en las estancias de Santa Cruz, cuando su especialidad era la de capar con los dientes. La primera vez que lo escuché hablar del tema me quedé bastante sorprendido dado que no tenía ni la menor idea de que se realizaba esa práctica y no sabía por qué. Así es que, con cara de no darle importancia, continuamos con la conversación. Al rato, lo hice volver al tema y me explicó que durante un tiempo fue una práctica común en todos los establecimientos y se recibía muy buena paga. El motivo era que de esa forma se desinfectaba y la herida cerraba bien. Luego profundizó sobre el método, pero no creo que sea tema para un libro de esta índole.

Para 8 personas. 1,5 kg de cordero cortado en trozos (pierna o paleta), manteca (o grasa), 4 dientes de ajo picados, 2 tallos de puerro y 2 de apio en rodajas finas (Ampuero usaba el apio silvestre e igualmente quedaba exquisito), 4 zanahorias en rodajas no muy finas, 4 papas en cuartos, alguna otra verdura si se la tiene a mano (echalotes, batata y hasta calabaza), un poco de vinagre de vino o dos vasos de vino tinto, 5 tazas de arroz, 1,5 litros de caldo de carne

Add the rest of the ingredients and cook for other 30 minutes.

MUTTON STEW (II)

Six commensals. This is one of the dishes I like to improvise on as one can prepare many variants (according to imagination and what is at hand). It is ideal to be cooked in an iron saucepan with handles and hoop.

Brown the chops of mutton (2 kg) in fat. Add a chopped onion, brown it and sprinkle with some sugar adding a glass of white wine. Stew for half an hour and add diced potatoes, salt and bell pepper. Go on cooking for another half an hour. Some add currants and nectarines, which I personally dislike. This can also be prepared with garlic or green onion and leek. A bit of all this is also tasty. Celery is another option and many also add sliced carrots to make it more plentiful. Sometimes, there are last minute guests.

MUTTON STEW (III)

This is one of those recipes that one can easily copy at the house of any authentic Fuegian or Patagonian. In my case, I saw it being prepared by don Ampuero, when he lived on his own in Túnel sawmill, near Ushuaia. In his small stove, which he also used for heating, he always kept some hot water to drink mate and he used to prepare, out of the blue, some simple but delicious dish. For dessert, he would gather wild strawberries when it was the season.

I will always remember when he told me about his work in the estancias of Santa Cruz, when he was an expert in castration using teeth. The first time I heard about it I was surprised because I did not know about that practice and ignored its motives. At first, I pretended not to be interested. Later I made him comment on that again and he explained to me that this practice used to be common in many establishments and was well paid. With this method, the injury was disinfected and healed perfectly well. He gave me further explanations, but I do not think they are relevant for a book of this nature.

This recipe is for 8 people. 1.5 kg of mutton in chops (leg or chuck), butter (or fat), 4 cloves of garlic chopped, 2 stems of leek and 2 of celery cut in thin slices (Ampuero used wild celery and it was delicious all the same), 4 carrots in regular slices and 4 potatoes in dice.

One can add any other vegetable at hand (shallots, sweet potatoes or even squash); some wine vinegar or two glasses of red wine; 5 cups of rice; 1.5 liter of meat broth (better if mutton) or chicken broth; rosemary and laurel.

(si es de cordero mejor) o de gallina (también se puede usar un cubito), romero y laurel.

Saltear el cordero bien salpimentado en la manteca (o grasa) durante unos 10 minutos y tirar toda la grasa que despida.

Agregar el apio, los ajos, las zanahorias y el laurel junto con el vino o el vinagre y dejar reducir durante 5 minutos.

Añadir el arroz y cocinar entre 5 y 8 minutos. Incorporar el caldo con las papas, el apio y el puerro. Hervir durante unos 10 minutos. También se puede agregar al final, una vez cocido el arroz, una lata de arvejas. Vale la pena aclarar que se puede hacer todo el procedimiento sin el arroz. Pero en este caso conviene agregar cordero, papas y más arvejas.

Apagar el fuego. Si se usa una cocina económica, tapar la hornalla o retirar a un costado; si se usa cacerola de hierro, retirar de la cocina dado que la cocción se prolonga un poco por el calor acumulado en el hierro de la olla.

IMPORTANTISIMO: dejar reposar unos 5 minutos con la cacerola tapada.

GUISO DE CORDERO (IV)

Esta variante la conocí en Cerro Castillo, un pequeño poblado cerca del paso fronterizo de Cancha Carrera. Desde allí se puede ir hacia Torres del Paine, tal vez uno de los parques más hermosos del mundo, o hacia Natales. La zona fue muy importante durante el período del auge ganadero. Gran cantidad de ovinos pasaban la frontera y eran procesados sobre la costa del Pacífico para luego ser exportados. Todavía es posible ver parte de las antiguas estancias, los galpones de esquila, y las casas de empleados y administradores. Se trata de una muy rica historia, muy reciente y poco conocida, que vale la pena conocer.

En un solitario y elegante restaurante del lugar nos prepararon este guiso:

Ingredientes: 8 chuletas de cordero, 3 riñones de cordero, 1/4 kg de jamón cocido en cubitos, 1 cebolla cortada en gajos, 4 papas en rodajas, una taza de hongos secos remojados, perejil, 2 cucharadas de harina, sal, pimienta y agua.

En una fuente para horno se coloca una base de riñones, cebolla, papas, hongos, jamón, un poco de perejil, sal y pimienta. Colocar una capa de chuletas y agregar otra de la base. Verter el agua (o caldo) y espolvorear con harina. Se cocina al horno por aproximadamente una hora.

GUISO DE CORDERO (V)

Esta variante es del restaurante Angela e Pietro Massiochi, de San Martín 857, Ushuaia. Los propietarios son nacidos en la zona y pro-

Sauté mutton with salt and pepper in butter (or fat) for about 10 minutes and skim all fat.

Add celery, garlic, carrots and laurel with the wine or vinegar and let it reduce for 5 minutes.

Add rice and cook for another 5 to 8 minutes. Add broth with potatoes, celery and leek. Boil for about 10 minutes. You can also add green peas once the rice is ready. It is worth mentioning that you can prepare this without rice. But, if this is the case, you need more mutton, potatoes and green peas.

Put out the fire. If your are using a coal stove, cover the stew hole and let the preparation stand; if the saucepan is made of iron, take it from the stove—cooking goes on because of the heat kept by iron.

VERY IMPORTANT: *Let it rest for some five minutes with the saucepan covered.*

MUTTON STEW (IV)

I tried this variant in Cerro Castillo, a small village near the frontier pass of Cancha Carrera. From that place one can head for Torres del Paine, maybe one of the most beautiful parks in the world, or to Natales. This area was of great importance during the period of apogee of cattle breeding. A great number of sheep crossed the frontier and were processed on the Pacific coast and then exported. It is still possible to see part of the old ranches, the shear sheds and the houses of workers and managers. This is part of a very rich history that, although recent, is scarcely known and is worth reading about.

In a solitary and elegant restaurant of the place we were served this stew:

Ingredients: 8 mutton chops, 3 mutton kidneys, 1/4 kg of ham in dice, 1 onion cut in slices, 4 potatoes in slices, 1 cup of dry mushrooms previously soaked, parsley, 2 tablespoonfuls of flour, salt, pepper and water.

On a roaster, place a base of kidneys, onions, potatoes, mushrooms, ham and some parsley, salt and pepper. Place a layer of chops and add another layer of the mixture. Add water (or broth) and sprinkle with flour. Cook in oven for about an hour.

MUTTON STEW (V)

This variant is prepared in the Restaurant Angela e Pietro Massiochi, 857 San Martín St., Ushuaia. Their owners were born in the area and are from pioneer families of isla Grande de Tierra del Fuego. At present, to find native people is a rarity since most of the population are immigrants of the Argentine north. They are Cristina Maerniés and Jorge Ivandic.

vienen de familias pioneras en la isla Grande de Tierra del Fuego. En la actualidad es toda una rareza encontrar personas del lugar dado que la gran mayoría de la población es **inmigrante** del norte argentino. Se trata de Cristina Maerniés y Jorge Ivandic.

La casa donde está ubicado el restaurante resulta interesante. Podemos decir que es la principal en la calle San Martín donde, desde hace unos años, florecen modernos edificios con sofisticadas tiendas. Entre todos ellos encontramos esta reliquia de la típica construcción ushuaiense. Se trata de una casa de madera con piso de madera y todo de madera salvo el techo de chapa acanalada. En ella nos reunimos para charlar sobre la Ushuaia de antes y ver fotos antiguas con la «Tata» Fique o Zulema Beban y en seguida se arriman al fogón, mientras el trabajo se lo permite, Cristina y «Pibín». Pero vayamos a lo importante: este guiso exquisito.

1/4 kg de cebollitas medianas, manteca en cantidad necesaria, 1 kg de cordero trozado (paleta o cuarto trasero o costillas, a gusto), 6 zanahorias, 1 cucharada de harina, 4 tomates maduros, 4 cucharadas de puré de tomates, 1/2 litro de caldo de verduras, 1/2 kg de papas, ajo, perejil, 250 g de arvejas, 250 g de chauchas, sal, pimienta y choclo en trozos.

The restaurant is situated in an interesting house. We can say that this is the main building in San Martín Street where in the last years other modern buildings have flourished to house sophisticated shops. Among these we find the typical Ushuaian construction. This is a house with wooden floors and most parts built in wood except for the roof made of corrugated sheets. There we meet to comment on the old Ushuaia and see old photographs with «Tata» Fique or Zulema Beban, and Cristina and «Pibín» join us next to the fireplace, when work lets them. But let's return to the important thing —this delicious mutton stew:

1/4 kg regular onions, butter as needed, 1 kg chopped shoulder or shank (depending on what one prefers), 6 carrots, 1 tablespoonful flour, 4 ripe tomatoes, 4 tablespoonfuls of tomatoes purée, 1/2 liter of vegetables broth, 1/2 kg potatoes, garlic, parsley, 250 g green peas, 250 g string beans, salt, pepper and corn cobs (into pieces).

Peal onions and cook them in a frying pan with butter and oil. When brown, they are ready.

Brown the chopped mutton, peal and cut the carrots alongside and add in the saucepan with the crushed garlic. Stir and go on cooking for five minutes. Add the flour and cook for some minutes stirring regularly.

Casa de Ushuaia.

Se pelan las cebollitas y se rehogan en una sartén con manteca y aceite. Cuando estén doradas reservar.

Se sofríe el cordero troceado hasta dorarlo, se pelan y cortan las zanahorias por la mitad y se añaden a la cacerola junto con los ajos machacados. Se remueve y se deja cocer por cinco minutos. Se agrega la harina y se cuece durante unos minutos más removiendo continuamente.

Se agregan los tomates, escaldados y troceados, el puré de tomates, el caldo, las hierbas, sal y pimienta.

Se tapa y deja cocinar suavemente, luego pelar las papas y añadir a la cacerola.

Cuando las papas estén casi cocidas, agregar las chauchas, arvejas y el choclo en trozos.

Se rectifica la sazón y se espolvorea con un poco de perejil picado.

CHULETA DE CORDERO EN PASTA DE HOJALDRE

Este plato también es del restaurante Angela e Pietro Massiochi. Cristina Maerniés, ayudada por Jorge Ivandic, se encarga de preparar las chuletas de cordero de una forma que se puede hasta casi adivinar los orígenes familiares que crearon esta receta. Se trata de una buena adaptación a los elementos del lugar. Además, es un plato de primera.

Se necesita: 8 chuletas de Cordero, 1 lata de pateé de hígado, hojaldre, aceite, sal, pimienta, 1 huevo.

Calentar el horno mientras se secan y se arreglan las chuletas de cordero, cortando el exceso de grasa y recortando la carne en la parte alta del hueso.

Se calienta el aceite en una sartén y se cocinan ligeramente las chuletas, de ambos lados. Se retiran de la sartén y se colocan sobre un papel absorbente para eliminar el exceso de grasa.

Luego untar las chuletas con un poco de pateé de hígado, con la masa de hojaldre se pueden cortar tiras y envolver los bifecitos.

También se pueden cortar triángulos y envolverlas como si fuera un pañuelo. Pintar la pasta con huevo y al horno.

A este relleno se le puede agregar también champiñones y panceta frita cortada chiquitita.

Otra variante es el relleno tipo provenzal a base de jamón crudo picado, ajo, perejil, aceitunas negras, queso rallado y huevo para ligar. Tener cuidado al salar, ya que el jamón, el queso y las aceitunas tienen sal en abundancia.

Para acompañar con ensaladas variadas y con papitas salteadas o al horno.

Add tomatoes —scalded and chopped—, then peal potatoes and add to the saucepan. When potatoes are almost ready, add string beans, green peas and corn cobs in pieces. Adjust seasoning and sprinkle with some parsley.

MUTTON CHOPS IN PASTRY

This dish is also a specialty of the restaurant «Angela E. Pietro Massiochi». Cristina Maerniés, assisted by Jorge Ivandic, prepares the mutton chops in a way that reveals the creation of this recipe by her forefathers. This is a first rate dish adapted to use regional ingredients.

8 mutton chops, 1 can paté de foie gras, pastry, oil, salt, pepper, 1 egg.

Pre-heat oven while wiping the mutton chops dry and preparing them by cutting excessive fat and cutting off the meat in the higher part of the bone.

Heat oil in a frying pan and brown the chops lightly on both sides. Take them away and place on a sheet to absorb fat.

Then spread paté de foie gras on the chops, cut pastry in stripes to wrap them.

Pastry can also be cut in triangles to wrap the chops. Rub pastry with yolk and take to the oven.

This stuffing may also include mushrooms and fried chopped up bacon.

Salero y pimentero.

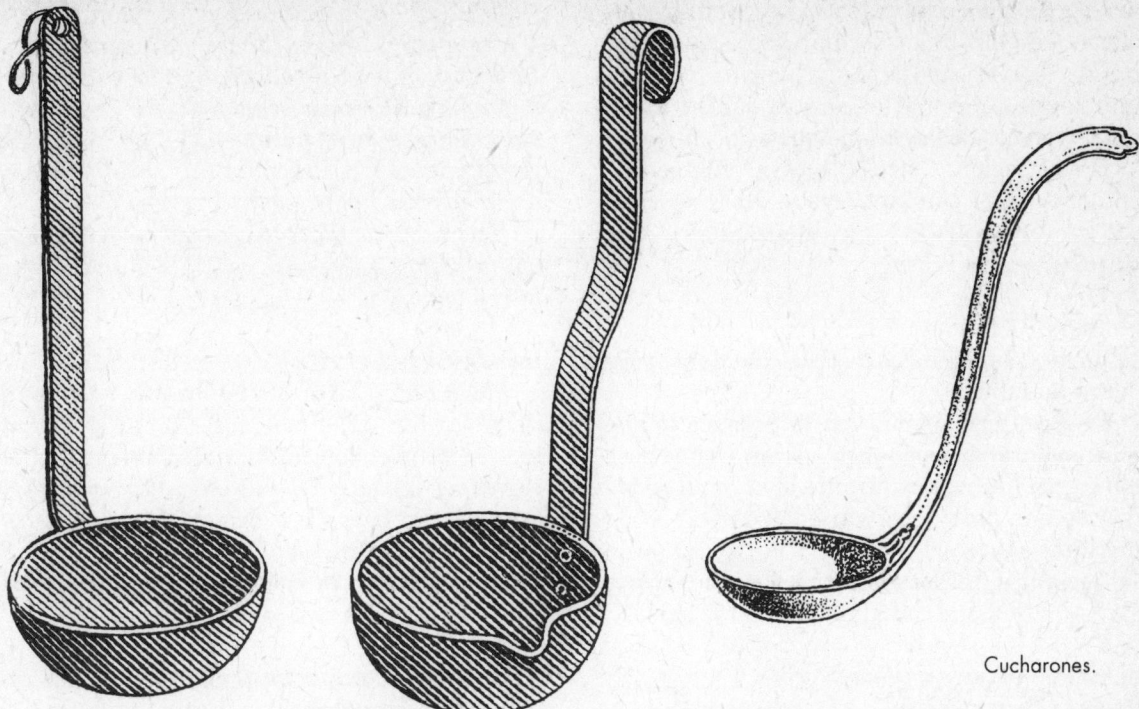

Cucharones.

CURRY DE CORDERO CON MANZANAS AL VINO TINTO

Este plato es uno de mis preferidos. También lo preparan en el restaurante de Cristina Maerniés y Jorge Ivandic.

1 pierna de cordero (también puede ser paleta o chuletas), 4 cebollas, ajo y perejil picado, tomillo, apio picado, 1/2 hoja de laurel, 1 cucharada de curry, 25 g harina, 1/4 litro caldo de ave, 1/4 litro vino blanco, 2 manzanas verdes, 10 cucharadas de crema, sal a gusto.

Para las manzanas al vino:

6 manzanas, 1/2 litro vino tinto, 250 g de azúcar, 6 clavos de olor, 1 ramita de vainilla, 1 ramita de canela.

Primero, la salsa.

Blanquear las cebollas (finamente picadas) en la manteca. Agregar la harina, revolver bien. Colocar en la misma cacerola un diente de ajo picado, el caldo (uniéndolo bien), el tomillo, laurel, vino, las manzanas peladas y picadas, el curry y el apio. Dejar cocinar 1/2 hora. Cuando esté lista pasar por el tamiz 2 veces (hasta obtener una salsa muy fina). Agregar la crema, perejil y sazonar a gusto.

Segundo, la carne.

Poner la carne en una fuente, salpimentarla y agregarle un poco de caldo y vino. Luego salsa inglesa y cocinar. Si fuera pierna, filetearla una vez cocida y antes de servir en el plato. Si fueran chuletitas, servir 2 por comensal.

Tercero, las manzanas al vino tinto.

Pelar las manzanas y cortarlas a la cucharita. En una cacerola colocar el vino tinto, el

Another option is a Provençal stuffing, based on chopped up smoked ham, garlic, parsley, black olives, grated cheese and whisked egg to mix. Be careful with salt as ham, cheese and olives are quite salty themselves.

Serve along with several salads and with small potatoes sautéed in oven.

MUTTON CURRY WITH APPLES IN RED WINE

This dish is one of my favorites. It is also served in the restaurant of Cristina Maerniés and Jorge Ivandic.

1 leg of mutton (or chops or shoulder), 4 onions, garlic and sprinkled parsley, thyme, chopped celery, laurel, 1 spoon curry, 25 g flour, 1/2 liter chicken broth, 1/4 liter white wine, 2 green apples, 10 spoons cream, salt to taste.

Apples in Wine: 6 apples, 1/2 liter red wine, 250 g sugar, 6 cloves, 1 vanilla pod, 1 cinnamon bark.

First, the sauce.

Sauté chopped onions in butter. Sprinkle flour and stir carefully in a saucepan. Add one chopped clove of garlic, broth, thyme, laurel, wine and apples (peeled and diced), curry and celery. Cook for half an hour. When ready, sift twice till a very light sauce is obtained. Add cream, parsley and season to taste.

Second, the meat.

Place it on a tray, sprinkle with salt and pepper and add some broth and wine. Then add Worcestershire sauce and cook. If you choose leg, once ready, carve before serving. Two chops are served per commensal.

azúcar, la canela, el extracto de vainilla y los clavos de olor. Dejar cocinar hasta que tome punto de almíbar liviano y luego colocar las manzanitas. Cocinarlas en este jarabe hasta que estén cocidas evitando que se deshagan.

Presentación: Colocar la carne fileteada o chuletas en el plato a servir, saltear y servir con verduritas al vapor y las manzanitas al vino tinto.

CORDERO AL HORNO

Ideas y Sugerencias de Cristina Maerniés y Jorge Ivandic.

De esta forma vemos en la práctica lo que nos comentaban varios pobladores. Con la base del capón (o cordero durante el verano) se las ingeniaban para hacer variedad de platos con distintos sabores.

Cocinar el cordero al horno, condimentarlo a gusto y servirlo con alguna de estas salsas.

CREMA DE OPORTO Y HONGOS CON CEBOLLITAS GLASEADAS

1 taza de hongos secos, 1 taza de vino oporto, 1/2 taza de aceite, 2 cebollas, 1/2 vaso de vino blanco, 1/2 vaso de caldo de gallina, 250 c.c. crema de leche, 2 yemas, 2 cucharaditas de maicena, 24 cebollitas de verdeo, 1 cucharada de manteca, 2 cucharadas de azúcar.

Poner los hongos en remojo durante 20 minutos en una taza de oporto.

Cortar las dos cebollas en cuadraditos pequeñitos y echarlos en una cacerola con un poquito de aceite hasta blanquear. Luego agregarle el vino blanco, caldo de gallina y los hongos con todo el oporto. Dejar evaporar los alcoholes a fuego fuerte durante 10 minutos.

Agregar entonces 150 c.c. de crema, cocinar 10 minutos más y echar la maicena disuelta en agua.

Cocinar hasta que espese. Apagar el fuego y agregar el resto de la crema. Mezclarla con las yemas y unir bien. Reservar al calor.

Por otro lado, elegir 24 cebollitas y colocarlas en una sartén cubiertas con agua fría, agregar azúcar, manteca y sal, cocinar hasta que estén tiernas. Deben quedar doradas y glaseadas.

Servir la carne de cordero fileteada y salseada con la crema de oporto con hongos, las cebollitas y una porción de arroz blanco o con azafrán.

SALSA DE NARANJAS

100 g de manteca, 150 g de azúcar, 8 naranjas, licor de naranjas y el jugo de las naranjas, 1/2 litro de caldo de ave, sal, pimienta y salsa

Third, the apples in red wine.

Peel apples and cut them with a teaspoon. Pour red wine in a saucepan, add sugar, cinnamon, vanilla essence and cloves. Cook until you obtain a light syrup and then place the small apples. Cook them in this syrup till they are ready but not too soft.

How to Serve: Place the carved meat or chops on the dishes, serve with vegetables and apples in red wine.

OVEN ROASTED MUTTON

Ideas and Tips by Cristina Maerniés and Jorge Ivandic. Thus we can see in practice what several people from Ushuaia commented. Using capon as base (or mutton in summer) they managed to prepare a variety of dishes with different tastes.

Roast mutton in oven, season to taste and serve coated with one of these sauces.

PORT AND MUSHROOMS CREAM WITH GLACEED ONIONS

1 cup dry mushrooms, 1 cup port wine, 1/2 cup oil, 2 onions, 1/2 glass white wine, 1/2 glass chicken broth, 250 c.c. cream, 2 yolks, 2 teaspoonfuls corn flour, 24 green onions, 1 tablespoonful butter, 2 tablespoonfuls sugar

Soak mushrooms for 20 minutes in a cup with oporto wine. Dice up the two onions and place them in a saucepan with some oil and cook until they turn whitish. Then pour white wine, chicken broth and add the mushrooms in port. Let the alcohol evaporate on a high flame for 10 minutes.

Then add 150 c.c. cream, cook for another 10 minutes and sprinkle with a solution of corn flour in water.

Cook till this thickens. Put the fire out and add the rest of the cream mixing with yolks and stir very well. Let it stand near fire to keep warm.

Apart, choose 24 green onions and place them in a fryingpan covered with cold water, add sugar, butter and salt and cook them till tender. They have to brown and glacé.

Serve mutton carved and coated with the port cream with mushrooms, green onions and a helping of white rice on its own or seasoned with saffron.

ORANGE SAUCE

100 g butter, 150 g sugar, 8 oranges, orange liquor and orange juice, 1/2 liter chicken broth, salt, pepper and Worcestershire sauce, grated ginger and corn flour to thicken.

Place butter mixed with sugar in a saucepan. Add zest of orange.

inglesa, jengibre molido y maicena para espesar.

Colocar la manteca en una olla, junto con el azúcar. También agregar las cascaritas de naranja que se hicieron usando un pelapapas y luego cortándolas finitas.

Mezclar bien. Exprimir las naranjas y agregar el jugo a la preparación anterior y hacer lo mismo con el licor de naranjas, el caldo de ave, salsa inglesa (a gusto), sal, pimienta y jengibre molido.

Espesar con maicena disuelta en agua.
Como guarnición servir un rico puré.

Testimonio de una antigua pobladora, la «Tata» Fique

A esta altura del libro, y con las recetas que ya vimos, es interesante escuchar a alguno de los pobladores que hicieron la región. Por otra parte, estas charlas tuvieron lugar en el restaurante ya nombrado mientras Cristina preparaba algún plato y Pibín hacía apariciones para traer un documento o una foto.

«Tata» Fique: Rosa Damiana Fique, nacida en Ushuaia en 1922. Sus padres fueron Luis Carlos Fique, hijo de Luis Pedro, el prefecto que llega a la ciudad con Augusto Lasserre en 1884 (más conocido como el «Primer Argentino» al radicarse definitivamente y formar una familia); su madre fue María Massiochi. Ahora ya entendemos el nombre del restaurante.

Actualmente la «Tata» Fique vive en la ciudad, pero va todos los días al campo. Su testimonio es muy interesante porque vivió toda su vida en Ushuaia; las pocas veces que viajó lo hizo por necesidad. Su caso es algo raro. Por lo general, luego de largas permanencias en otros lugares, pocos regresan.

Veamos qué nos relata de la Comida Fueguina: «...como argentinos que somos, nos gusta la carne. El corderito es una comida típica fueguina, ahora ya no se estila porque el pueblo ha crecido de otra manera. Antes todos los patios tenían sus quintas, sus gallinas, los huevos caseros, los pollitos. Nosotros mismos en casa a veces criábamos 150, 200 pollos, así que todos los sábados, matábamos un pollito para el domingo o durante el invierno, cuando la carne era tan fea, porque nevaba tanto que los animales quedaban encerrados en la

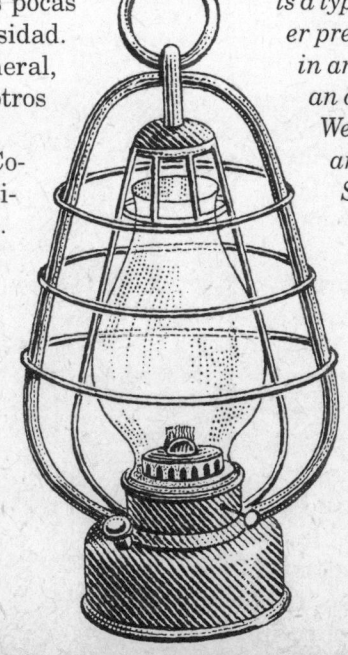

Farol a querosene.

Mix carefully. Squeeze oranges and pour their juice into the mixture, add orange liquor, chicken broth, Worcestershire sauce to taste, salt, pepper and ground ginger.

Thicken with corn flour dissolved in water. Serve with some tasty purée.

An Old Settler's Testimony, "Tata" Fique

At this stage, considering the recipes we have shared, it is interesting to listen to some of the settlers that contributed to the development of the region. On the other hand, our chats took place in the restaurant already mentioned, while Cristina prepared some dish and «Pibín» came up with some document or photograph.

«Tata» Fique: Rosa Damiana Fique was born in Ushuaia in 1922. Her parents were Luis Carlos Fique, son of Luis Pedro, the prefect who arrived in town with Augusto Lasserre in 1884 (Fique was known as the «First Argentine» as he settled down for good and raised a family); her mother was María Massiochi. Now we can see the reason for the name of the restaurant.

At present, 'Tata' Fique lives in town, but she goes into the fields every day to work. Her testimony is extremely interesting because she lived all her life in Ushuaia. The few times she left it was only out of necessity. Her case is unusual, because many people leave the place to settle down somewhere else for a long time and, only sometimes, they come back.

Let's see her account of the Fuegian Cuisine: «...as Argentines we like meat—lamb is a typical Fuegian meal, but it is no longer prepared because the town has grown in another way. Long ago every one had an orchard, hens, home eggs, chickens. We used to breed 150 or 200 chickens and every Saturday we killed one for Sunday. In winter meat was disgusting because it snowed so much that animals got caught and meat was transparent. So we prepared casserole chicken or roasted chicken. Every family had their own desserts—we used to collect the recipes of Royal baking powder. We got the novelties from them and then shared the recipes.»

«There was little fruit. The Bebans' schooner or another launch took it from Punta Arenas. As the voyage was long, they shipped it unripe so that it didn't

nieve, la carne era transparente, así que con los pollos teníamos para hacer cazuela o pollo al horno. Después cada familia hacía sus postres. Coleccionábamos los recetarios que venían con el polvo leudante Royal, de allí sacábamos las novedades, después nos pasábamos las recetas.

La fruta escaseaba. Cuando traían lo hacían con la goleta de Beban y con otra lancha, de Punta Arenas, y cuando venía en el buque, como era tan larga la travesía llegaba verde, la traían así para que no se perdiera en el viaje. Pero lo que nosotros comíamos mucho era la fruta desecada que pedíamos a Mendoza. Venía en unos cajoncitos muy bien preparados: manzanas, peras —todo disecado— con eso preparábamos compota para comer de postre».

Dulces: «...hacían de ruibarbo que no es típico de Tierra del Fuego sino traído por los ingleses, también de frutillas caseras y de monte y de calafate. También vino de calafate, lo dejaban fermentar, es espumante, muy rico, tipo nebiolo. También la frutilla la ponían en alcohol rebajado o en alguna bebida como vino blanco, grapa o ginebra y hacíamos una bebida fina, exquisita, sobre todo con frutilla casera...».

Cómo se hacía el helado, en casa de los Fique: «...como a veces no había leche, sobre todo en invierno, porque las vacas no se ordeñaban, venían de Punta Arenas, unos cajones con 24 latas de leche condensada, con las latas hacíamos dulce de leche. Si lo queríamos más oscuro lo hervíamos más, lo batíamos bien, lo poníamos en jarritos, y lo enterrábamos en la nieve. Lo dejábamos en el borde, dos o tres horas y así comíamos helado...».

«...También hacíamos caramelos con planchas con el dulce de leche bien espeso. Cuando estaba medio duro lo cortábamos en cuadraditos; también preparábamos yemas acarameladas, que quedaban muy ricas. Llevábamos a la cocina el mármol de la mesa de noche y allí apoyábamos las pelotitas de yema de huevo, después se le hacía un azucarado y se le tiraba por encima, por eso había que ponerlo sobre el mármol para poder despegarlos después. También hervíamos azúcar con eucalipto; se hacía un almíbar bien durito para formar unas pelotitas que pasábamos por azúcar. Estos eran para la garganta...».

Preparativos para el invierno: «...una de las piezas más importantes de la casa era la despensa. También las cocinas eran grandes porque se pasaba todo el tiempo allí. En las despensas se guardaba la bolsa de po-

go off during the trip. But we used to eat a lot of dried fruit that came from Mendoza. They were neatly packed in small boxes —apples, pears (everything dried) with which we prepared stewed fruit to eat as dessert...»

Jams: «...we prepared preserved fruit with rhubarb, which is not native of Tierra del Fuego but the English brought it, with strawberries also and calafate and kept it in jars with a wide mouth. Also calafate wine —they let it ferment and got a delicious sparkling wine, sort of «nebiolo». They also put strawberries in lowered alcohol, white wine or another spirit like **grapa** (sort of brandy), gin and got a fine drink, especially with home grown strawberries...»

How they prepared ice-cream at the Fique's: «...sometimes there was no milk, especially in winter, because cows were not milked. From Punta Arenas came boxes of twenty four cans of condensed milk. We prepared milk jam with them and, if we wanted it darker, we boiled it more. Then we whipped it and put it in small jars that we buried in snow for two or three hours and then we ate ice-cream...»

«...We also prepared candies with quite dense sheets of milk jam. When it hardened, we cut it in small squares. Also caramel-coated egg yolks —we took the marble piece from the night-table to the kitchen and we placed the balls of egg yolk on it. Then, we sprinkled them with sugar. The marble was for them not to stick. We also boiled sugar with eucalyptus to get a thick syrup with which we made balls sprinkled with sugar. These were for sorethroats.»

Preparations for Winter: «...one of the main rooms of the house was the pantry; kitchens

Dulces caseros.

Despensa.

rotos, de garbanzos, la de arroz, en ese entonces todo venía en bolsas. Recuerdo que la harina venía en una bolsa blanca muy linda, y sobre todo en las casas yugoslavas las usaban para hacer manteles, cortinas bordadas. Todos los extranjeros que vinieron eran gente muy trabajadora y hacendosa. En las despensas se almacenaba todo para el invierno».

«Los repollos que se cultivaban se ponían sobre un poco de tierra con las raíces hacia el piso, otros los ponían en un cordel boca abajo y las primeras hojas se iban poniendo amarillas, pero con el tiempo iban madurando; se sacaban unos repollos hermosos… También se usaba mucho el nabo, eran de color amarillo. Lo usábamos como si fuera zapallo para hacer pucheros. Había otro más blanco al que llamaban nabiza, muy tierno, que se comía hervido con hoja y todo. Cultivábamos zanahorias, perejil, remolacha, hinojo, acelga, espinaca, rabanito, orégano y frutillas, que también juntábamos en el monte, mientras hacíamos pic-nic o tomábamos el té».

Chacinados: «Se preparaban embutidos. Algunos criaban un cerdo, lo facturaban y hacían embutidos: jamones que se preparaban con sal y pimentón, tocino, etc. En casa se ponía una tabla grande, el jamón arriba y encima otra tabla y sobre ésta unas piedras grandes para

were also large because you spent most time there. In pantries we used to keep bags with dry beans, chickpeas, rice. Everything came in bags at that time. I remember flour was packed in nice white bags and in Yugoslavian houses tablecloths were made with them, also embroidered curtains. All foreigners were hard-working and industrious people. We stocked everything for winter in pantries.»

*«Cabbages were kept on soil with roots down; others hung them upside down and the leaves turned yellow and ripened. Turnips were very much used also. They were yellow and we prepared it as marrow for **puchero** (kind of stew). There was another one whiter and tender called rape rootless which we boiled and ate completely with leaves. Carrots, parsley, beet, fennel, chard, spinach, radishes, wild marjoram, strawberries everything from the orchards in houses. We also collected strawberries in the woods while picnicking or having tea.»*

Charcuterie: «People used to breed pigs to prepare sausages and ham with salt and paprika, bacon, etc… At home we put the ham between two boards and then some stones on it to press it so that water came out. First of all we ate the chops and prepared stews. Then we preserved the skin, the ears, the legs in salt; everything. We made sausages with the same

prensarlo; largaba toda el agua. Hacíamos tocino, lo primero que comíamos eran las costeletas. Se hacían los guisos, se guardaba el cuero —todo salado—, las orejas, las patitas, se aprovechaba todo. Se hacían embutidos, del mismo cerdo se sacaban las tripas, se lavaban y hacíamos ristras grandes, caseras. En un rollo hacíamos la bola y la atábamos con hilo, empezando por la cola. Después se ahumaba unos cuantos días. Había quien lo ponía en la misma grasa con pimentón y podían durar mucho tiempo. Los comíamos como salamín».

«Para ahumarlos, se hacía fuego en un tacho dentro del galpón para que se ahogara la leña. El ahumado común se preparaba con madera de lenga».

«Nosotros teníamos unas máquinas manuales, con un embudo, también casero, hecho por un zinguero. Había un embudo más chico para las salchichas y otro más grande para los chorizos. Poníamos la tripa en la máquina trituradora, se pasaba al embudo que estaba agarrado a la trituradora mediante una pestaña, de ahí iba saliendo la tripa que después atábamos».

La Cocina: «En la cocina había estufas grandes, que nosotros llamábamos **tachos**. Eran octogonales o redondas, de fierro, eso se cargaba de leña y se mantenía encendido hasta altas horas de la noche. Mientras dormíamos se apagaba, pero siempre alguna brasita había. Si bien nos acostábamos temprano, si alguno a la madrugada se levantaba la cargaba, entonces una pieza calentaba a la otra. Las casas eran de chapa y madera por dentro. Los pisos eran de madera, en aquella época se enfriaban rápido».

Creo que con una simple charla sobre comidas van apareciendo otros ingredientes como costumbres y una forma de vida que cambió. Sin considerar si fue para mejor o no, sabemos que cambió para no regresar. Es así que hasta podríamos encontrar explicación a esas grandes coci-

pig —tripes were washed and we prepared long home-made strings. Then it was smoked for many days. Some people put it in its fat with paprika. If a long time passed, we ate it all the same as if it were salami.»

«To smoke them, we made a fire in a bowl in a shed. We regularly used lenga wood. We had a kind of machines to make sausages by hand with a funnel. There was a smaller funnel for sausages. We put the tripes in a grinding machine, then they passed through the funnel and then we tied the tripes.»

The Kitchen: «In the kitchen we had large stoves that we called **tachos**. They were round or octagonal, made of iron. We put firewood in them and kept it burning till late evening. At night, when we were sleeping, they were put off but there was always some ember left. Houses were made of sheet and wood inside; floors were of wood and at that time they got cold quickly.»

I personally think that as we are chatting about dishes, new ingredients such as customs and a transformed lifestyle appear. Regardless of whether this is for better or worse, we know this has changed never to be the same. So we can understand why they had large kitchens, where practically everything related to everyday life took place. I have seen some so large that include a dining room, a kind of living room in one extreme or around the dining table. The adjoining room is the necessary pantry where food was stored for winter in case the ship with provisions were delayed. Of course, although we don't realize because nowadays it is not important, South Patagonia used to depend a lot on ships. Of course, it is surrounded by water. In fact, communication was possible thanks to the sea.

People who lived near the cordillera used to travel in long caravans to the Atlantic or took advantage of the many passes to go to the Pacific. Sometimes it is difficult

Harina, porotos y garbanzos.

Matera.

nas, donde prácticamente transcurría la vida cotidiana. Las he visto tan grandes que podemos incluir dentro de ella al comedor diario y una especie de sala de estar hacia una de las puntas, o en la periferia de la mesa comedor. La cocina era como el corazón de la casa; de ella salía el calor que calentaba los dormitorios y demás ambientes. El cuarto contiguo es la infaltable despensa donde se tenía la reserva para el invierno o por si ese buque con los víveres se retrasaba. Claro, aunque no nos demos cuenta, y ahora no sea importante, la Patagonia Sur dependió mucho de los buques. Por supuesto, está rodeada de agua. Su medio de comunicación natural fue el mar.

Los que vivían en sectores cordilleranos hacían largas caravanas hacia el Atlántico o aprovechaban el gran número de pasos para llegar al Pacífico. A veces cuesta pensar que grandes carretones cargados de fardos de lana tardaban varias semanas para cubrir la distancia desde la estancia al puerto.

Pero volvamos a las recetas, muchas de las cuales justamente surgieron durante las travesías de esas caravanas:

CARBONADA SUREÑA

Se trata de uno de mis predilectos y no sé cómo nació. En cada oportunidad que la preparo va cambiando un poco. Aunque parezca to think of large carts loaded with wool bales taking several weeks to travel from the estancia to the port.

But let's go back to the recipes which, in many cases, were born during these caravans.

SOUTHERN CARBONADA

This is one of my favourite dishes, but I have no idea where it originates from. Every time I prepare it, I add some changes. Although it seems to be elaborated, you cannot do without it after a riding day, an excursion on sleds or while mooring in some safe harbor in the channels. A better taste is acquired using cast iron saucepans. If you are riding, it is better to leave beans and use the vegetables available on the burden horse. The result will be good all the same.

Chop up 2 onions and cook them on a low flame in some oil. Brown mutton (1.5 kg) in dice with rashers of streaky bacon (about 250 g, not salty). Soak beans in another bowl overnight. Boil them with pork skin till almost tender. Take the skin out and cut it in narrow stripes. Add this and beans to the mixture pouring also the water in which you cooked them (about 1 liter). Prepare broth with pork skin or another tasty ingredient and pour on the meat and add about 300 g of broad beans and 2 or 3 carrots. After about 10 minutes, add diced po-

algo complicada, es infaltable para terminar el día después de una cabalgata, una excursión con trineos o fondeados en algún puerto seguro en los canales. Se consigue un mejor sabor cocinándola en una olla de hierro fundido. En caso de cabalgatas, no dude de eliminar los porotos y como verdura use la que el caballo carguero lleve. El resultado no va a ser malo.

Procedamos:

Tomar 2 cebollas y picarlas; rehogarlas en un poco de aceite. Saltar hasta dorar la carne de cordero (1,5 kg) en cubos junto lonjas de panceta (unos 250 g, no salada). Remojar aparte los porotos la noche anterior. Hervirlos con el cuerito de chancho hasta que estén casi tiernos. Retirar el cuerito y cortarlo finamente. Agregarlo junto con los porotos a la preparación, incluyendo el agua de cocción de éstos (aproximadamente 1 litro). Hacer un caldo con cuero de cerdo o algún otro elemento que dé sabor e incorporar a la carne junto con unos 300 g de chauchas y 2 ó 3 zanahorias. Después de unos 10 minutos, agregar las papas en cubos y luego de unos 5 minutos las batatas junto con duraznos o pelones remojados previamente.

Al final de la cocción se puede agregar una o dos latas de porotos de manteca remojados. No olvidar salpimentar, agregar muy poco ají molido y una cucharada de pimentón al final.

La fruta puede ser reemplazada por manzanas o peras, pero nunca por ciruela ya que resulta asqueroso. ¿Hasta cuándo se cocina?: hasta que la verdura esté tierna.

Escribiendo la receta me vino a la memoria algo que nos sucedió en el campo. En una oportunidad, después de un día a caballo y mientras nos dirigíamos hacia Caleta Policarpo en Península Mitre, sufrimos lo usual: cargueros no muy dóciles que se en-

tatoes and after 5 more, sweet potatoes with peaches or nectarines previously soaked.

Towards the end of the cooking time 1 or 2 cans of beans previously soaked can be added. Do not forget salt and pepper, sprinkle with some red pepper and one tablespoonful of paprika.

Fruit may be replaced by apples or pears, but never by plums —it turns disgusting. When is it ready?: when vegetables are tender.

Writing this recipe, it came to my mind something that happened to us in the countryside. On one occasion, after a riding day and while going for Caleta Policarpo in Península Mitre, the not in the least docile beasts of burden buried themselves in marshy land or peat areas rolling about on the saddlebags with our provisions. As a result, all the food was mixed. The carbonara we prepared with that food turn out to be delicious in our attempt to use all the crushed ingredients. I remember that, while we were waiting for the meal, we drank mate with a mixture of yerba mate, coffee and sugar that we had rescued from one of the saddlebags. The funny thing about this was that one of the tourists enjoyed this beverage so much that she asked for more to take to her country. Of course, we never confessed her the truth.

Cerdos.

terraban en los terrenos pantanosos o con turba, revolcándose sobre las alforjas que contenían los alimentos. El resultado de esa práctica puede ser una gran mezcla de todos los alimentos que uno lleva. Esa carbonada resultó genial. En el afán de tratar de aprovechar todo, lo triturado se metió en la olla. Recuerdo que mientras esperábamos que la comida estuviese lista nos pusimos a matear con una mezcla de yerba, café y azúcar que rescatamos de una de las alforjas. Lo peor fue que a una de las turistas le encantó el brebaje y nos pedía que le consiguiéramos de esa yerba para llevarla a su país. Demás está decir que nunca le contamos la verdad.

CORDERO CON PURE

Esta receta es de la zona de Gaiman, la colonia Galesa. Preferí incluirla en esta sección para ilustrar sobre las grandes diferencias que hay en la forma de cocinar. Esto refleja un estilo más europeo nórdico. En guisos y demás preparados notamos un estilo más cercano a lo mediterráneo.

Preparación: se condimenta una pierna de cordero con sal y pimienta. Con un cuchillo se hacen varios cortes profundos para poder mechar la pierna. En algunos se puede poner dientes de ajo, en otros panceta (en la zona mediterránea utilizarían romero).

Se lo rocía con aceite y se cocina a fuego medio de 1 y1/2 a 2 horas (hasta que la carne quede semi seca, no sanguinolienta; ¿Cómo se conoce este punto? al introducir el cuchillo hasta el hueso, debe dejar de salir jugo rojo).

Preparar el puré de papas a gusto. En el norte de Europa lo hacen con manteca y leche; sal y pimienta, bien batido.

Salsa: ya listo el cordero se pasa el jugo que quedó en la asadera a una cacerola y se le agrega una cucharada de harina para espesar. Si el jugo es muy grasoso, se debe desgrasar sacando la grasa superficial. Si el jugo es escazo se puede alargar agregando agua unos 5 minutos antes de retirar del horno. Esta salsa se puede servir sobre el puré.

PALETA DE CORDERO RELLENA

Esta receta la aprendí de un trabajador de la planta de algas de Soriano, también en la colonia galesa de Gaiman.

1 paleta de cordero, pan duro con mucha miga (puede ser fresco también), 1 cebolla, 2 ó 3 dientes de ajo, 70 g de manteca, 1/4 taza de aceite, sal, pimienta, albahaca, orégano, perejil y ají molido.

Procedimiento: Deshuesar la paleta. Se usan cuchillos chicos, finos y filosos con los cuales

MUTTON WITH MASHED POTATOES

This recipe is prepared in the area of Gaiman, a Welsh colony. I decided to include it in this section as a way of showing the great differences in cooking methods. This style is more Nordic-European. In the case of stews and other dishes we can see a Mediterranean influence.

Instructions: Season one leg of mutton with salt and pepper. Use a knife to make several deep cuts to stuff the leg. In some of them, you can put garlic and streaky bacon in others (Mediterranean cuisine would use rosemary).

Sprinkle with oil and cook on a medium flame for 1 1/2 to 2 hours (till the meat is semi-dry, not bleedy); How do you know this is ready?: when introducing a knife up to the bone, red juice will stop coming out.

Prepare mashed potatoes to taste. In northern Europe, they prepare it thoroughly whisked with butter and milk, salt and pepper.

Sauce: Once the mutton is ready, pour gravy into a saucepan and add a tablespoonful of flour to thicken. If gravy is fatty, skim it. If there is little gravy, add water about 5 minutes before taking the mutton out of the oven. This sauce may garnish mashed potatoes.

STUFFED SHOULDER OF MUTTON

I learnt this recipe from one of the workers of Soriano's algae processing plant, situated in the Welsh colony of Gaiman.

1 shoulder of mutton, bread crumbs (or fresh bread), 1 onion, 2 or 3 cloves garlic, 70 g butter, 1/4 cup oil, salt, pepper, sweet basil, oregano, parsley and ground red pepper.

Instructions: Bone shoulder of mutton. Use small narrow sharp knifes to cut meat off bones without perforating it (ask the butcher to do this for you). Extend meat on the table and season with salt, pepper and sprinkle with some oil.

Shred bread crumbs and mix with milk in a bowl, add chopped up onions as well as garlic, parsley, sweet basil, ground red pepper and mashed butter (use a fork). Oregano can also be added.

Stuff shoulder with this mixture and sew it with packthread. Place on a tray, sprinkle with oil and cook in oven for an hour and a half.

This goes with potatoes and/or salads.

CAPON TURNOVERS

Empanadas (turnovers) appeared in colonial times and then spread across the whole of the Spanish America. Each region adapted them to local tastes and customs. There is a great variety of fillings, all of them worth trying.

se despega la carne procurando no perforarla (pedirle al carnicero que lo haga). Extender la carne sobre la mesa y condimentar con sal, pimienta y rociar con un poco de aceite.

Desmenuzar la miga del pan en un bol con leche, agregar la cebolla bien picada, como así también el ajo, perejil, albahaca, ají molido y la manteca pisada con un tenedor. También se le puede poner un poco de orégano.

Rellenar la paleta con el preparado y coserla con un piolín grueso (tipo de albañil). Acomodar en una fuente, rociar con aceite y cocinar al horno durante 1 1/2 horas.

Se puede acompañar con papas y/o ensaladas.

EMPANADAS DE CAPON

El invento de la empanada en la época colonial se trasladó a toda la América hispana. En cada región se adaptó a los gustos y costumbres del lugar. Por ese motivo existe una gran variedad de rellenos que vale la pena probar en su totalidad.

La función de la empanada era sencilla: conservar alimentos por varios días, en especial cuando se emprendían los largos viajes en carreta. En aquel entonces se le ponía mucho picante para que la carne durase más y uno no notase los paulatinos cambios de sabor. La fritura era sólo en grasa que a su vez actuaba de capa protectora (no se llevaba sin antes freírla). Por otra parte este alimento, si no mataba, otorgaba muchas calorías.

Así fue que al ir cambiando de zona se adaptó y perfeccionó. En particular, me tocó probar la empanada de choike en una estancia de Santa Cruz (La Madrugada) y realmente me pareció muy rica.

Hoy en día creo que nadie duda de comprar las tapas de empanadas, pero vaya la receta que alguien me pasó por si le toca improvisar.

La masa lleva 2 tazas de harina, un poco de sal, es ideal la grasa de pella (una cucharada de té) y una taza de agua tibia. Se procede como con cualquier masa: disponer la harina en forma de corona y en el centro la grasa derretida, el agua e ir amasando el conjunto. Cuando la mezcla queda bien uniforme, se deja descansar y luego se estira con un palo o una botella de vino. Luego se corta con un molde (lata de conserva).

Empanadas.

Turnovers were born out of necessity: people who traveled by cart for many days had to preserve food for long periods. In those times, turnovers were hot to preserve meat for more days and to hide changes in taste. They were fried only in fat that acted as protection (people would not carry turnovers without frying them first). Besides, this dish —if your stomach managed to put up with it— was rich in calories.

Turnovers adapted to each area and improved. I had the opportunity to try choike ones at an estancia in Santa Cruz (La Madrugada) and I found them really delicious.

Nowadays everybody buys pastry for turnovers, but here is the recipe in case you need to improvise.

For pastry, 2 cups of flour, a pinch of salt, raw lard (a teaspoonful) and a cup of warm water are needed. It is prepared like any other dough: arrange flour in the shape of a crown and add the melted lard in the center, pour water and start to knead gently. When a uniform dough is obtained, let it rest and then roll out. Then use a mold to cut pastry in disks.

The special thing about turnovers is the filling. Capon meat must be cut into small bits using a knife and then put in boiling water till there is a change in color —careful; this happens immediately. By doing this, the strong taste is weakened. Chop green onions or ordinary ones (2 regular onions every 1.5 kg of meat) and sautée in 2 tablespoonfuls of raw fat (cow). Then, add meat (carefully drained), salt, pepper and some red pepper and paprika.

Here usually appears the disagreement. Some add olives, shredded boiled eggs and some fans even add raisins. Everything is possible. Once the filling is ready, let it cool down and then place some on each disk. Wet the borders of disks using your fingers and fold one half of the crust back over the other half and seal it.

El relleno es lo especial. La carne del capón se debe cortar muy finamente, a cuchillo, y colocar en agua hirviendo hasta que cambia de color (cuidado, esto sucede muy rápido. Con este método se reduce bastante el fuerte sabor. Se pica cebolla de verdeo o de la común (2 cebollas normales para 1,5 kg de carne) y se salta en 2 cucharadas de grasa de pella (vaca). Luego se agrega la carne (bien escurrida), sal, pimienta, un poco de ají y algo de pimentón.

En este punto aparece la discordia. Algunos le agregan aceitunas, huevo duro rallado o en trozos y siempre están los fanáticos de las pasas de uva. Todo puede ser. Una vez que el relleno esté listo, dejar enfriar y luego colocar en los discos. Mojando con el dedo el borde se pliega la masa y se hace el repulgue. Es muy importante dedicarle atención si uno no quiere que todo fracase, dado que las empanadas tienden a abrirse.

Ya todo está listo; se puede cocinar al horno o ir a una fritura con abundante grasa.

COSTILLA DE OVINO AGRIDULCE

Prefiero usar el nombre de ovino porque una vez pelado y en el gancho de la carnicería nunca estoy seguro de qué se trata, salvo cuando es un cordero. Este plato en particular, al igual que las chuleteadas de la mañana, lo vi hacer en una estancia cerca del lago Yehuin, mientras acompañábamos a la Aventura del Hombre a hacer una filmación en el «Corazón de la Isla». Así llaman a la parte central de Tierra del Fuego.

Fue algo bastante divertido porque el dueño de la estancia es sordomudo y nosotros pensábamos que era el peón «lelo» del lugar y lo teníamos corriendo de un lugar a otro hasta que uno de los peones nos avisó que era el jefe (se llama Raúl). Fue él quien en un momento de la filmación se puso a cocinar para el mediodía. En realidad nunca probamos bocado, dado el apuro de los documentalistas que tenían que grabar en otra parte aprovechando que el día estaba soleado y con poco viento. La estancia en cuestión es La Esperanza.

La preparación es más que fácil. Se toman las costillas (o chuletas; 2 ó 3 por persona), se las salpimenta y en una cacerola con grasa se saltean con 2 cebollas en rodajas y una cabeza de ajo. Luego, se agrega un vaso de vinagre, medio litro de vino blanco y una taza de azúcar. Cocinar a fuego lento. Cuando el líquido se reduce ya está listo.

En realidad con el «Gato» Curuchet, como podrán advertir, sí las probamos; nos fuimos en una camioneta casi una hora después.

Do this carefully, if not, everything will fail as turnovers tend to open.

Now that everything is ready, they can be cooked in oven or fried in deep fat.

SWEET-AND-SOUR MUTTON RIBS

I use the word mutton because, once skinned and hooked at the butchers', I never realize what is it, except in the case of lamb. This particular dish, the same as morning chops, I learnt in a ranch near Yehuin lake while we accompanied the team of «La Aventura del Hombre»(a TV program) to shoot in the **Heart of the Island**, *as the central part of Tierra del Fuego is known.*

Our experience here turned out to be funny because the owner of the estancia is deaf-and-dumb and we mistook him for the «fool» worker of the place and we treated him as the errands boy until one of the workers made us know he was Raúl, the boss. It was him who cooked lunch for us while we were shooting. But we did not try it because documentalists were in a hurry to film somewhere else since it was a shiny day and the wind was calm. The estancia involved is La Esperanza.

Cooking this is dead easy. Salt and pepper ribs (or chops, 2 or 3 per commensal) and place them in a saucepan with fat. Sautée 2 onions cut in slices and a bulb of garlic. Then pour one glass of vinegar and half a liter of white wine and add one cup of sugar. Cook slowly. It is ready when the liquid is reduced.

In fact, Gato Curuchet and I did managed to try this dish. We left an hour later in a station wagon.

They serve it with cabbage but I think that, the gravy obtained goes better with potatoes and sweet potatoes.

CHOPS

In the mornings, in the southernmost fields, people have wholesome breakfasts. After the never missing mate, once the stomach is ready, they serve something like chops cooked on a griddle with bread and butter (when there is) and jam (if possible). They may be also cooked on the griddle of the coal stove as used to do Chacón's wife in estancia La Esperanza right after dawn. It can also be cooked in a saucepan and anything at hand can be added. Onions are essential and anything from rice or vegetables to algae can be added.

If you are wondering about the meat used for chops, we have eaten mutton, beef, young mare and even some non-born found during slaughtering and, by far, the best meat we have tried is the one at the Bilbaos' estancia Policarpo.

Ellos las acompañaban con repollo pero creo que, por la salsa que quedaba, sería mejor hacerlo con papas y batatas.

CHULETEADA

Por las mañanas, en los campos de bien al sur, se comienza con un desayuno algo fuerte. El mate es infaltable y luego de él, ya preparado el estómago, se sirven algo así como unos bifecitos a la plancha, con pan, manteca y dulce (si hay). Si no existe la posibilidad de hacerlo en la plancha de la cocina económica, como lo hacía la mujer de Chacón en la estancia La Esperanza no bien salía el sol, se puede preparar en la cacerola y es hasta posible agregarle cualquier ingrediente que se tenga a mano. La cebolla es fundamental. A eso se le puede agregar desde arroz o verduras hasta algas.

Si se preguntan por la carne que se usa, hemos comido chuleteadas de ovinos, vacunos, yeguarizos y hasta de algún nonato que se encontró al carnear y, por lejos, fue la mejor que consumimos en la estancia Policarpo de los Bilbao.

Es imposible olvidar la cara de las chicas cuando se enteraron con qué estaban desayunando desde hacía un par de días.

Aprovechando todo el cordero

LENGUAS DE CORDERO

Cruzando la frontera, y por la región de Magallanes (Punta Arenas a Natales), es muy común encontrarse con estos platos que del lado argentino brillan por su ausencia. Según me informaron es una práctica bastante normal en la región y proviene de los grandes matarifes que existieron en la zona. Vale la pena recordar que, cuando la Tierra del Fuego estaba casi deshabitada, salvo los buscadores de oro (1887) y Santa Cruz no tenía mucha población, en los alrededores de Punta Arenas había más de seis mil habitantes y unas 600.000 cabezas de ovinos.

Claro, ¿y esto qué tiene que ver? Elemental: las lenguas de cordero no se podían conservar fácilmente y, si bien se exportaban ovinos, las lenguas —que son muy ricas— quedaban.

Existe una gran variedad de formas de preparación, pero sólo vamos a transcribir algunas que nos pasaron unos amigos. En realidad, un gran amigo de Jordan —el hijo de Sergio Zagier (el editor)—, Gustavo I. Díaz Saldivia, del Restaurante «El Coral» de Punta Arenas.

No way to forget the girls' expression when they got to know what they had been having for breakfast since a couple of days ago.

Taking Advantage of the Whole Mutton

MUTTON TONGUE

Past the frontier and in the region of Magallanes (Punta Arenas to Natales) these dishes are very usual, while on the Argentine side they are completely ignored. I was told that this is common in the region and comes back from the time when there were huge slaughterhouses in the area. It is worth bearing in mind that, when in Tierra del Fuego there was practically no population except for gold-diggers (1887) and few lived in Santa Cruz, in the surroundings of Punta Arenas there were over 6,000 inhabitants and about 600,000 heads of sheep.

There are many recipes to prepare tongue, but we are going to mention just some suggested by friends, in fact a close friend of Jordan, —the son of the publisher, Sergio Zagier—, Gustavo I. Díaz Saldivia, from «El Coral» Restaurant in Punta Arenas.

WITH EGG SAUCE

6 small mutton tongues. Clean the tongues and boil in salty water with some vegetables to give flavor (maybe celery, parsley, leeks or any other). Once ready, let them cool down in their broth.

Sauce: 2 boiled yolks, 2 raw yolks, 2 cups oil, 1 tablespoonful chopped parsley, 1 teaspoonful mustard, salt, pepper, 2 tablespoonfuls lemon juice.

Others: Russian salad, black olives, boiled eggs.

Sauce: Place the boiled yolks —previously sifted— in a soup plate, add raw yolks, whip and add oil little by little while whipping. Sprinkle with chopped parsley, salt, pepper and add mustard and lemon juice. Serve some Russian salad on a tray and garnish, place the tongues —cut alongside— around, coat with the sauce and garnish with slices of black olives and some crushed eggs, lettuce, radishes and tomatoes.

MUTTON TONGUES IN SAUCE

6 small mutton tongues. Peel them after soaking in boiling water.

Sauce: 1/2 cup oil, 1 onion, 1 carrot, 1/2 tablespoonful flour, 1 tablespoonful tomato paste, 1/2 glass white wine, 1 bunch of herbs, 2 ladles broth, salt and pepper.

CON SALSA DE HUEVOS

6 lengüitas de cordero. Limpiarlas y hervirlas en agua con sal y las famosas «verduritas» para saborizar (puede ser apio, perejil, puerro o lo que sea). Una vez hervidas, dejar enfriar en el mismo caldo.

Salsa: 2 yemas duras, 2 yemas crudas, 2 tazas de aceite, 1 cucharadita de perejil picado, 1 cucharadita de mostaza, sal, pimienta, 2 cucharadas de jugo de limón.

Varios: Ensalada rusa, aceitunas negras, huevos duros.

Poner en un plato sopero las yemas duras pasadas por cedazo, las yemas crudas, batir con un tenedor y añadir, poco a poco, el aceite mientras se sigue batiendo. Agregar el perejil picado, la mostaza, sal, pimienta y el limón. Una vez que todo está preparado, se pone en una fuente un poco de ensalada rusa, se la adorna por encima, alrededor se acomodan las lengüitas cortadas por la mitad a lo largo. Se cubren con la salsa, poniéndoles por arriba una rodajita de aceitunas negras. Decorar la fuente con trozos de huevo duro, lechuga, rabanitos y tomates.

LENGÜITAS DE CORDERO CON SALSA

6 lengüitas de cordero (pelar con agua hirviendo).

Salsa: 1/2 taza de aceite, 1 cebolla, 1 zanahoria, 1/2 cucharada de harina, 1 cucharada de conserva de tomates, 1/2 vaso de vino blanco, 1 ramito de hierbas aromáticas, 2 cucharones de caldo, sal y pimienta.

Varios: 1 1/2 kg de papas, agua, sal, manteca y perejil picado.

Hervir las lengüitas en abundante agua con verduras. Cuando están a medio cocinar, se retiran y se cortan por la mitad a lo largo. Dorarlas en el aceite. Agregar la cebolla picada, dejar dorar y añadir la zanahoria también cortada, la harina, la conserva de tomates, el vino blanco, el ramito, el caldo. Condimentar con sal, pimienta y tapar la cacerola, dejando hervir hasta que las lengüitas estén bien cocidas y la salsa reducida.

Cocinar las papas en agua con sal, escurrirlas, pasarlas por manteca y espolvorearlas con perejil picado muy fino.

Cuando esté todo preparado, acomodar las lengüitas en una fuente, cubrirlas con su salsa y colocar alrededor las papas. Servir bien caliente.

LENGUA DE CORDERO A LA RUSA

6 lengüitas de cordero, agua, sal, verduras, ensalada rusa, 1/2 litro de gelatina de carne, 2 yemas, 2 tazas de aceite, 1 cucharadita de mos-

Brasero.

Others: 1 1/2 kg potatoes, water, salt, butter, chopped parsley.

Instructions: Boil tongues in abundant water with vegetables. When half cooked, take them out and cut alongside at the middle. Brown them in oil, add chopped onion and brown, add chopped carrot, flour, tomatoes preserve, white wine, herbs, broth. Season with salt and pepper and cover the saucepan. Bring to boil until the tongues are well done and the sauce reduced.

Boil potatoes in salted water, drain and rub with butter and sprinkle with parsley finely chopped.

When everything is ready, place tongues on a tray, coat with sauce, add potatoes around and serve hot.

RUSSIAN MUTTON TONGUES

6 mutton tongues, water, salt, vegetables, Russian salad, 1/2 liter meat gelatin, 2 yolks, 2 cups oil, 1 teaspoonful mustard, salt, pepper, lemon juice, black olives

Instructions: Prepare mutton tongues. Clean passing through flame. Wash carefully and boil in abundant water with salt and vegetables. Once well done, cool down in their broth. Then cut alongside at the middle.

Prepare Russian salad.

Prepare meat gelatin and freeze it.

Prepare mayonnaise sauce with yolks and oil and season with salt, pepper and lemon juice.

taza, sal, pimienta, jugo de limón y aceitunas negras.

Preparar las lengüitas de cordero, limpiarlas pasándolas por la llama, lavarlas bien y cocinarlas en abundante agua con sal y verduras. Una vez cocidas se retiran y se dejan enfriar en su mismo caldo, se cortan por la mitad a lo largo.

Preparar la ensalada rusa.

Preparar la gelatina de carne y congelarla.

Hacer una mayonesa con las yemas, aceite y condimentarla con sal, pimienta y jugo de limón.

Acomodar la ensalada rusa en una fuente dándole forma redonda. Untar las lengüitas con mayonesa, ponerles encima un medalloncito de aceitunas negras y colocarlas encima de la ensalada.

Picar la gelatina, colocarla en una manga con boquilla calada y decorar todo alrededor, cubriendo la ensalada rusa. Adornar la fuente con aceitunas, tomates y lechugas.

LENGUAS DE CORDERO

4 lenguas de cordero, agua, sal, 1 hoja de laurel, 1 puerro, 1/2 cebolla y 1 zanahoria.

Salsa: una cucharada sopera de manteca, 1 cebolla, 2 tomates, 1 cuchara bien colmada de harina, 1 cucharón del agua en que se cocinan las lengüitas, sal, pimienta y una cuchara de vinagre.

Varios: papas cocidas y salteadas en manteca, perejil picado.

Preparar las lenguas de cordero, quemarlas sobre la llama y rasparlas con un cuchillo para quitarles la piel blanca. Ponerlas a cocinar en agua con sal, el laurel, el puerro, la cebolla, la zanahoria y dejar hervir a fuego lento para que se cocinen más fácilmente.

Mientras se cuecen las lengüitas, colocar en una cacerola la manteca y hacer dorar en ella la cebolla cortada fina, los tomates pelados y cortados. Dejar cocinar un momento los tomates y agregarles la harina y luego la leche y el agua de las lengüitas. Continuar cocinando a fuego lento y revolviendo continuamente para que no se queme ni se apelotone. Condimentar con sal, pimienta, vinagre y cuando esta salsa esté espesita, retirarla del fuego.

Una vez todo preparado, cortar las lengüitas por la mitad a lo largo, acomodarlas en una fuente, cubrirlas con la salsa y alrededor poner las papas enteras cocidas, salteadas en manteca y espolvoreadas con perejil picado.

Este plato se sirve bien caliente.

PATITAS DE CORDERO (COCCION)

Es similar a la de las patitas de cerdo.

Serve Russian salad on a tray forming a disk, coat tongues with mayonnaise, garnish with black olives in slices and place tongues on the salad.

Chop gelatin and put in a pastry bag with an openwork tip to garnish Russian salad. Dress with olives, tomatoes and lettuce.

MUTTON TONGUES

4 tongues, water, salt, 1 leave laurel, 1 leek, 1/2 onion, 1 carrot.

Sauce: 1 tablespoonful butter, 1 onion, 2 tomatoes, 1 full tablespoon flour, 1 ladle tongues broth, salt, pepper, and 1 tablespoonful vinegar.

Others: boiled potatoes sautéed in butter, chopped parsley.

Instructions: Prepare mutton tongues and burn their skin in flame and rub using a knife to peel their white skin off. Bring them to boil in salted water with laurel, leek, onion, carrot.

While tongues are cooked, brown in a saucepan with butter the chopped up onion, peeled and chopped tomatoes; after a few minutes add flour and then milk and tongues gravy. Go on boiling on a low flame and stirring regularly to avoid burning. Season with salt, pepper, vinegar. Put the flame out when the sauce has thickened.

Once tongues are ready, cut them alongside and serve on a tray coated with sauce and place whole potatoes sautéed in butter sprinkled with parsley. Serve hot.

MUTTON TROTTERS

They are cooked in the same way as pork trotters.

12 mutton or pork trotters, 1 1/2 liter water, 1 tablespoonful table salt.

Instructions: Cut trotters alongside, bone and wash them. Boil in a saucepan for about one hour or one hour and a half (according to size). Do not forget to add some salt.

MUTTON TROTTERS WITH RICE

6 mutton trotters, 1 liter water, 1/2 cup oil, 2 cloves garlic, 1 onion, 2 tomatoes, 1 teaspoonful tomato paste, salt, pepper, 2 laurel leaves, 1/2 tablespoonful chopped parsley, 1 carrot, 2 peeled potatoes, 300 g rice, 3/4 liter trotters broth.

Cook trotters as explained. Take trotters out and keep broth. Brown chopped garlic and onion in a saucepan with oil, add tomatoes, tomato paste, sautée and add laurel, carrot in slices, diced potatoes, parsley, trotters, sautée for a while and add hot broth and rice. Season with salt and pepper. Cover the saucepan and

12 patitas de cordero o cerdo, 1 1/2 litros de agua, 1 cucharada al ras de sal fina.

Lavar las patitas después de cortadas por la mitad, a lo largo, sacarles una parte de los huesitos. Ponerlas en la olla y dejar hervir por una hora u hora y media (según el tamaño de la pata). No olvidarse de poner un poco de sal.

PATITAS DE CORDERO CON ARROZ

6 patitas de cordero, 1 litro de agua, 1/2 taza de aceite, 2 dientes de ajo, 1 cebolla, 2 tomates, 1 cucharadita de conserva de tomates, sal, pimienta, dos hojas de laurel, 1/2 cuchara de perejil picado, 1 zanahoria, 2 papas peladas, 300 g de arroz, 3/4 litro de caldo de las patitas.

Cocinar las patitas en la forma ya indicada. Retirarlas y guardar el caldo. En una olla poner el aceite, calentar y dorar en ella los ajos y la cebolla picados, los tomates picados, la conserva. Saltear un momento y agregarle el laurel, la zanahoria cortada en rodajas, las papas cortadas en dados, el perejil, las patitas. Saltearlas un momento y poner el caldo caliente y el arroz. Condimentar con sal y pimienta. Tapar la olla y dejar en ebullición por unos 12 a 15 minutos (el tiempo de cocción del arroz).

PATITAS DE CORDERO EN ASPIC (PLATO FRIO)

12 patitas de cordero, 2 huevos duros, 2 ajíes morrones, aceitunas verdes y negras, 1 cucharadita de sal de apio, sal fina, pimienta.

Varios: 1 tomate, 1 ají, rabanitos, huevos duros, hojas de lechuga.

Cocinar las patitas de la forma ya indicada. Destapar la olla, dejar enfriar y sacarles los huesos. Colocarlas en un molde, agregarles los huevos duros cortados, las aceitunas sin carozo, los morrones en pedacitos, la sal de apio, la sal fina y la pimienta. Mezclar todo y cubrir bring to boil for 12 to 15 minutes (until rice is ready).

MUTTON TROTTERS IN ASPIC (SERVED COLD)

12 mutton trotters, 2 boiled eggs, 2 sweet peppers, green and black olives, 1 teaspoonful celery salt, table salt, pepper.

Others: 1 tomato, 1 red pepper, radishes, boiled eggs, lettuce leaves.

Instructions: Cook trotters as explained before. Uncover the saucepan and let cool down. Bone them, place in a mold, add cut boiled eggs, remove stones from olives and add them along with chopped sweet peppers, celery salt, table salt and pepper. Mix all this and pour broth in which potatoes were boiled. Congeal in fridge.

Once congealed, take out of the mold and place on a lettuce bed and garnish with radishes, tomatoes, red pepper and boiled eggs in slices.

To take this aspic out of the mold, pass it quickly through hot water. The water just has to touch the base of the mold.

Beef

Beef cattle was always found in South Patagonia, but not in a large numbers. In fact, runaway cattle can still be hunted (they are not exactly wild beasts, they used to be domestic and later grew wild; there is the difference. There is beef cattle and horses, and they are dangerous). It was not until a few years ago that beef could be found easier. By mid 80s it was a real exploit to eat sweetbreads or tripes

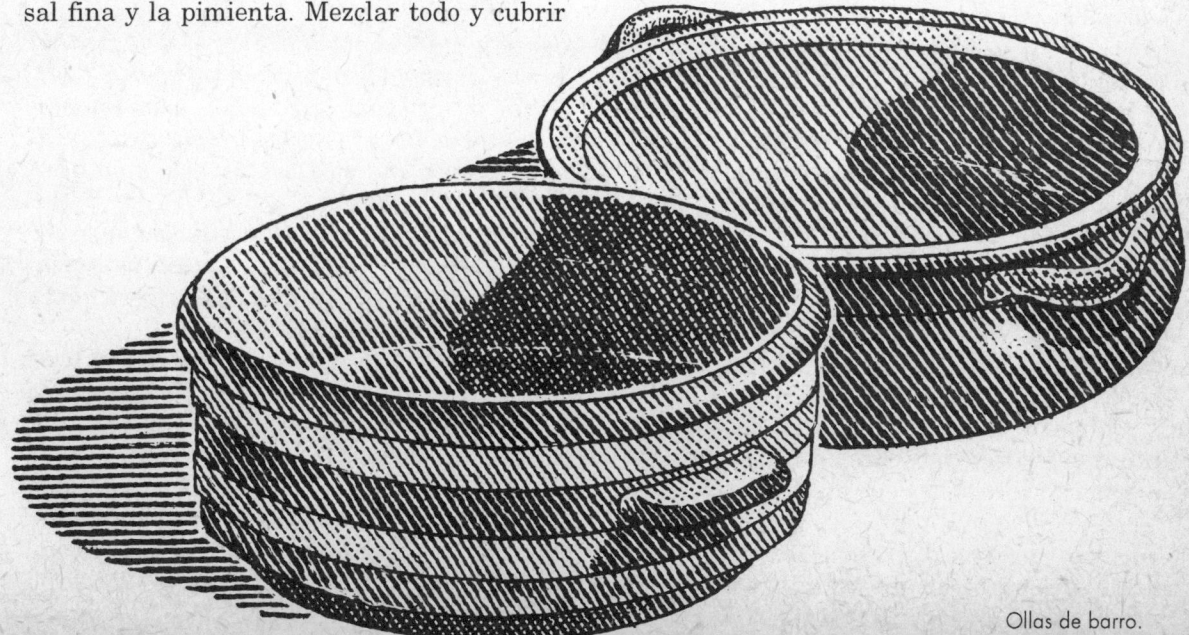

Ollas de barro.

con el caldo en que fueron hervidas las patitas y dejar que se congele en la heladera.

Una vez ya congelado, se desmolda sobre un lecho de lechuga adornando con rabanitos, tomate, ají y huevo duro cortado en rodajas.

Para desmoldar este aspic se pasará el molde rápidamente por agua caliente (que ésta toque nada más que el fondo del molde).

Carne de vacuno

En la Patagonia Sur los vacunos siempre existieron pero no en gran cantidad. De hecho todavía se caza ganado cimarrón (no son animales salvajes, sino domésticos que se han criado en estado salvaje, de ahí la diferencia. Hay tanto vacunos como yeguarizos, y son de temer). Recién en los últimos años la carne vacuna se pudo conseguir con cierta facilidad. Promediando los 80 lograr comer una molleja o un chinchulín era toda una hazaña. Los amigos que venían a visitarnos del norte (Buenos Aires) los traían de contrabando y enseguida se organizaba un asado en el club. Ni contar lo que era conseguir carne con hueso (entiéndase costillar o cualquier otra parte). Tenían que ser vacas locales y, como éstas se criaban en la montaña, la carne era más que dura.

Pero esta situación no era tan extrema en Santa Cruz como en Tierra del Fuego; y mucho menos en la Patagonia chilena que, dado su alto nivel de lluvias, posee pasturas más tiernas. Es posible ver ganado por todas partes, aunque no en grandes cantidades por la escasez de tierras.

Sin caer en el clásico asado o carne al horno, aquí se proponen unas recetas un poco más lugareñas.

BIFE A LO POBRE

Sin lugar a dudas, éste es uno de los platos más populares del lado chileno. Infaliblemente, cada vez que llego al vecino país lo pruebo, aunque no sé que es lo que realmente me atrae de él.

Por Cristián Verdugo Barros, del Hotel Cabo de Hornos.

250 g de filete o lomo de vacuno, 1 cebolla cortada en pluma y frita con un poco de sal, papas fritas y 2 huevos.

Cocinar el bife a gusto, saltear la cebolla hasta que quede casi transparente. Acompañar con papas fritas, cebolla y dos huevos fritos.

PUCHERO DE NOVILLO O VAQUILLONA

El puchero es un clásico infaltable en las mesas de las casas de toda la región. Antes se

(***chinchulines***). *Friends form the north (Buenos Aires) visiting us used to smuggle some and we quickly organized an* **asado** *at the club. Let alone the difficulties to find some meat with bone (such as ribs or any other part). We had to consume local beef and cows here pastured in the mountains, so meat was rather hard.*

This happened mainly in Tierra del Fuego, but it wasn't a problem in Santa Cruz or the Chilean Patagonia given the more abundant rainfall which provides tender pasture so cattle is seen everywhere. Anyway, there are few heads because of the lack of large extensions of land.

Avoiding the traditional asado or oven roasted beef here are some typical local recipes.

STEAK A LO POBRE (POOR STEAK)

No doubt this is one of the most popular dishes on the Chilean side that I never fail to eat every time I visit this neighboring country. What is queer about this is that I really don't know what is it that I like about it.

By Cristián Verdugo Barros, from Cabo de Hornos Hotel.

Ingredients: 250 g loin steaks, 1 onion cut in slices, fried and salted, chips, 2 eggs.

Cook beef to taste, sautée onions till they are almost transparent. Serve with chips, onions and fried eggs.

VEAL PUCHERO

Puchero *(beef pot) is typical and has been always present in the meals in the whole region. It used to be eaten more frequently and all old settlers mention it in their testimonies. It is of Spanish origin. In our father land it is known as* **cocido** *(sort of stew), but our* **puchero** *is by far richer. It is obvious that the abundance in ingredients made it possible for that brothy cocido to turn into our puchero.*

The recipe below corresponds to a very simple puchero. In most homes, people used to sautée sausages and streaky bacon to keep them for celebration days.

4 cuts veal ribs, 4 medium sized potatoes, 70 g streaky bacon, 2 sausages, 4 pieces pumpkin, 2 liters water, 2 pieces sweet potatoes, 4 pieces corn cobs, 1 teaspoonful table salt.

This puchero is for 4 commensals and to be prepared in a single saucepan. The idea is to eat it in one meal and broth is not to be kept. It has to be cooled down and skimmed. If not, cook meat separately. But the taste meat obtains from vegetables, and vice versa, is perfect.

Place all ingredients in a saucepan and boil on a high flame. It takes from 45 minutes to 60 to be ready.

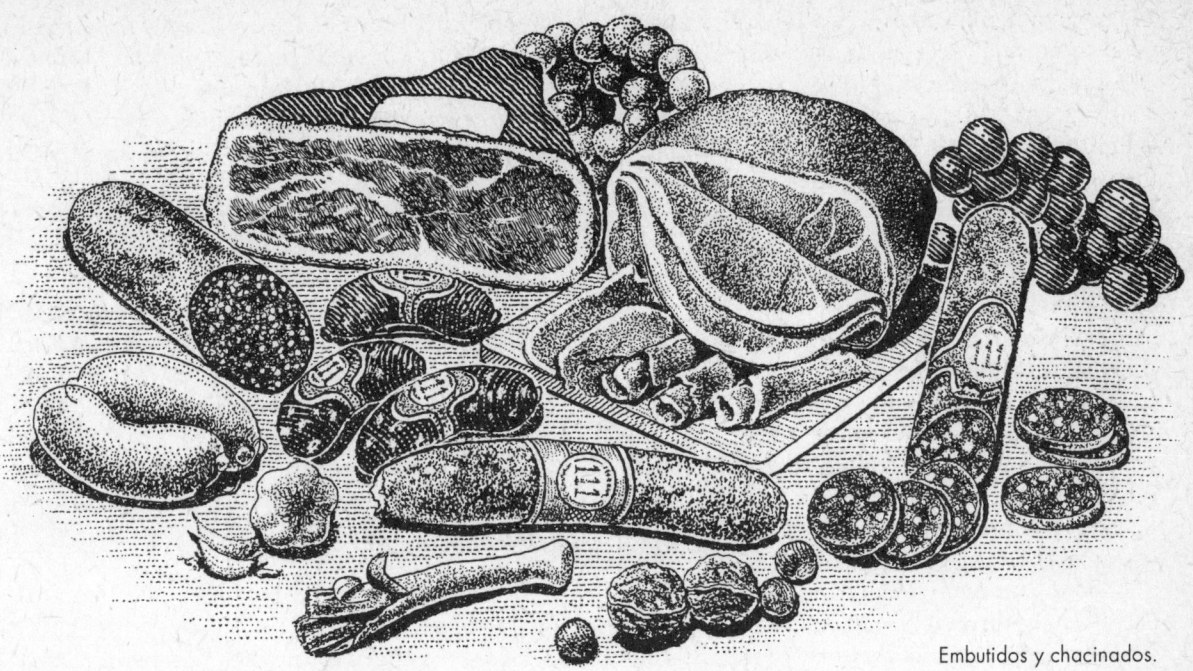

Embutidos y chacinados.

consumía más y en todos los testimonios de antiguos pobladores lo encontramos mencionado. De origen netamente español, se lo conoce en la madre patria con el nombre de «cocido», pero no hay nada más lejano a nuestro puchero que ese pariente pobre. Es evidente que la abundancia de elementos hizo que ese caldoso «cocido» pase a convertirse en nuestro puchero.

La receta que sigue es de un puchero muy simple. En la mayoría de los hogares se salteaban los chorizos o la panceta y se reservaban para pucheros de día de fiesta.

4 pedazos de costilla de vaquillona, 4 papas medianas, 70 g de panceta, 2 chorizos, 4 pedacitos de zapallo, 2 litros de agua, 2 pedazos de batata, 4 pedacitos de choclo, 1 cucharadita de sal fina.

Este puchero está calculado para 4 personas y para hacerlo en una sola cacerola. La idea es consumirlo en una sola comida y el caldo no está pensado para ser guardado (si no se debería dejar enfriar y desgrasar, o cocinar por separado las carnes). Pero el sabor que toman las verduras con las carnes y viceversa es perfecto.

Se colocan en la olla todos los ingredientes detallados y se lleva a fuego fuerte. Se necesitan entre 45 minutos y una hora de cocción antes de retirar la olla del fuego.

PUCHERO

Este es el que prefiero, pero es para comer entre varios. Para mí tiene la ventaja de que se hace en varias ollas. Algunas de las verdu-

PUCHERO

This is my favorite. Its advantage, I think, is that it has to be cooked in several saucepans, so you place the vegetables and the meat that produce more fat in one and, in the main one, you obtain a «clean» broth.

Water, salt, carrots, leek, white radish, parsley, 2 kg first rate brisket or a stripe of beef or veal ribs, 1 tail (it takes up to 3 hours to cook). Cook it in a separate saucepan. Then you can add sausages, streaky bacon, cabbage, sweet potatoes and blood sausage in the same saucepan. Later, dispose of this broth.

*4 osobucos, 6 corn cobs, 1 red pepper, 1 tomato, 1 onion, 1 kg large potatoes, 1 cabbage, 1/2 kg sweet potatoes, 1/2 kg pumpkin, 200 g streaky bacon, 4 sausages, 2 black sausages (**morcillas**), 300 g rice, 150 g butter beans and 150 g chickpeas previously soaked. These are cooked separately and, if canned, add in the last place for them to warm.*

Instructions: Fill a large saucepan with water up to the middle. Boil it, add salt and meat. Boil for 20 minutes more. Add carrots, leeks, parsley and white radishes as well as corn cobs, red pepper, the whole tomato and the onion.

Cook slowly for another 40 minutes add potatoes and go on boiling till they are ready.

In another saucepan, cook cabbage, sweet potatoes, pumpkin, streaky bacon and sausages in salted water. About 10 minutes before it is ready, add black sausages. In this same saucepan white radishes may be boiled before. During the last hour of cooking, add what has been mentioned.

ras y carnes que más «ensucian» el agua se colocan en una cacerola aparte y, en la principal, queda un caldo limpio.

Agua, sal, zanahoria, puerro, nabos, perejil, 2 kg de falda de primera o tira de costilla de vaca o de novillo, 1 rabo de vaca (requiere una larga cocción, más de 3 horas). Se lo cocina aparte y después en esta misma olla se pueden agregar los chorizos, panceta, repollo, batata, morcillas. Este caldo se desecha.

4 osobucos, 6 choclos, 1 ají, 1 tomate, 1 cebolla, 1 kg de papas grandes, 1 repollo, 1/2 kg de batatas, 1/2 kg de zapallo, 200 g de panceta, 4 chorizos, 2 morcilla, 300 g de arroz, 150 g de porotos de manteca y 150 g de garbanzos ya remojados. Se cocinan aparte y, si son de lata, agregar al final sólo para que se calienten (ya están tiernos).

Llenar con agua más de la mitad de una cacerola algo grande. Dejar hervir, agregar sal y la carne. Cuando ya ha hervido unos 20 minutos más, añadir zanahorias, puerros, perejil y nabos. También se agregan los choclos, el ají, el tomate entero y la cebolla.

Dejar que siga hirviendo a fuego lento durante 40 minutos más, agregar las papas y dejar hervir siempre a fuego lento hasta que estén cocidas.

Aparte se cocinan juntamente en agua y sal el repollo, las batatas, el zapallo, la panceta y los chorizos. Al final (unos 10 minutos antes) agregar las morcillas. Es en esta cacerola donde se pueden haber hervido con anticipación los rabos y, en la última hora de cocción, se agrega todo lo enunciado.

Cuando ya está todo cocido se saca un poco de caldo del puchero y se cocina el arroz, previamente lavado, durante 20 minutos.

Se sirve el puchero acompañado de las verduras, el arroz, chorizos, morcillas, panceta, garbanzos y porotos.

Muchas veces con el arroz se hace una sopa en el mismo caldo del puchero y se toma después a modo de digestivo.

Según el diccionario, **puchero** es: Vasija de barro vidriado o sin vidriar, con asiento pequeño, panza abultada, cuello ancho, una sola asa junto a la boca, y que sirve comúnmente para cocer la comida. Los hay también de hierro fundido y esmaltado. / Alimento diario y regular. / Puchero de enfermo: Cocido que se hace en el puchero, sin ingredientes que puedan ser nocivos a los enfermos (o puchero pobre).

POLLO O GANSO AL HORNO
(TAMBIEN CONEJO FUEGUINO)

Esta receta de pollo al horno se puede aplicar también al ganso. Este experimento exito-

When all ingredients are ready, take some broth from this puchero and boil rice —previously washed— for 20 minutes.

Serve puchero with vegetables, rice, sausages, black sausages, streaky bacon, chickpeas and butter beans.

The rice soup prepared with puchero broth is frequently had afterwards as digestive.

According to the dictionary, a puchero is a glazed or not crockery basin with a small base, a round belly, broad neck, only one handle next to the mouth which is usually used to cook food. There are also some made of enameled cast iron. / Daily regular food. / Puchero for the ill: stew prepared in the puchero, avoiding ingredients that may be harmful for the ill. (Also The poor's puchero)

OVEN ROASTED CHICKEN OR FOWL
(ALSO FUEGIAN RABBIT)

*Goose may be also prepared according to this recipe of oven roasted chicken. This was experimented by Santiago Makintosh with successful results. He decide to eat **caiquén** (local wild goose similar to an European great bustard) roasted in oven while he was taking care of «Gato» Curuchet's shelter and bumped into a flock of young geese in a beaver pond. These demand a longer time to cook. It is convenient to marinate the goose for a couple of days before cooking (the fowl loses its «rigor mortis» and the flesh becomes tender).*

You need: 1 chicken (2 kg at least), salt and pepper to marinate with 1/2 glass vinegar, 3 tablespoonfuls oil, 1 chopped or diced onion, 1 glass sherry, 3 tablespoonfuls mustard, 2 glasses white wine.

Once the fowl is ready, place on a tray and season with salt and pepper, then pour vinegar. Add chopped onion around and let it stand for 3 hours. Coat with mustard and pour sherry.

Roast in a hot oven between 45 to 60 minutes according to your oven.

Coat with gravy and, after 20 minutes add a couple of glasses of white wine. If it gets dry, but it is still not ready, pour some water and wine.

Many sprinkle fowl with sugar after brushing with mustard, but I personally dislike this. Others add a dressing of oregano, lemon juice and butter in the last 5 minutes of cooking.

CHICKEN ON DISC

In general, the disc used is taken from an old plow and its central opening is covered. As you can realize, this element is more related to the cerealian regions than to Patagonia itself,

so se lo debemos a las enseñanzas de Santiago Makintosh, que decidió comerse un caiquén (ganso salvaje del lugar, parecido a la avutarda europea) al horno mientras cuidaba el refugio del «Gato» Curuchet y tropezó con un grupo de jóvenes gansos en una castorera. Requiere un poco más de cocción y, después de capturado, conviene dejarlo marinar un par de días (pierde el *rigor mortis* y se tierniza un poco la carne).

Lo necesario: 1 pollo (mínimo de 2 kg), sal y pimienta. Marinar con 1/2 vaso de vinagre, 3 cucharadas de aceite, 1 cebolla cortada en cubitos o picada, 1 vaso de jerez, 3 cucharadas de mostaza, 2 vasos de vino blanco.

Una vez preparada en una fuente la carne se sazona con sal y pimienta y se agrega el vinagre. Alrededor se agrega la cebolla picada y se deja reposar por espacio de 3 horas. Se cubre con mostaza y se añade a esta altura el vasito de jerez.

Se lleva a horno bien caliente y la cocción puede tardar entre 45 minutos y una hora, según cada horno.

Se rocía con el jugo que desprende el pollo (o ganso) y, después de 20 minutos de cocción, se agrega un par de vasos de vino blanco. Si se seca y no terminó la cocción, se agrega un poco de agua y vino.

Muchos espolvorean con azúcar luego de untarlo con la mostaza, pero no soy partidario de esta práctica. Otros agregan orégano con limón y manteca en los últimos 5 minutos de cocción.

POLLO AL DISCO

Por lo general, el disco utilizado (al que se le tapa el agujerito central) es de un arado viejo. Como podrán apreciar se trata de un elemento que se encuentra más ligado a la zona cerealera que a la Patagonia en sí, pero ha sido traído por muchos de los tantos inmigrantes del norte que en los últimos 10 a 15 años irrumpieron en gran cantidad.

He visto que en muchos lugares reemplazan el disco por una especie de sartén (mezcla de paellera y sartén) con patas y un par de asas. La mayor diferencia entre este adminículo y el disco es el grosor del fondo que influye en el tiempo de cocción, y según los más exigentes, también en el sabor.

Las copetonas, que abundan en la parte norte de la Patagonia, también se pueden preparar de esta forma. En este caso se debe dejar reposar la carne de un día para el otro e inclusive por dos días. Se puede o no dejar marinando en vino con un poco de vinagre, cebolla, ajo, sal y pimienta.

but this has arrived with the many immigrants from the north during the last ten or fifteen years.

I've seen that in many places this disk is replaced by a sort of fryingpan (similar to a pan for paella) with legs and a pair of handles. The main difference between this pan and the disk is the thickness of the base that influences on cooking time and, in the opinion of the most stringent, also on taste.

You can also apply this recipe to cook crested sparrows that abound in the North of Patagonia. In this case, let fowl rest for one or two days. It can be marinated in wine with some vinegar, onion, garlic, salt and pepper.

Basic ingredients: 1 chicken (2 kg at least), salt and pepper, oil and white wine, 3 sliced onions, 1 bulb garlic

Make a fire with some embers if possible. If you have only flame, the result is variable because you may have an excessive flame or it may be less than necessary.

Anyway, first brown salted and peppered chicken pieces; then add onions, sweet pepper cut in stripes and garlic (leek or green onions are also suitable). Butter may replace oil.

This is the most important point: patiently provide fire as needed while roasting. Half way through the cooking, pour wine. Never let fowl become dry.

Some fans add vegetables such as potatoes and/or carrots which go very well.

*Oscar Zanola, Director of the Provincial Museum of Ushuaia, taught us the following interesting variant. He replaces wine by whisky (which I deeply regret) and adds sweet peppers. I remember Oscar preparing this delicious dish on Isla de los Estados (in the beach at the foot of San Juan de Salvamento cemetery next to our tents. On that occasion we were back from an unsuccessful walk to the famous «End of the World Lighthouse». We had tried to walk from the bottom of the bay but the rugged terrain and the thick vegetation spoilt our efforts. During our stay we surveyed the cemetery and, later, we managed to get to the «lighthouse» what enabled us to learn about its structure to build a scale (1/1) model in the **Maritime Museum of Ushuaia**.*

CHICKEN IN CLAY

This is a Patagonic recipe, but not from the southernmost part.

1 chicken, salt, pepper, 1 lemon juice, 1 onion, clay

After cleaning chicken carefully, season inside and outside with lemon juice, salt, pepper; place the onion in the opening.

Lo básico: 1 pollo (mínimo de 2 kg). Sal y pimienta, aceite y vino blanco, 3 cebollas cortadas en rodajas, 1 cabeza de ajo.

Preparar un fuego que en lo posible dé algo de brasa. Si es sólo con llama, el resultado puede ser variable dado que, por momentos, puede dar fuego excesivo y en otros faltarle.

De cualquier forma, primero se doran las presas de pollo salpimentadas y luego se añade la cebolla, el morrón en tiras y el ajo (también puede usarse puerro o cebolla de verdeo). La manteca es una alternativa al aceite.

El punto principal es el que sigue: dar el fuego necesario para la cocción con mucha paciencia. Se le agrega el vino al promediar la cocción; nunca hay que esperar a que se seque.

Algunos fanáticos le agregan verdura, como papas o zanahorias. Queda muy bien.

Una variante interesante de este plato es la que nos enseñó Oscar Zanola, Director del Museo Provincial de Ushuaia. Consiste en reemplazar el vino blanco por Whisky (muy a pesar mío); también le agrega morrones. Recuerdo a Oscar haciendo este exquisito plato en la Isla de los Estados (en la playa al pie del cementerio de San Juan de Salvamento) junto a las carpas. En esa oportunidad estábamos de regreso de una infructuosa caminata hacia el famoso **Faro del Fin del Mundo**. Habíamos comenzado por el fondo de la bahía, pero el escabroso relieve y la densa vegetación nos frustró. Nuestra estada sirvió para hacer el relevamiento del cementerio y posteriormente pudimos realizar el del faro que permitió conocer cómo era y levantar una maqueta en escala 1/1 en el Museo Marítimo de Ushuaia.

POLLO AL BARRO

Se trata de una receta patagónica, pero no se encuentra muy al sur.

1 pollo, sal y pimienta, jugo de un limón, 1 cebolla, barro.

Después de limpiar bien el pollo, condimentarlo por dentro y por fuera con el jugo de limón, sal y pimienta. Colocar la cebolla en la abertura.

Envolver el pollo en papel de manteca y luego en diarios o papel aluminio. Cubrir el pollo con barro formando una especie de carcaza de unos 5 centímetros de espesor. Colocar dentro del horno de barro o de un horno de cocina económica (de gas) y cocinar unas 2 horas a partir de que se note que el barro se secó totalmente. Ese proceso puede demandar casi una hora y se advierte por el color del barro, algunas grietas y en especial porque casi no despide más vapor. Dejar enfriar. Luego partir el barro con un golpe seco y retirar el pollo de la envoltura.

Wrap chicken in oilpaper and then in newsprint paper or aluminum foil. Cover with clay forming a sort of casing about 5 centimeters thick. Cook inside a clay oven or a gas stove for about 2 hours after the clay dries completely. This process may take about an hour: the color of clay changes, some cracks appear and it stops producing steam. Let it cool down. Then crack clay with a firm blow and unwrap the chicken. Generally, it comes to pieces and carving is unnecessary.

In the south, clay ovens are not usual as in the northern provinces. The same happens with other cooking methods, for example digging holes in the ground. This was done especially in Chile. Anyway, I've seen Don Ampuero doing this in Túnel sawmill (near Ushuaia) and in Villa Ukika, Puerto Williams (Navarino island in Chile) by the relatives of the Calderón sisters. In both opportunities they prepared «curanto» (typical Chilean stew of meat and seafood barbecued on heated stones), a dish included within shellfish recipes.

To cook chicken in this way, make a fire in a hole and heat for an hour. The best choice are hard woods to obtain many embers. Then take them away, place the chicken in the hole and cover with earth (the chicken must be near the

Vino tinto y blanco.

Horno de barro.

Por lo general se desarma en trozos sin casi tener que tocarlo.

En el sur no es tan común ver hornos de barro como en las provincias norteñas. Sucede lo mismo con otras formas de cocción como la realizada en pozos, especialmente cavados en la tierra. Este sistema permite improvisar un horno en cualquier lado. Del lado chileno lo vi con más frecuencia, aunque también don Ampuero lo utilizaba en el aserradero de Túnel (cerca de Ushuaia). En Villa Ukika, Puerto Williams (isla Navarino, Chile) era una práctica común entre los parientes de las hermanas Calderón. En ambas ocasiones prepararon **curanto** (ver mariscos).

En el caso del pollo se hace un pozo donde se prende un fuego y se deja calentar por espacio de una hora. Lo ideal es usar maderas duras que den mucha brasa. Luego se retiran, se pone el pollo y se tapa con tierra (el ave debe quedar cerca de la superficie). Acto seguido se prende un fuego arriba de la misma o se cubre con brasas.

Con el viento que por lo general hay en la Patagonia argentina sería una práctica algo peligrosa; no así en la chilena, aunque allí hay que cuidarse de la lluvia.

surface). Next, make fire over the chicken or cover it with embers.

This may be a dangerous practice owing to the strong winds that blow in Argentine Patagonia. On the contrary, this doesn't happen in Chile. There rainfalls may be a nuisance.

Young mare

In many places in the world horse meat is consumed. In France, there are specialized butchers'. This meat is preferred for certain dishes and cold meat.

In South Patagonia, there are no such places, but we can say this sort of meat is consumed. Especially in gaucho parties such as jineteadas (to brake in horses) a particular meal is reserved for jinetes: a wholesome filly ribs asado generally roasted a la cruz. For the audience grilled sausages and other beef or mutton or pork cuts are cooked. This depends on the season (this happens mainly in summer) and the meat available.

This meat tastes different from beef. It tends to be sweeter and fat is rather yellowish. I personally like it and consider it a good choice for

Yeguarizo

En muchas partes del mundo se come la carne de caballo y existen, como en Francia, carnicerías especializadas. También hay comidas y fiambres que se realizan preferentemente con esta carne.

No podemos decir que en la Patagonia Sur haya carnicerías de este tipo, pero sí que se consume esta carne. En particular cuando hay fiestas gauchas, como las jineteadas (domas), se reserva una comida especial para los jinetes que participan. Se trata de un suculento asado de costillar de potranca que comunmente se hace a la cruz. Para el público en general se ponen en la parrilla chorizos y demás cortes de vacuno, incluso cordero o lechón. Depende de la época del año (por lo general es en verano) y de lo que se consiga.

Esta carne tiene un sabor diferente a la vacuna. Podríamos decir que es algo más dulce y que la grasa es más amarilla. Particularmente me gusta y es una buena variante para salir de las otras carnes. En guisos y salsas casi no se nota la diferencia. En milanesas y otros preparados más simples, en los que el sabor de la carne predomina se siente y bastante. Se pueden hacer muchos de los platos ya enunciados como empanadas, guisos, asado y demás pero en la Provincia de Santa Cruz (Río Gallegos en particular) probamos este matambre que realmente era muy bueno. Y, si no mintieron cuando nos pasaron la receta, se hace de la siguiente manera:

MATAMBRE DE YEGUARIZO

1 matambre de yeguarizo, sal, pimienta y ají molido, 1 taza de miga remojada en leche, 3 cucharadas de queso rallado, 2 cucharadas de ajo y perejil picados, 1 cebolla picada, 1 zanahoria, 1 huevo crudo, 2 huevos duros.

Condimentar el matambre con sal, pimienta y ají molido. Mezclar la miga de pan remojada, exprimirla y picarla con el queso rallado, el ajo, el perejil y la cebolla. Extender esta preparación sobre el matambre. Distribuir la zanahoria cortada en tiras finas y los huevos duros cortados en cuartos. Arrollar y atar con un piolín. Envolver el matambre en un lienzo y hervirlo en agua con

variation. Cooked in stews and sausages there seems to be no difference. In other simpler dishes such as **milanesas**, in which meat taste predominates, it is quite noticeable. Many of the dishes already mentioned such as **empanadas**, stews and **asados** can be prepared with this meat. In Río Gallegos, province of Santa Cruz, we tried this really tasty **matambre** (plate). If the cook did not lie, the following is the corresponding recipe.

YOUNG MARE PLATE

Ingredients: 1 young mare plate cut, salt, pepper and chopped red pepper, 1 cup crumbs soaked in milk, 3 tablespoonfuls ground cheese, 2 tablespoonfuls of chopped garlic and parsley, 1 chopped onion, 1 carrot, 1 raw egg, 2 eggs boiled hard.

Instructions: Season plate with salt, pepper, and chopped red pepper. Drain crumbs and mix with ground cheese, garlic, parsley and onion. Extend this mixture on plate. Add shredded carrots and boiled eggs cut in quarters. Roll and tie with packthread. Wrap plate with a linen cloth and boil in salted water. The meat is ready when tender (if punctured). Let it cool down, unwrap and carve in slices. If you want it brown, roast a little in oven.

Patagonic Hare

In Patagonia —but not in Tierra del Fuego—, we find the European hare that adapted quickly to the region and the famous Patagonic hare, which is another small animal called **mara**. In fact, these recipes are suitable for both species and also for rabbits of Tierra del Fuego which were introduced in 1944 with the idea of improving local fauna, but they became a plague. Ranch own-

Mara.

sal hasta que, al pincharlo, resulte tierno. Dejar enfriar, quitarle el lienzo y cortar en rodajas. Si se busca dorarlo se puede llevar al horno.

Liebre patagónica

En Patagonia, y no en Tierra del Fuego, tenemos la liebre europea —que se adaptó rápidamente a la zona— y la famosa liebre patagónica, otro animalito llamado **mara**. En realidad estos platos se ajustan para las dos especies y también para el conejo de Tierra del Fuego, que fue introducido en 1944, con intenciones de mejorar la fauna local y se convirtó en plaga. Fue muy combatido por los estancieros dado que terminaba con las pasturas para las ovejas.

Como todo animal salvaje, debe ser oreado por lo menos por un día. Además, existen varios procedimientos para suavizar el sabor o tiernizar la carne. Lo primero se logra con una buena marinada y lo segundo con el truco de dejarla en leche. Algunos le dan una corta cocción en leche.

Pero veamos esta receta que me la dieron en Tres Lagos, un pequeño pueblo que pensó en un futuro mejor pero que hasta la ruta 40 lo dejó de lado.

Con una liebre pueden comer entre 4 y 6 personas dependiendo de con qué se la acompañe.

Se necesita: 1 liebre (fundamental), un vaso de aceite, 1 cebolla, 1 zanahoria, 1 taza de vinagre y 2 de vino tinto, 150 g de panceta (no salada), una copita de coñac, sal y pimienta.

Trozar la liebre, enaceitar y marinar con el vinagre, vino, la cebolla picada y la zanahoria. Dejar la carne en esta preparación en lo posible toda la noche, si no lo que se pueda (al menos unas 4 horas).

Secar las presas, envolverlas con la panceta y saltear en aceite de oliva. Colocar las presas en una olla de barro o de hierro, rociar con el coñac y encender.

Rociar la liebre con la marinada y agregar un poco de agua. Cocinar todo a fuego suave dejando un poco destapada la olla para eliminar el alcohol. Cuando la liebre esté tierna, retirarla del fuego. Algunos le agregan al jugo pasas de fruta como ciruelas u orejones.

LIEBRE, CONEJO O MARA EN ESCABECHE

Receta de Alberto Nuin. Como entrada, creo que no existe cosa más rica. Por otra parte tiene la ventaja de conservarse bastante bien por un tiempo.

Conejo.

ers used to fight against them as they ate sheep pasture.

As any wild animal, it has to be aired for at least one day and there are several procedures to weaken taste and make meat tender. The former is acquired by means of a good marinade and the latter requires a trick: soaking in milk. Some even cook it briefly in milk.

But let's go for this recipe I was given in Tres Lagos, a small village that longed for a better future, but even route 40 left it aside.

About 4 to 6 people can eat form one hare, according to other dishes served. You need 2 hare (of course), 1 glass oil, 1 onion, 1 carrot, 1 cup vinegar and 2 cups red wine, 150 g streaky bacon (not salted), 1 goblet cognac, salt and pepper.

Instructions: Chop hare and brush with oil. Marinate in vinegar and wine with chopped onion and carrot. Keep in this marinade overnight or for at least four hours.

Wipe the pieces, wrap in streaky bacon and sautée in olive oil. Place pieces in a clay or iron saucepan, pour cognac and flambé.

Sprinkle hare with marinade and add some water. Cook slowly on a low flame covering the saucepan but not completely so that alcohol is evaporated. When the meat is tender, take out from flame. Some like to add the juice of dried fruits such as plums or peaches.

HARE, RABBIT OR MARA IN MARINADE OF OIL

By Alberto Nuin. I think this is the most tasty dish, ideal to serve as appetizer. On the other hand, it can be preserved for a long time.

1 hare (or rabbit or mara) chopped in small pieces, salt, peppercorns, 2 sliced onions, 4 car-

1 liebre (o conejo o mara) trozada en partes no muy grandes, sal, pimienta en grano, 2 cebollas en rodajas, 4 zanahorias en rodajas finas, 1 cabeza de ajo, 4 hojas de laurel, 1 taza de vinagre, 1 taza de aceite.

Saltear la liebre en un poco de aceite y salpimentar. Luego agregar el laurel, los ajos, la cebolla, las zanahorias, el vinagre y el aceite restante. Tapar la olla, colocarla sobre fuego fuerte y, cuando hierva, bajar el fuego. Dejar hervir 25 a 30 minutos. Esta preparación a mi me gusta fría. También la he visto servir caliente, pero no es de mi preferencia. En este caso la acompañan con verduras hervidas.

CONEJO O LIEBRE PATAGONICA A LA CAZADORA

Existen centenares de fórmulas para cocinar conejos. En definitiva la básica es tratarlo como si fuese un pollo con poca grasa. También la liebre y el conejo salvaje pueden tener el mismo tratamiento si se los adereza con anticipación. Si es cazado se debe dejar, ya limpio, por lo menos un día en la heladera o en un lugar fresco para que se ablande.

Esta receta me hace recordar a mi padre, César Vairo, quien después de un día de caza preparaba con mucho orgullo liebres y demás presas de distinta forma. La cantidad que traía no era nada despreciable y por eso las preparaciones eran muy diversas y duraban varias semanas en las heladeras.

En este caso se trata de algo muy sencillo que incluso es apto para un pollo y puede ser realizado tanto en la casa, como en el campamento, o en el barco. Es ideal para guardar en la heladera y comer uno o dos días después.

Ingredientes para 1 conejo (hasta 6 personas). El conejo bien trozado rinde unas 16 presas chicas u 8 grandes.

2 cebollas, 4 tomates, 2 ajíes (o 1 morrón) todo picado fino, 2 zanahorias grandes en cubitos, 200 g de arvejas que se agregan al final, 1/4 litro de vino blanco y otro de tinto, 1/2 taza de aceite, 1 cucharadita de tomillo, 1 cucharadita de orégano o un poco de romero y salvia, 4 hojas de laurel, 1 cucharada de pimentón dulce o paprika, sal y pimienta.

Acompañar con papas hervidas.

Calentar el aceite y saltear el conejo. Sin retirarlo del fuego agregar todas las verduras, el vino y las especies. Dejar cocinar entre media y una hora. Retirar del fuego cuando el conejo esté listo.

CONEJO (O LIEBRE) CON PASTAS

Un trozo de conejo por barba, 100 g de pasta seca por persona (preferentemente *Penne Rigate*; antes se usaban los que había, que por lo

rots in thin slices, 1 bulb garlic, 4 laurel leaves, 1 cup vinegar, 1 cup oil.

Instructions: Sautée hare in some oil and season with salt and pepper. Then add laurel, garlic, onions, carrots, pour vinegar, and the rest of oil. Cover the saucepan and cook on a high flame. Bring to boil and then cook on a low flame. Boil for another 25 to 30 minutes. I like this preparation cold best. It is also served hot, but I dislike it. If this is the case, garnish with steamed vegetables.

RABBIT (OR PATAGONIC HARE) ALLA CAZADORA

There are hundreds of recipes to cook rabbits. In fact, it is basically prepared as if it were a chicken with little fat. Wild rabbit and hare may be cooked in the same way if they were previously seasoned. After hunting, it has to be cleaned and kept in the fridge or a cool place for it to become tender (rigor mortis).

This recipe brings recollections of my father (César Vairo) who, after a hunting day, used to proudly prepare hares and other preys in different ways. He usually caught a lot so he had the possibility to cook them in different ways and keep them in fridges for several weeks.

This is a very simple dish that can also be prepared with chicken. It can be cooked either at home, at camp or on board. It is ideal to be kept in the fridge for one or two days before consuming.

Ingredients: One rabbit may do for 6 commensals. You can get either 16 small chops or 8 large ones, 2 onions, 4 tomatoes, 2 chopped red peppers (or 1 sweet pepper), 2 large carrots in dices, 200 g green peas to add at the end of the cooking time, 1/4 liter white wine, 1/4 liter red wine, 1/2 cup oil, 1 teaspoonful thyme, 1 teaspoonful oregano or some rosemary and sage, 4 laurel leaves, 1 tablespoonful paprika, salt and pepper

Instructions: Sautée rabbit in oil. Still on the flame, add all vegetables, wine and spices. Cook between half an hour and an hour. Take out of flame when rabbit is ready. Serve with boiled potatoes.

RABBIT (OR HARE) WITH PASTA

1 piece rabbit per commensal, 100 g dried pasta per commensal (preferably Penne Rigate). In olden times, people used what was available, generally stew pasta that tended to disintegrate at the touch of water. This can also be prepared with fresh pasta, but in this case 170 g per commensal are needed.

2 tablespoonfuls olive oil, 4 cloves garlic, 1 can tomatoes for 4 people or 4 fresh ripe tomatoes to replace each can (peel them and take

general eran fideos guiseros que tendían a deshacerse ni bien tomaban contacto con el agua). También es posible hacer esta receta con pasta fresca, en este caso calcular unos 170 g por cabeza.

Dos cucharadas de aceite de oliva, 4 dientes de ajo, 1 lata de tomate para cada 4 personas o 4 tomates frescos muy maduros reemplazando cada lata (no hay que olvidar pelarlos y sacarles las semillas), una cucharadita de extracto de tomate triple, un vaso de vino blanco y otro de tinto, tomillo, romero y laurel, sal y pimienta.

Saltear el conejo y agregar en el mismo aceite los dientes de ajo. Dorarlos un poco y agregar el tomate, el extracto de tomate y el vino. Dejar evaporar el alcohol con la olla destapada y luego tapar por 45 minutos. Si es necesario agregar un poco de agua.

Al final, agregarle las hierbas y la pimienta.

Hervir la pasta y retirarla del fuego bien al dente. Colarla y llevarla a la cacerola con la salsa y el conejo. Retirar del fuego y dejar asentar por unos 5 minutos. Servir.

Si se caza, dejar la liebre o el conejo en la heladera o a la sombra durante uno o dos días luego de evicerarlo. De lo contrario, dejar en una fuente con una marinada.

Inés Cigüenza, a la que le debo miles de gratos momentos junto a una mesa, es la autora de esta receta y de muchas otras que no incluyo en este trabajo dado que son básicamente con pastas y de origen netamente italiano. Uno de sus mejores logros son los ravioles que, rellenos con seso, espinaca y queso, son espectaculares. La masa es fina y suave, y el tuco, usualmente preparado con un peceto y acompañado con ensaladas, es un plato típicamente genovés.

Pero lo importante de esta preparación es que reunía a casi toda la familia en torno a la mesa de amasar. Mientras preparaba la masa, hasta los más chicos, de entre 3 y 4 años, se las ingeniaban para amasar un bollo. Lógicamente, muchos de estos pequeños bollos eran utilizados como proyectiles mientras ella contaba cosas de su infancia o la pelea que tuvo con el fiambrero al que terminó tirándole por la cabeza media docena de huevos dado que la había estafado con el peso del jamón. Y, antes de quedarse ella con la bronca, prefería que se la quedara él.

out seeds), 1 teaspoonful tomato paste, 1 glass white wine, 1 glass red wine, thyme, rosemary and laurel, salt and pepper.

Sautée rabbit in oil and add garlic cloves. Brown them a bit and add tomatoes, tomato extract and pour wine. Let alcohol evaporate leaving the saucepan uncovered and then cover it for 45 minutes. If necessary, add some water. Season with herbs and pepper at the end.

Boil pasta until al dente. Strain and place in the saucepan with rabbit gravy. Take out of flame and let rest for about 5 minutes. Serve.

If rabbit or hare were recently hunted, they have to be kept in the fridge or under shadow for one or two days (after taking out tripes). It may be placed on a tray or in a marinade.

Inés Cigüenza, whom I owe thousands of pleasant moments around a table, is the author of this recipe and many others not included in this work as most are based on pasta as they are of Italian origin. One of her best dishes is ravioli stuffed with «brains», spinach and cheese —delicious. Dough is thin and tender and the meat sauce, generally prepared with peceto (rump or Eye of Round) cut and served with salads, is a typical Genoese dish.

But the important thing about this is that the whole family used to gather around the table where dough was kneaded. Even the little ones, 3 or 4 years old, managed to knead some dough. Of course, then many of these pieces were later thrown at each other while mother Inés remembered anecdotes of her childhood or told about that occasion when she had a row with the shopkeeper that cheated her with the weight of ham. She went berserk and ended up throw-

Liebre europea.

También solía recitar versos escritos en recuerdo de su madre o con motivo de una Navidad. Así, mientras nos enseñaba a desplumar un pollo con agua hirviendo, íbamos aprendiendo distintos aspectos de la vida. Nos contaba cómo ayudaba a arrear los animales antes de hacer los deberes y cómo iba a la escuela a caballo (lo que nos daba envidia porque nosotros lo hacíamos en auto con chofer). En especial nos transmitió que todas las comidas tienen un ingrediente muy especial en común: se trata del amor.

Mi padre, amante de la buena mesa y los buenos vinos, afirmaba que si no se cocinaba con amor la comida hacía mal. Si falta ese ingrediente básico es mejor no hacer nada porque hasta el plato más simple sale desastroso, como él decía: «Un simple plato de sopa cambia sustancialmente según cómo se lo haga y en especial cuánto amor se haya puesto en él». ¿Será por ese motivo que uno siempre recuerda aquella comida materna?

Por otra parte, sostenía que la cocina estaba invadida por el estado de ánimo de quien la dirigía. Así es como un plato podía reflejar alegría, según el picante agregado; tristeza, en una mesa ordenada pero en una cocina desordenada; e inclusive pasión según los acompañantes elegidos para un plato principal suave, pero con sabor profundo. Ni qué hablar si se estaba de mal humor o con poco tiempo. En el primero de los casos había que distraerse, reírse un poco, poner buena música o cantar y entonarse con un vaso de vino antes de poner manos en el asunto. En el segundo, ese día para el cocinero había muchas otras cosas más importantes que requerían de su tiempo antes que «perderlo» en la cocina. Por lo tanto, dado que la cocina pasaba a ser algo secundario o superfluo, era preferible no preparar nada. Según mi padre, en estos casos hasta era preferible ayunar.

De esta misma forma podemos comprender por qué un mismo plato realizado por una misma persona y con dedicación, varía cada vez que se lo hace. Además de la bondad de los ingredientes dependerá de su estado de ánimo y de cómo éste influye en la elección de la cantidad justa o de la variante introducida. Es muy difícil que un plato salga igual dos veces.

GUISO DE CONEJO O LIEBRE PATAGONICA AL VINO BLANCO

Esta variante de conejo al vino blanco proviene de una necesidad básica de espacio cuando son muchos a comer y el lugar para cocinar es escaso; más al tratarse de una cocina económica. Práctica muy frecuente tanto en la pací-

ing half a dozen of eggs at him. She wanted to quieten down, but he would hit the roof.

She also used to recite some poems written for her mother or for Christmas while she taught us how to pluck a chicken in boiling water, we learnt about her life. She told us how she used to help to drive cattle before doing her homework and how she used to ride to school (we were envious of her because we were driven in a car with chauffeur). She particularly showed us that all dishes have something very special in common —it is nothing but love.

My father, lover of good food and wines, claimed that if meals were not prepared with love, caused indigestion. Without this basic ingredient, even the simplest of dishes fails. He used to say: «A mere soup dish changes substantially depending on how it is cooked, especially on how much love is used in it.» Is that the reason why one can never forget dishes mother prepares?

Besides, he assured that the kitchen was invaded by the mood of the one in charge of it. Therefore, a dish could reflect joy, according to hotness; sadness in a neat table and a untidy kitchen; and even passion according to what was chosen to garnish a delicate but deeply tasty main course. Let alone if you are moody or in a hurry. In the first case, you should try to have fun, laugh a bit, play some music or sing and get a bit tipsy with a glass of wine before getting to work. In the second case, the cook had many other important things to do first and had no time to «waste» in the kitchen , so, given cooking was secondary or superfluous, the best choice was to cook nothing. According to my father, in this case, even fasting was preferable.

Having this in mind we can understand why the same dish cooked by the same devoted person, varies every time it is prepared. Apart from the quality of ingredients, this depends on the cook's spirits and on how they influence on the choice of the suitable quantity or the variant introduced. It is very difficult for a dish to taste the same twice.

RABBIT STEW WITH WHITE WINE (ALSO PATAGONIC HARE)

This variant of rabbit with white wine is cooked when there is little space to cook and many commensals, especially if a coal oven is used. This was a frequent practice both in the pacific house of Villa Giardino, province of Córdoba, and in the hustle and bustle of **Akeaata** shelter (of Esteban «Gato» Curuchet before it was modernized) in Tierra del Fuego. The hunting of rabbits in the surroundings of

fica casa de Villa Giardino, Córdoba, como en el más agitado refugio «Akeaata» (de Esteban Gato Curuchet, antes de modernizarse), en Tierra del Fuego. La caza de conejos en el refugio, ubicado a unos 17 km de Ushuaia, fue factible hasta que el Gato se dedicó a la cría de perros para nieve, tanto Siberian Huskies como Alaskan. Con más de 40 perros, no hay conejo que se aproxime. En las cercanías del Parque Nacional la caza de conejos puede ser fantástica. Traídos por el hombre en 1944, se convirtieron rápidamente en una plaga que fue combatida tenazmente por los estancieros ya que dejaban sin pasto a las ovejas.

Para 8 personas. Ingredientes: 1 conejo trozado, aceite de oliva (un pocillo), vino blanco (media botella), una cebolla, 4 dientes de ajo bien picados, 4 zanahorias en rodajas o cubos, 1 tallo de apio, 2 tallos de cebolla de verdeo picados finito, laurel, romero o tomillo o perejil, 4 papas en mitades, 4 tazas de arroz, 6 tazas de caldo de carne o, si se tuvo tiempo, el caldo preparado con la cabeza del conejo.

El primer paso consiste en saltear el conejo bien salpimentado dejándolo cocinar por unos 15 minutos. Luego se agrega el ajo y la cebolla hasta que cambian de color. Agregar el apio, las zanahorias, la cebolla de verdeo, el vino blanco y dejar cocinar por 15 minutos. Incorporar el caldo, las papas y el arroz y cocinar hasta que el arroz y las papas estén a punto. Agregar las hierbas, apagar el fuego y dejar reposar con la cacerola tapada entre 5 y 10 minutos.

A este guiso se le puede agregar batata, arvejas, nabos, mandioca e incluso calabaza. Todo depende de cuántas bocas se debe conformar. Incorporar las verduras según el tiempo de cocción.

En caso de usar liebre patagónica, después de cazarla, limpiarla inmediatamente y dejarla un par de días al aire libre o en la heladera. Se puede marinar con vino blanco, un poco de limón, romero, sal, pimienta, laurel, salvia, comino y un chorrito de vinagre.

Castor

Este simpático y trabajador animalito se convirtió, en Tierra del Fuego, en una plaga que hace mucho daño al bosque, aunque sirve como atractivo turístico. Es que el castor fue introducido por el hombre y, al no contar con su depredador natural, se extendió por toda la isla muy rápidamente. Actualmente se lo caza por su piel aunque ésta no tiene la cotización que tuvo durante mucho tiempo.

the shelter, about 17 km away from Ushuaia, was possible until Curuchet took up breeding Siberian Huskies and Alaskan dogs. With over 40 dogs, no rabbit dares come nearby. Near the National Park, the hunting of rabbits is excellent. Introduced by men in 1944, they quickly became a plague the land owners fought against firmly because these rodents consumed sheep pastures.

For 8 commensals. 1 chopped rabbit, olive oil (one coffee cup), white wine (half a bottle), 1 onion and 4 chopped cloves garlic, 4 carrots cut in dice or slices, 1 stem celery and 2 stems green onions shredded, laurel, rosemary or thyme or parsley, 4 potatoes in halves, 4 cups rice, 6 cups meat broth. If possible, broth prepared with the head of the rabbit.

Instructions: First, sautée rabbit previously salt-and-peppered and cook around 15 minutes. Then add garlic and onions until they change color. Add celery, carrots, and green onions, pour white wine and cook another 15 minutes. Add broth, potatoes and rice. Cook until rice and potatoes are ready. Season with herbs, put the flame out and let it stand with the saucepan covered for 5 to 10 minutes.

This stew may also include sweet potatoes, green peas, white radishes, manioc and even pumpkin. This depend on how many commensals there are. Vegetables have to be added according their cooking time.

In case of choosing Patagonic hare, clean it immediately after hunted and leave it for a couple of days in the open air or in the fridge. It can be marinated with white wine, some lemon juice, rosemary, salt and pepper, laurel, sage and cumin. Add also a squirt of vinegar.

The Beaver

This nice and hard-working little beast became a plague that damages forests in Tierra del Fuego although it is a touristic attraction. The beaver was introduced by men but, as there was no natural predator for it, the rodent quickly spread all over the island. Nowadays, it is hunted for its fur although it is not so well priced as it used to be for a long time.

The beaver was imported from Canada in 1944, on a special mission, in an attempt to improve local fauna. This species was set free in the area of Fagnano lake. Shortly after that, muskrats were freed around Yehuin lake. The idea was to use beaver furs for production and muskrats for perfumes.

Dams built by this animal cause many trees to die thus preventing new shoots from grow-

Se lo trajo de Canadá en 1944, durante una misión especial, con intención de mejorar la fauna local. Fueron soltados en el lago Fagnano. Al poco tiempo, se trajeron ratas almizcleras que fueron puestas en libertad en el lago Yehuin. La idea era utilizar industrialmente la piel del castor y el almizcle de la rata para perfumes.

Los diques que construyen estos animales matan gran cantidad de árboles imposibilitando que los renovales vuelvan a crecer mientras el agua ocupa el estanque. Es así como un pequeño curso de agua puede tener varios diques. En ocasiones uno cada 50 ó 70 metros de distancia. Pero a su vez desvían y dividen los arroyitos cubriendo la zona de diques.

La única vez que probé un poco de carne de castor fue en el refugio del Gato y el responsable del mismo fue un francés que estaba de turista por la zona y lo preparó al vino tinto. Si la carne era un poco oscura al cuerearlo, quedó mucho más negra después de una cocción en vino por más de 2 horas. Como no se usó un vino muy fino que digamos, el sabor era una mezcla de tanino, cebollas y mucho ajo, con un dejo rancio. Pero así y todo perfectamente comible. No en vano los perros le dan caza con bastante satisfacción cuando logran atrapar a uno. Un cuidado que tuvo este turista-cocinero fue quitarle muy prolijamente todo resto de grasa, que la tiene y mucha. La receta se asemejaba mucho a la típica carne a la cazadora o al vino tinto.

Otro testimonio de una antigua pobladora de la región: Zulema Beban

Nacida en el año 1922 en Ushuaia, sus padres fueron Tomás Beban y Amanda Eiras y, en total, fueron ocho hermanos. Por la rama paterna, su abuelo era austro-húngaro. Aproximadamente a fines de 1880, en ocasión de la revolución austro-húngara, decidió quedarse en Punta Arenas. Su profesión era la de marino «...navegante de la zona de Dalmacia, Croacia y en Punta Arenas se dedicó a la navegación, en embarcaciones menores, hasta que después pudo adquirir sus propias naves».

«Desde Punta Arenas ellos hacían la distribución de la correspondencia y víveres de otros croatas que había en la zona de Bahía Slogget,

Frascos de conservas.

ing while water occupies the pond. Thus, a small stream may have several dams, sometimes one every 50 or 70 meters. And, at the same time, these split and divert streams.

I tried beaver meat only once when I was staying at Gato's shelter (Pedro Esteban Curuchet) and it was a French tourist who cooked it in red wine. After skining the beaver, the meat reveals quite dark, but it turns even darker after being cooked for 2 hours in wine. The wine used in that opportunity was not of a good quality, so it tasted as tannin mixed with onions, lots of garlic, and a slightly rancid flavor. Anyway, it was edible. Dogs are usually quite satisfied when they hunt one. The tourist-cook was extremely careful to cut all the remaining fat off. The recipe to prepare beaver may well be the typical meat alla cazadora or in red wine.

Another Testimony of an Old Settler of the Region: Zulema Beban

Born in Ushuaia, in 1922. Her parents were Tomás Beban and Amanda Eiras. They were eight siblings. Her grandfather on her father's side was Auster-hungarian and decided to settle down in Punta Arenas around the end of 1880, when the Auster-hungarian revolution was taking place. He was a seaman: «He was a sailor in the area of Dalmatia, Croatia. He went on sailing on minor vessels in Punta Arenas until he could afford his own ships.»

recalaban en Ushuaia, donde permanecían un tiempo, y regresaban a Punta Arenas.»

«Cuando decidió radicarse en la zona fue la época de la fiebre del oro, muchos eslavos habían venido y se habían instalado en Bahía Slogget y Bahía Aguirre. Una vez que compró las embarcaciones y la situación política de Europa se tranquilizó, él volvió para regresar con su esposa y su hijo mayor, mi tío Fortunato. Mi papá, como todavía era chico, se quedó estudiando en la escuela de náutica y a los 14 años vino para Punta Arenas.»

«Mis abuelos maternos se radicaron antes que la familia Beban, en 1898. Mi abuelo era Manuel Eiras y Virginia Lamela mi abuela; eran españoles. Mi abuelo era panadero de oficio y puso en la ciudad la primera panadería.»

«En 1910, el abuelo (Fortunato Beban) instaló la casa que habían encargado. En esa época se compraba todo por catálogo; la casa la encargaron a Suiza, la trajeron ellos mismos en sus embarcaciones desde Punta Arenas, adonde había llegado. En 1910 empezaron a armarla, para lo cual aprovechaban nada más los meses de verano. En 1913 la terminaron de armar y ese año se casaron mis padres e inauguraron la casa, que es la actual casa Beban, conocida como el Hotel Las Goletas.»

Después de esta corta introducción que nos muestra cómo y por qué llegaron algunos pioneros de la región, veamos qué opina Zulema sobre la *cocina fueguina*: «...No hay una cocina fueguina. En mi casa, como por parte de mi papá eran eslavos y de mi mamá españoles, había una mezcla: se comían pastas y también las comidas comunes. Mi abuelo, que le gustaba mucho cocinar, mezclaba lo salado con lo dulce. Jueves y domingo hacían pastas con tuco

«He was in charge of the mail and the provisions supply for other Croatians that lived in the area of Bahía Slogget. He used to moor at Ushuaia, where he stayed some time, and then back to Punta Arenas.»

«He decided to settle down in this area in the gold rush times, when many other Slavs came to Bahía Slogget and Bahía Aguirre. Once he bought the vessels and the political situation in Europe calmed down, he went for his wife and eldest son, Uncle Fortunato, but my father was still young and stayed in the nautics school and came to Punta Arenas when he was 14.»

«My grandparents on my mother's side settled down before the Bebans, in 1898. My grandfather was Manuel Eiras and Virginia Lamela my grandmother; they were Spanish. My grandfather was a baker. He opened the first baker's in town.»

«In 1910, grandfather Fortunato Beban set up the house they had ordered (at that time you ordered it by catalogue). It came from Switzerland and they brought it from Punta Arenas to where it had arrived on their ships. They were not prefabricated as today— you had to assemble them board by board and sheet by sheet. They started to assemble it in 1910, only during summer time. And at that time fine summer weather was shorter. They finished with it in 1913. My parents got married that year and inaugurated the house that is the present Beban house and used to be known as 'Las Goletas Hotel'.»

After this brief introduction that explains to us how and why some pioneers arrived in the region, let's see what Zulema thinks of Fuegian cuisine: «...There is no Fuegian cuisine. At home, as on my father's side they were Slavs

Legumbres y hortalizas.

y le agregaban ciruelas y pasas de uva. Como en casa había cocinera, que por lo general venía de Punta Arenas, también traía sus propias recetas. Mi abuelo también hacía chucrut con el repollo que cultivaba en verano, en la quinta. Comíamos también puchero, bifes, etc...»

«En la quinta teníamos papa, nabo, zanahoria, repollo y, durante un corto tiempo, lechuga, espinaca y acelga. Porque antes acá en marzo empezaba a nevar, y recién en octubre o noviembre se podía empezar a trabajar la tierra para hacer el sembrado.»

«La fruta la traían en las embarcaciones desde Punta Arenas, sobre todo manzana, naranja, y nada más, salvo alguna fruta de estación que podía durar algunos días. Me acuerdo que mi abuelo llegaba al muelle y estábamos todos esperando, y empezaba a repartir los cajones para toda la ciudad.»

«El dulce característico de la zona de los abuelos era el struddel. En mi casa se hacían muchos postres con leche porque había muchas vacas. También arroz con leche, dulce de leche, leche nevada. Además, por el hecho de que acá no había mucho sol, nos decían que los chicos, para mantenerse sanos, tenían que consumir mucho calcio. Se hacían mermeladas con las ciruelas secas, pasas de uva, orejones, peras, toda fruta seca, además de las que se comerciaban. Lo que siempre nos llamaba la atención siendo chicos era la despensa que cada uno tenía en su casa, que era lo principal de una casa. Allí se guardaba la bolsa de harina, de papa, de maíz para las gallinas, de cebollas, tomates envasados, yerba, leche condensada. Cada vez que venía un buque se compraba mercadería por cajones, y se aprovisionaba la casa porque no se sabía cuánto podría tardar la llegada de otro buque. Cuando alguien se disponía a construir una casa, lo primero que hacía era la cocina, que siempre era muy amplia. Era una cocina comedor por la calefacción, porque la cocina era a leña y se mantenía calefaccionada. Al lado estaba la despensa, después seguía con el resto de la casa. En mi casa la despensa estaba cerrada con llave, así que nosotros aprovechábamos a colarnos cuando entraba alguna persona mayor.»

«Las bebidas, vino y cerveza, se traían de Punta Arenas. Además

Porrón de ginebra de cerámica.

and Spanish on my mother's, there was a mixture of both. We ate pasta and the Spanish dishes. My grandfather enjoyed cooking and used to mix the sweet and the salty. On Thursdays and Sundays we had pasta with some sauce to which he added plums and raisins. And we used to have a cook from Punta Arenas who brought her own recipes. My grandfather also prepared sauerkraut with the cabbage that was cultivated in the orchard in summer. We also ate **puchero**, steak, etc.»

«In the orchard we had potatoes, turnips, carrots, cabbages and, for a short time, lettuce, spinach and Swiss chard. In March it used to start snowing and it was not until October or November that the soil could be farmed to sew.»

«It was impossible to bring fruit from Buenos Aires because the voyage was too long. So they came from Punta Arenas —mainly apples, oranges and not much more except for some season fruit. I remember my grandfather arrived in the pier and we were waiting and he started to distribute the boxes for the whole town.»

«The characteristic sweet of the area my grandparents came from was struddel. As we had many cows we prepared desserts with milk such as rice with milk, milk jam. Besides, as there was little sunlight here we were told that children need to consume a lot of calcium to be healthy. Marmalades were cooked with dried plums, raisins, pears, all dried fruit. What always called our attention as children was the pantry everybody had at home; it was the main room in a house. There we kept the bags with flour, potatoes, corn for hens, onions, preserved tomatoes, yerba, condensed milk. Every time a ship came, we bought boxes to supply the house because we didn't know how long would the next one take to arrive. When somebody decided to build a house, the first room was the kitchen, which was very large. It was a kitchen and dinning-room with heating because the stove was fed with firewood and this kept the room warm. Then came the pantry and the rest of the house. At home the pantry was locked up, so we took advantage to get in when some adult opened the door.»

«Drinks like wine and beer came from Punta Arenas. I remember the gin, all those strong drinks. I remember the gin because it came in an earthenware jug whit which we used to heat the bead...»

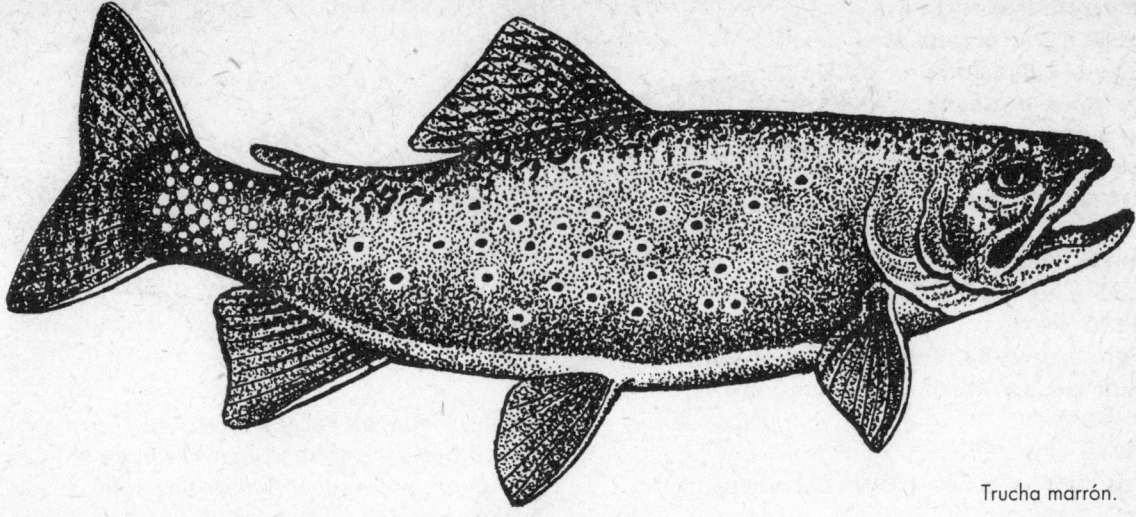

Trucha marrón.

se consumían esas bebidas blancas, fuertes. Recuerdo la ginebra porque venía en unos porrones que usábamos para calentar la cama...»

Pescados y mariscos

Entrando en este tema conviene aclarar que si bien la Patagonia argentina tiene un gran litoral sobre el Atlántico, los puertos no son muchos y la costa es bastante agreste. De esta forma hay excelentes pescados y mariscos, pero no hay punto de comparación con la variedad de mariscos que presenta la Patagonia chilena.

Tierra del Fuego representa un capítulo aparte con una pesca muy similar en ambos lados de la frontera. De cualquier forma se va a notar, sin que uno se lo proponga, la gran variedad de mariscos que presenta Chile y, por ende, una amplia gama de distintos preparados. También existen algunos mariscos que se consiguen sólo sobre el Pacífico.

En Chile el consumo de frutos del mar es mucho más alto que en la Argentina. La posibilidad de que el paisano que trabaja su parcela de tierra pueda ir a «marisquear» (recolectar mariscos o moluscos) casi no existe para el argentino.

En la cordillera, las truchas y salmones de lagos aportan lo suyo.

Merluza negra

Descongelar la merluza negra y dejarla descansar fuera de heladera durante 12 horas como mínimo. La merluza negra es una pariente algo lejana de la merluza a la que estamos

Seafood

As regards this subject it is worth mentioning the fact that, although the Argentine Patagonia offers a long coastline on the Atlantic, there are just a few ports and shore is quite rough. Therefore, there are excellent fish and shellfish available, but the variety has no comparison with that offered by the Chilean Patagonia.

In Tierra del Fuego the situation is quite another as fishing resources are practically the same on both sides of the frontier. Anyway, you will see the wide variety of shellfish in Chile and, as a consequence, the many different dishes cooked. Besides, some species of shellfish are only caught on the Pacific.

*In Chile, the consumption of seafood is, by far, higher than in Argentina. There is practically no possibility for an Argentine peasant working his land to catch shellfish or mollusks (**marisquear**).*

Lakes at the cordillera foot offer trouts and salmons.

Black Hake (merluza negra)

Defrost black hake and let it stand out of the fridge for at least 12 hours. Black hake is related to the ordinary hake or cod we usually eat and it is caught in deep waters. Apart from its characteristic color, it has a thick layer of fat under its skin.

Fishing ships freeze it almost immediately after caught, this is the reason for the previous instruction. But let's go to the recipe by Lino Gómez Adillón, «Volver» restaurant, Ushuaia.

acostumbrados y se pesca a gran profundidad. Además de su color presenta la característica de poseer una capa de grasa debajo de la piel bastante gruesa.

Los buques la congelan casi inmediatamente después de la pesca; por eso la indicación. Pero veamos la receta que nos presenta Lino Gómez Adillón, del restaurante Volver, de Ushuaia:

Merluza de cola.

MERLUZA NEGRA POCHADA A LA MANERA DE «VOLVER»

Salpimentar y poner en olla o sartén amplio un fondo de pescado o caldo de verduras. Poner 2 dientes de ajo pelados y aplastados con cuchillo. Llevar al fuego. Cuando hierva, cocinar la merluza durante 15 ó 20 minutos. Sacar y verificar la cocción. Dejar el fondo hirviendo hasta reducir. Agregarle eneldo. Volver la merluza al fondo por 2 minutos y servir con papas al natural u otra guarnición.

Recomendación: para cualquier plato con merluza negra, el tiempo de cocción nunca pasará de 15 ó 20 minutos, incluso en horno.

MERLUZA NEGRA «IDEAL»

Mariano Morales, del Barcito Ideal, nos propone el siguiente plato:

1 kg de merluza negra sin piel y sin espinas, 100 g de harina, 400 c.c. de crema, 80 g de cada verdura, puerro, verdeo, espinaca y brócolis, 100 g de manteca, sal y pimienta.

Salpimentar la merluza, enharinar y cocinar en la parrilla durante 12 minutos.

En una cacerola colocar la manteca y rehogar el puerro y el verdeo. Luego agregar la crema y el resto de las verduras, cocinar por 10 minutos y licuar. Acompañar con verduras al vapor o sufflé de verduras.

MERLUZA NEGRA EN SALSA DE PUERROS DE RESTAURANTE «KAUPE»

Se trata de la más famosa de las especialidades que realiza el chef Ernesto Vivian en su casa-restaurante «Kaupé» (Roca 470, Ushuaia).

Ingredientes para 4 personas: 1kg de merluza negra, 2 blancos de puerro grandes, 50 g de manteca, 150 c.c. de vino blanco seco, 500 c.c. caldo de verduras, 200 c.c. crema de leche, pimienta de Cayena, pimienta negra de molino, sal.

«VOLVER» POACHED BLACK HAKE

Salt-and-pepper hake. In a saucepan or large fryingpan, pour some fish or vegetable broth. Add two peeled and crushed cloves of garlic. Cook on flame. Once boiling, add hake and cook for 15 or 20 minutes. Take out of water to see if it is ready. Boil broth till reduced. Add dill. Place hake back in this broth for two minutes and serve with au naturel boiled potatoes or any other garnishing.

Tip: Any dish prepared with black hake takes no longer than 15 or 20 minutes to be done, even if cooked in oven.

«IDEAL» BLACK HAKE

Mariano Morales, from «Barcito Ideal», suggests the following dish:

1 kg black hake, skinned and boned, 100 g flour, 400 c.c. cream, 80 g of each vegetable (leeks, green onions, spinach and broccoli), 100 g butter, salt and pepper

Salt an pepper hake, coat it with flour and cook on a grill for 12 minutes. Place butter in a saucepan and sauté leeks and green onions. Then add cream and the rest of the vegetables. Cook for 10 minutes and liquefy. Serve with steamed vegetables or vegetables soufflé.

BLACK HAKE IN LEEKS SAUCE FROM «KAUPE» RESTAURANT

This is the most famous specialty cooked by chef Ernesto Vivian in his restaurant house «Kaupé» (470 Roca St., Ushuaia).

Ingredients (4 commensals): 1 kg black hake, 2 large leeks (white part), 50 g butter, 150 c.c. dry white wine, 500 c.c. vegetables broth, 200 c.c. cream, Cayenne pepper, black pepper freshly ground, salt.

Cut off the green part of leeks and dispose of it. Cut the white part lengthwise, wash carefully, chop and sautée in a deep fryingpan. Add 1/2 spoonful (coffee) ground Cayenne pepper. Pour wine and let it reduce. Add 300 c.c. broth

Retirar la parte verde de los puerros. Cortar al medio la parte blanca enjuagando bien para eliminar la tierra. Picar finamente y rehogar en una sartén profunda con la manteca, Incorporar 1/2 cucharadita (café) al ras de pimienta de Cayena molida. Agregar el vino y dejar reducir. Agregar primero 300 c.c. de caldo y dejar reducir a 173. Luego, la crema y calentar a fuego lento dos minutos. Reservar.

Mientras tanto, cortar la merluza negra en cuatro piezas iguales y colocar en fuente para horno con 200 c.c. de caldo de verduras, sal y pimienta negra recién molida. Colocar en horno precalentado a 250°C durante 8 minutos (horno fuerte).

Retirar la merluza del horno, incorporar a la salsa y calentar durante la elaboración. No olvidar servirse una copa del mismo vino para acompañarse durante la elaboración.

El vino será el mismo con el cual acompañaremos nuestro plato. La elección debe ser muy cuidadosa.

MERLUZA NEGRA AL ESTILO DE «TIA ELVIRA»

Este tradicional restaurante de Ushuaia tiene como chef a Oscar Sigel que nos envió esta receta (Maipú 349, Ushuaia).

6 a 8 filetes de merluza negra, gambas de centollón, mejillones y champiñón a gusto, 100 g manteca, 1 cebolla grande, 1 litro de leche entera, 1 litro agua, 1 caldo de gallina, 5 cucharadas mostaza, 1 taza de maicena, 1 ramita de perejil.

Derretir la manteca en una sartén, agregar la cebolla bien picada y dorarla. Verter el litro de leche y el agua y, sin salpicar, introducir el caldo.

Incorporar la taza de maicena (parcialmente disuelta en agua fría), la mostaza y perejil picado. Sazonar con sal, pimienta y nuez moscada.

Condimentar los filetes y ubicarlos en una fuente para horno, agregar las gambas de centollón y, en cantidad a gusto, los mejillones y los champiñones.

Tapar con la salsa anterior, rociar con queso rallado y cocinar en horno caliente por 25 minutos.

TRUCHA DE ALMANZA

Receta del Barcito Ideal de Ushuaia.

4 truchas de 250 a 300 g, 200 g de centolla, 1 tallo de puerro, 1 echalotte, 1 cápsula de azafrán en hebras, 1 copa de vino blanco, 100 g de manteca, sal y pimienta.

Raspar la trucha bajo la canilla para descamar totalmente. Secarla y, con un cuchillo filoso, quitar todas las espinas. Luego, con una

and reduce to 173 c.c. Add cream and cook slowly for another 2 minutes. Then let it stand apart.

Meanwhile, cut black hake in four helpings and place on an oven tray with 200 c.c. vegetables broth with salt and black pepper freshly ground. Cook in pre-heated oven to 250°C for 8 minutes (hot oven).

Take hake out of the oven, add sauce and warm. Don't forget to serve some wine for yourself while cooking.

Then, this same wine will go with our dish. Choose wine carefully for this specialty.

BLACK HAKE «TIA ELVIRA»

This traditional restaurant of Ushuaia is headed by Chef Oscar Sigel, who sent us the following recipe. («Tía Elvira» Restaurant, 349 Maipú St.)

*6 to 8 fillets black hake, legs of false king crab (**gambas de centollón**), mussels and mushrooms to taste, 100 g butter, 1 large onion, 1 liter milk, 1 liter water, chicken broth, 5 tablespoonfuls mustard, 1 cup corn flour, 1 bunch parsley.*

Melt butter in a fryingpan, add chopped onion and sautée. Add 1 liter milk and water, pour broth. Pour a cup corn flour (partly dissolved in cold water), add mustard, chopped parsley and season with salt, pepper and nutmeg. Season fillets and place them on a tray for oven, add false king crab legs and mussels and mushrooms to taste. Coat with pre-prepared sauce, sprinkle with grated cheese and cook in hot oven for 25 minutes.

«ALMANZA» TROUT

From «Barcito Ideal».

4 trouts (250 to 300 g each), 200 g king crabs, 1 leek, 1 shallot, 1 capsule saffron stigmas, 1 goblet white wine, 100 g butter, salt and pepper.

Scale fish under tap to clean completely, wipe and bone it with a sharp knife. Then use a pair of tweezers to take bones on the back off one by one. Salt and pepper and leave apart.

Use a fryingpan to sautée chopped leek and king crab cut into small pieces in butter. Salt and pepper and then let cool down. Rub with butter an aluminum foil and place the trout there. Cut it lengthwise and stuff with filling. Add a squirt of wine before wrapping in the foil.

Cook for 7 minutes in hot oven, take it out, unwrap and skin fish carefully.

SAUCE

Chop shallot, sautée it in butter and pour a goblet of white wine. Add saffron and cream to

pinza de depilar, quitar las del lomo una por una.

Salpimentar y reservar.

Rehogar en una sartén 50 g de manteca, el puerro picado fino y la centolla cortada en trozos pequeños. Salpimentar y dejar enfriar. Enmantecar una hoja de papel de aluminio y colocar la trucha. Agregar el relleno en el lomo inferior de la trucha, tapar con el superior. Agregar un chorrito de vino. Cerrar el papel de aluminio.

Cocinar por 7 minutos en horno caliente. Retirar y despojar del papel de aluminio. Quitar la piel suavemente.

SALSA

Picar el echalotte y rehogar con la manteca agregando la copa de vino blanco, la cápsula de azafrán y por último la crema. Cocinar, reducir o ligar con maicena o manteca maní.

GUARNICION

Brócolis y noisette de verduras (zanahorias, papas o calabazas).

PAPILLOTE DE TRUCHA (EMPAQUETADO EN ALUMINIO)

Una exquisita propuesta de Lino Adillón, de «Volver». Es más fácil de lo que parece. Vale la pena intentarlo.

Saltear en manteca: morrón, zanahoria y tomate a medio punto. Incorporar al papillote rodeando la trucha cruda y enmantecada (paquetito de papel aluminio). Cubrir el pescado con champignon y fetas de queso cremoso (cuartiloro o portsalud). Sobre éste, poner rebanadas de tomates crudos de aproximadamente 1 cm de espesor, espolvoreándolo con orégano, sal y pimienta. Cerrar el paquete y llevar a horno bien caliente por 20 minutos. Servir el paquete sobre fuente individual (en caso de hacer paquetes/porción) o bien llevar a la mesa el papillote grande para porcionar en los platos.

FILETES DE TRUCHA FUEGUINA (TAMBIEN TRUCHA SALMONADA O SALMON ROSADO)

1 vaso de vino blanco, 1/2 cebolla, 1 ramito de verduritas (de todo un poco para dar sabor: perejil, cebolla de verdeo, puerro y apio),

finish. Cook and reduce; thicken or reduce with corn flour or peanut butter.

GARNISHING

Broccoli, noisette vegetables (carrots, potatoes or pumpkin).

TROUT PAPILLOTE

A delicious suggestion by Lino Adillón, from «Volver». This dish (wrapped in aluminum foil) is easier than expected —it is worth trying.

Sautée sweet pepper, carrot, and ripe tomato in butter. Add to the papillote (oiled paper in which food is cooked and served) surrounding the raw trout brushed with butter. Cover fish with mushrooms and cream cheese (or Port du Salut). On this, place raw tomato slices about 1 cm thick, sprinkle with oregano, salt and pepper. Wrap up and cook in hot oven for 20 minutes. Serve each wrap on an individual plate (if there is one parcel by commensal) or take papillote to the table to cut each helping.

FUEGIAN TROUT FILLETS (ALSO SALMON TROUT OR PINK SALMON)

1 glass white wine, 1/2 onion, 1 bunch vegetables (some parsley, green onions, leek and

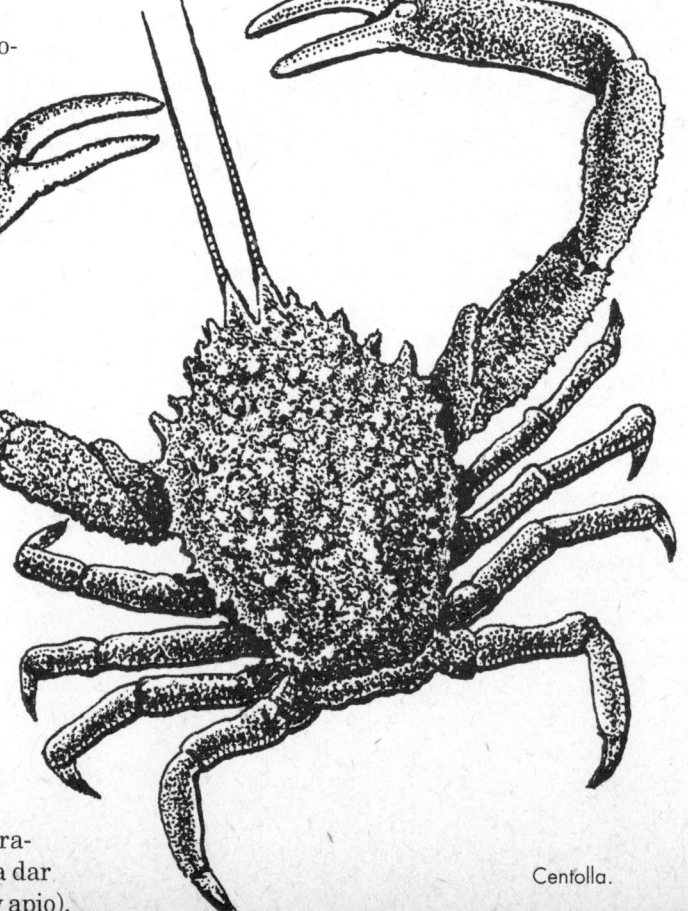

Centolla.

sal, pimienta en grano, 4 filetes de truchas, 1 limón, 8 langostinos, 50 g de manteca, 200 g de crema de leche, 2 cucharadas soperas de queso gruyere rallado.

Condimentar los filetes de truchas con sal y jugo de limón. Saltearlos en manteca junto con la cebolla y retirarlos con cuidado con una espumadera. Colocarlos en una fuente para horno. Agregar el vino con el ramito de verduras y cocinar por unos 5 minutos.

Saltear los langostinos en la manteca, rociar con unos hilos de jugo de limón y acomodarlos alrededor de los filetes.

Condimentar la crema con sal, pimienta y una cucharada de ralladura de cáscara de limón. Verter sobre los filetes, espolvorear con el queso gruyere y gratinar en horno bien caliente entre 4 y 5 minutos. Esta cocción es para filetes de trucha tipo restaurante (de criadero). Lo mismo se puede hacer con truchas de todo tipo pero se debe tener en cuenta el grosor del filete. En caso de ser más grueso, agregar los langostinos después de los primeros 5 minutos y seguir cocinando por otro tanto.

Centolla

CENTOLLA ALACALUFE

También de Lino Adillón, del restaurante «Volver», de Ushuaia.

Poner en una taza hongos negros de pino en remojo por algunas horas. Cuando estén tiernos, ponerlos en una olla de barro a fuego bajo con su jugo. Reducir. Incorporar 150 c.c. de crema de leche, sal y pimienta. Cuando ésta se calentó, poner la centolla descongelada reservando unas patitas para decorar al final.

La centolla (que está previamente cocida) sólo debe permanecer al fuego unos instantes hasta tomar temperatura. Servir en la cazuela de barro con las patitas cruzadas o en los bordes para decorar.

CENTOLLA ITALIANA

Por Mariano Morales, del «Barcito Ideal» de Ushuaia.

1 kg de centolla, 80 g de echalotte, 200 g de cebolla de verdeo, 4 tomates pelados y cortados en dados, 2 vasos de vino blanco, 100 g de aceite de oliva, 3 cucharadas de aceto balsámico, sal y pimienta.

En una olla, rehogar en aceite el echalotte, la cebolla de verdeo y la centolla. Agregar el vino, los tomates y mezclar bien. Cocinar por 10 minutos y agregar el aceto balsámico. Acompañar con papas noisette.

celery), salt, peppercorns, 4 trout fillets, 1 lemon, 8 prawns, 50 g butter, 200 g cream, 2 ladles ground Gruyère cheese.

Season trout fillets with salt and lemon juice, sautée in butter with onion and take fillets out carefully using a spatula. Place them on an oven tray. Pour wine and add vegetables, then cook for about 5 minutes.

Sautée prawns in butter, sprinkle with a squeeze of lemon and place them around fillets.

Season cream with salt and pepper and 1 tablespoonful zest of lemon. Coat fillets with this cream and sprinkle with Gruyère cheese and cook it au gratin in hot oven from 4 to 5 minutes. This cooking procedure is fit for trouts as the ones served in restaurants (from fish hatcheries). Any trout may be prepared following these instructions, but their thickness must be taken into consideration. If trouts are thick, add prawns after the first 5 minutes and cook for some minutes more.

King Crab

ALACALUFE KING CRAB

Also by Lino Adillón, from «Volver» restaurant, in Ushuaia.

Soak a cup of pine black mushrooms for several hours. Once tender, place them in a clay saucepan on a low flame in their own juice. Reduce. Add 150 c.c. cream, salt and pepper. When cream is hot, add defrosted king crab taking legs apart to dress at the end.

The king crab (previously cooked) is heated for a few minutes to get warm. Serve in a clay casserole dressing with the legs crossed or on the borders.

ITALIAN KING CRAB

By Mariano Morales, from «Barcito Ideal».

1 kg king crab, 80 g shallot, 200 g green onions, 4 peeled and diced tomatoes, 2 glasses white wine, 100 c.c. olive oil, 3 tablespoonfuls balsamic aceto, salt and pepper.

Sautée shallots and green onions in a saucepan with oil, pour wine, add tomatoes and mix carefully. Cook for 10 minutes and add balsamic aceto. Serve with noisette potatoes.

AU NATUREL KING CRAB

These recipes are excellent because both of them keep the king crab taste, which is not covered by other ingredients. In fact, this shellfish may be cooked alla parmigiana, in garlic sauce, alla Basque and in many other combinations. All this preparations make the king crab taste

CENTOLLA AL NATURAL

Las recetas que vimos son excelentes dado que ambas permiten que el sabor de la centolla no quede tapado por los ingredientes. En realidad se puede preparar a la parmesana, al ajillo, a la vasca, y de muchas otras formas. Algunas de esas preparaciones hacen que el sabor de la centolla en sí misma casi desaparezca y eso es una verdadera lástima.

Por eso una de las formas en que más me gustan es al natural. Simplemente hervidas y enfriadas a temperatura ambiente o apenas un poco por debajo de ella (sin haberlas congelado).

Al mejor estilo americano, se la puede acompañar con limón o incluso naranja y salsa golf recién preparada. Es de esta forma, como entrada, que se le puede sentir todo su delicado sabor.

CENTOLLA CON ARROZ

Del restaurante «El Coral», de Punta Arenas.

1/2 cebolla, 1 tarro de tomates al natural, 1 tarro grande de centollas, 1 vaso de coñac, sal, pimienta, 2 tazas de arroz y una pizca de azúcar.

Dorar la cebolla, ponerle los tomates triturados y el azúcar. Hervir a fuego lento por 10 minutos. Desmenuzar la centolla, aliñar con sal y pimienta. Agregar a los tomates con su jugo. Se prueba la sazón cuando esté hirviendo y se agrega el coñac. Cocinar 10 minutos. Se acompaña con arroz que se hará media hora antes de servir.

CENTOLLA FUEGUINA

Esta receta nos la alcanzó José Luis, del Restaurante Moustacchio (San Martín 298, Ushuaia). Es de una preparación muy sencilla.

Ingredientes: 800 g de centolla, 1 cebolla, 50 g manteca, 1 cucharada de ketchup, 100 c.c. puré de tomate, 250 g crema de leche, sal y pimienta.

Picar la cebolla en juliana. Rehogar con la manteca, incorporar la centolla, salpimentar, agregar la crema, el puré y el ketchup. Mezclar y cocinar a fuego lento durante 7 minutos.

Guarnición: 200 g de arroz blanco y queso rallado.

Centollón

Se trata de un cangrejo que, sin ser tan sabroso como la centolla, cae en las trampas como ellas y se lo puede preparar casi de las mismas

itself virtually disappear and this is a real pity.

This is why I like them au naturel most. Simply boiled and served at ambient temperature or just below it and not frozen.

You can serve it with lemon juice or even orange juice and a sauce of mayonnaise with a touch of ketchup recently prepared, at the best American style. In this way, and as appetizer, you can enjoy its delicate taste.

KING CRAB WITH RICE

From «El Coral» restaurant, Punta Arenas.

1/2 onion, 1 can tomatoes conserve, 1 large can king crabs, 1 glass cognac, salt, pepper, 2 cups rice and a pinch of sugar.

Sautée onion, add tomatoes and sugar previously passed by the food processor. Boil slowly for 10 minutes. Crumble king crabs and flavor with salt and pepper. Add tomatoes with juice. Adjust seasoning while boiling and pour cognac. Cook for 10 minutes. Serve with rice (cook it half an hour before serving).

FUEGIAN KING CRAB

José Luis, from Moustacchio Restaurant (298 San Martín St., Ushuaia), shared this recipe with us. Its cooking is very simple.

800 grs king crab, 1 onion, 50 g butter, 1 tablespoonful ketchup, 100 c.c. tomatoes purée, 250 g cream, salt and pepper.

Instructions: Chop onion finely. Sautée in butter and add king crab, season with salt and pepper. Pour cream, purée and ketchup. Mix and cook slowly for 7 minutes.

Garnishing: 200 g white rice and grated cheese.

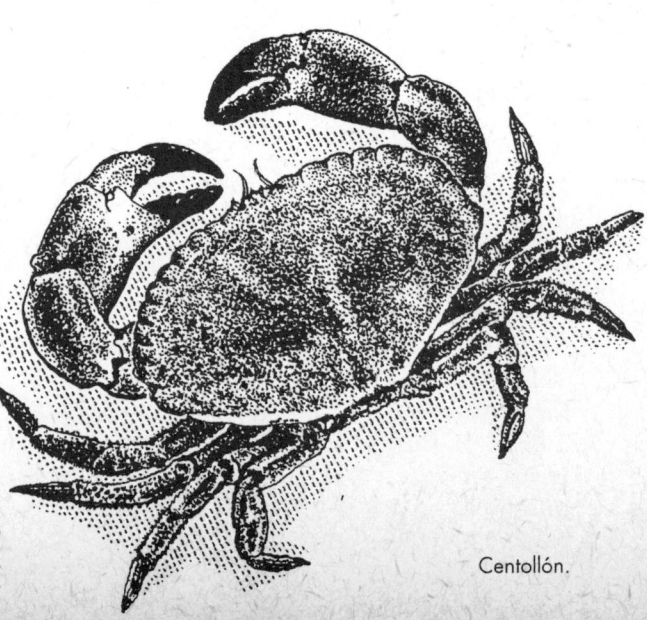

Centollón.

formas. Muchas veces se lo llega a mezclar con centolla para «estirarla», pero tanto el aspecto de la carne como el sabor lo delatan.

Es ideal para preparar salsas o sopas. Una de mis preferidas es la salsa de centollón para pastas como spaghettis o fettuccine. Es más que fácil.

SALSA DE CENTOLLON

250 g de centollón, manteca y una cucharada de aceite de oliva, 1 pote de crema, 2 vasos de vino blanco, 2 dientes de ajo, 1/4 de cebolla picada muy fina, sal y pimienta (algunos usan queso rallado), 3 cucharadas soperas de salsa filetto (pomodoro solo).

Dorar la cebolla hasta que quede trasparente en el aceite de oliva. Incorporar los ajos, la manteca y el centollón. Saltear moviendo constantemente para que no se pegue la carne. Agregar el vino, dejar evaporar el alcohol y añadir la crema. Salpimentar. Seguir revolviendo. Incorporar la salsa filetto y revolver bien.

Retirar la pasta bien al dente, verter la misma en la cacerola de la salsa y continuar la cocción un par de minutos. Servir con pimienta o queso rallado.

Esta preparación le pertenece a un verdulero italiano que, viviendo en Suiza, tenía como hobby la pesca deportiva (de lo que sea) en distintas partes del mundo. Con un carácter marcadamente anti-todo, el campamento que realizamos sobre el río Irigoyen, en Península Mitre (Tierra del Fuego, costa atlántica), fue cualquier cosa. El viento y el hecho de que no pescaba nada mientras que el resto sacaba algunas truchas, hizo que una madrugada desapareciera. Sólo faltaba su equipo de pesca.

En un primer momento no sabíamos qué había sucedido. Organizamos una búsqueda por el río. Como hay pozones profundos y muchos palos (troncos de arboles muertos) semi sumergidos, el caerse y engancharse puede significar lastimaduras profundas, golpes y, por qué no, hasta ahogarse. Después de un buen rato encontramos rastros que indicaban que alguien había pasado hacia el casco de la estancia. Ensillamos un par de caballos y una vez allí nos confirmaron que lo habían visto pasar. Ya habían pasado más de 6 horas de búsqueda.

Un par de días después lo encontramos en la Hostería San Pablo (a unos 45 km), donde tuvo que guardar cama dado que se había lastimado una rodilla.

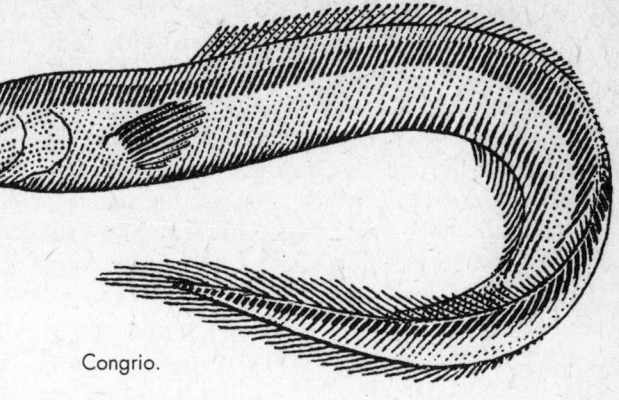

Congrio.

False King Crab (centollón)

This crab is not as delicious as ordinary king crab. It usually gets caught in the same traps and it can be prepared in almost the same ways. In many cases it is even mixed with king crabs to obtain more quantity, but both its appearance and taste denounce it.

*It is ideal to prepare sauces or soups. One of my favorites is **centollón** sauce to coat pasta such as spaghetti or fettuccine. It is dead easy to prepare.*

CENTOLLON SAUCE

250 g centollón, butter, 1 tablespoonful olive oil, 200 c.c. cream, 2 glasses white wine, 2 cloves garlic, 1/4 onion finely chopped, salt and pepper (some add grated cheese), 3 tablespoonfuls filetto sauce (pomodoro only).

Sautée onion in olive oil until it gets transparent. Add garlic, butter and centollón and sautée stirring regularly so that the meat does not stick. Pour wine, let alcohol evaporate and add cream. Season with salt and pepper. Go on stirring. Add filetto sauce. Stir carefully.

Strain pasta al dente and add into the saucepan with the sauce and go on cooking for a couple of minutes. Serve seasoned with pepper or ground cheese.

This recipe is a creation of an Intalian greengrocer who lived in Switzerland. His hobby was sportive fishing all around the world. The tourist was ill-tempered and a non-conformist. Our camp on the banks of Yrigoyen river, in Península Mitre (Tierra del Fuego, on the Atlantic coast), turned out to be a disaster. It was a windy day and everybody but him managed to fish some trouts. So he left in the small hours —he took only his fishing equipment with him.

At first, we did not realize what had happened. Then, we started to look for him along the river. As there are deep pools and many poles

El guía y responsable de la partida era el «Gato» Curuchet que, con su gran sentido de la psicología, logró ubicarlo. Desde ese momento obedeció todo lo que se decidía en conjunto, sin volver a escaparse, discutir o protestar sin sentido. Claro, el sistema que utilizó el Gato fue más que convincente. Le puso un machete entre las piernas y le dijo, suavemente, casi con una sonrisa, que si por culpa de su comportamiento ponía en riesgo a los demás se iba a volver a su querida Suiza más liviano: capado. No sé si lo tomó en serio, pero desde ese día su comportamiento fue pasable. Hasta se dedicó a cocinar, lo que hacía muy bien. Manejaba un buen equilibrio entre la comida italiana y la suiza.

ROBALO RELLENO CON CENTOLLA Y SALSA DE LIMON

De Cristián Verdugo Barros, del Hotel Cabo de Hornos de Punta Arenas. Esta preparación es genial.

220 g de filete de róbalo, 50 g de carne de centolla, sal, pimienta, vino blanco, jugo de limón, 80 c.c. de crema fresca.

Abrir el filete de róbalo por la mitad y rellenar con la centolla. Condimentar y llevar a la plancha o sobre sartén precalentada con un poco de aceite de oliva y manteca. Cocinar a fuego mediano para permitir una buena cocción. Una vez bien dorado de ambos lados, apagar con un poco de vino blanco.

En una sartén colocar la crema fresca a fuego lento, agregar el jugo de un limón y condimentar con sal y pimienta blanca. Mezclar suavemente hasta que reduzca. Optativo: un poco de licor limonetto para terminar la salsa.

Acompañar este róbalo con unas papas naturales y decorar con una ramita de perejil fresco.

De Chile tomamos las recetas que siguen. Estas nos muestran cómo el ingenio de cada ama de casa se pone en funcionamiento para aprovechar mejor algún remanente de pescado.

TORTILLA DE MERLUZA

1 taza de merluza cocida, 2 tazas de papas cortadas muy finas y fritas, 6 huevos, 1 cebolla mediana picada, 1/2 limón, 6 cucharadas de leche, 2 cucharaditas de perejil picado, 4 cucharadas de queso parmesano rallado, sal y pimienta.

Unir la merluza con la cebolla, sal, pimienta y perejil. En una sartén con aceite tibio, se coloca una capa de papas, luego la merluza

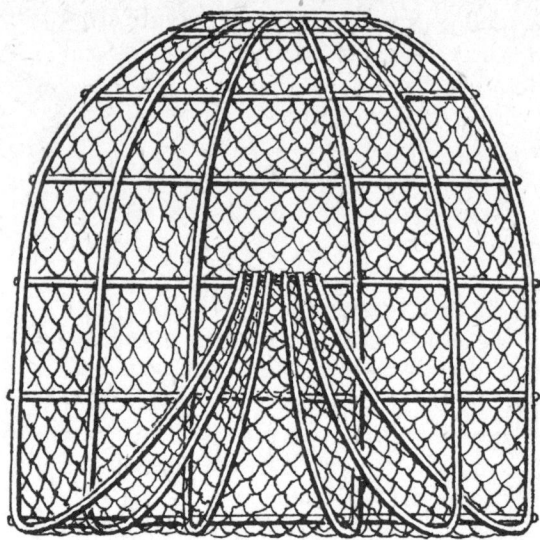

Trampa para centollas.

(trunks of fallen trees) partly submerged, if somebody falls and gets caught, it may result in serious injuries, blows, and you may even drown. After a while, we found traces indicating that somebody had passed heading for the estancia. We rode a couple of horses and, once in the estancia, we were told he had been seen walking past. By that moment, we had been looking for him for six hours.

A couple of days later, we found him at Hostería San Pablo (around 45 km away) where he had to stay in bed because one of his knees had been hurt.

*The guide responsible for the party was «Gato» Curuchet who, thanks to his tactful use of psychology, managed to make the Italian do what he was told to as the rest —he never escaped or protested nonsensically. Well, the method used by «Gato» was more than persuasive. He placed his **machete** between the greengrocer's legs and told him —smoothly and grinning— that, if because of his behavior something went wrong, he would return to his loved Switzerland lighter —castrated. I don't know if he took it seriously or not, but from that moment on he behaved himself. He even took to cooking and he was good at it. He demonstrated an interesting equilibrium between Italian and Swiss cuisines.*

SEA BASS STUFFED WITH KING CRAB AND LEMON SAUCE

By Cristián Verdugo Barros, from Cabo de Hornos Hotel, Punta Arenas. This dish is gorgeous.

220 g sea bass fillet, 50 g king crab meat, salt, pepper, white wine, lemon juice, 80 c.c. fresh cream.

cocida y desmenuzada con su respectivo aderezo.

Posteriormente otra capa de papas fritas y por último los huevos batidos con el queso parmesano, la leche y la sal. Todo se deja freír a fuego lento. Dar vuelta.

TORTA DE PESCADO

Puerto Natales es un lugar ideal para comer todo tipo de preparación a base de pescados. A pocos kilómetros de la cordillera, tiene una industria pesquera muy activa. Por otra parte, el lugar es hermoso.

1 cebolla, 4 papas grandes, 2 tomates medianos, 1 coliflor, 200 g de manteca, 5 cucharadas de mostaza semi fuerte, 250 g de filete de lenguado, 250 g de crema de leche, 1 manojito de cebollín, sal y pimienta blanca molida.

Pelar la cebolla y cortar en pedacitos. Lavar las papas con un cepillo. Los tomates se pasan por agua hirviendo y se pelan. Sacarles las semillas y cortar la pulpa en bastoncitos.

Cortar la coliflor en 4 y luego en tiras. Lavarlas en un colador bajo agua corriente. Hervir las papas unos 10-12 minutos en agua salada. Escurrir. Cortarlas a lo largo en 4 rebanadas. Dorarlas unos 3 ó 4 minutos en la mantequilla, escurrir la grasa sobre papel absorbente.

CAZUELA DE CORVINA

Esta receta, de Alberto Nuin, es clásica de la costa del Atlántico.

1 kg corvina limpia trozada, sal, pimienta, jugo de limón, aceite, 1 cebolla, 1 diente de ajo, 2 tomates, 1 vaso de vino blanco seco, 4 anchoas saladas trituradas.

Condimentar la corvina con sal, pimienta y el jugo de limón. Rehogar aparte en el aceite la cebolla y el ajo picado a cuchillo. Agregar los tomates picados (en lo personal prefiero pelarlos y quitarles las semillas). Cocinar por 5 minutos, condimentar con poca sal y un toque de pimienta. Agregar una pizca de azúcar y acomodar las postas de corvina.

Rociar con el vino, agregar las anchoas picadas y cocinar tapado, a fuego lento, por 10 minutos.

CORVINA NEGRA CON SALSA DE HONGOS

De Alberto Nuin, con variantes del autor.

Ingredientes: 1 taza de miga de pan remojada en vinagre, exprimida, cortada y picada. 2 cucharas de queso rallado, 1 diente de ajo, 1 huevo, 3 cucharas de hongos secos, 1 vaso de vino blanco, 50 g de manteca, 1 cebolla, 2 cucharas de aceite, 1 kg de postas de corvina negra, 100 g de crema de leche.

Open sea bass fillet lengthwise and stuff with centolla. Season and take to a pre-heated griddle or fryingpan with some olive oil and butter. Cook at medium heat to get a better result. Once the fillet is brown on both sides, pour some white wine over it.

Pour fresh cream on a fryingpan at a low heat, add lemon juice and sprinkle with salt and white pepper. Mix carefully until this is reduced.

Others: some limonetto liquor for the sauce. Serve sea bass with boiled potatoes and garnish with a sprig of fresh parsley.

The following recipes come from Chile. These show us the genius of housewives that take advantage of some fish leftovers.

HAKE TORTILLA

1 cup hake (cooked), 2 cups chips, 6 eggs, 1 medium onion (chopped), 1/2 lemon, 6 tablespoonfuls milk, 2 teaspoonfuls chopped parsley, 4 tablespoonfuls grated Parmesan cheese, salt and pepper.

Mix hake with onion, sprinkle with salt, pepper and parsley. Place a layer of chips on a fryingpan with warm oil, then add pre-cooked and chopped hake already dressed. Then another layer of chips and, to finish with, the eggs whipped with Parmesan cheese, milk and a pinch of salt. Fry on a low flame. Turn over.

FISH CAKE

Puerto Natales is an ideal spot to eat all kinds of dishes based on fish. Situated a few kilometers away from the cordillera, it has a very productive fishing industry. Besides, the place is wonderful.

1 onion, 4 large potatoes, 2 medium tomatoes, 1 cauliflower, 200 g butter, 5 tablespoonfuls mustard, 250 g sole fillets, 250 g cream, 1 bunch chives, salt, and ground white peppercorns.

Peel onion and chop finely. Wash potatoes using a brush. Scald tomatoes to peel them. Take seeds out and cut in sticks.

Cut cauliflower in four and then in stripes. Wash under water in a colander. Boil potatoes in salted water from 10 to 12 minutes and strain. Cut each of them alongside in four slices. Brown them in butter for 3 to 4 minutes, place on absorbent paper.

CORVINA CASSEROLE

This recipe, by Alberto Nuin, is traditional on the Atlantic coast.

1 kg corvine (scaled and chopped), salt, pepper and lemon juice, oil, 1 onion, 1 clove garlic,

Mezclar la miga de pan con el queso, el ajo y el huevo.

Remojar los hongos en el vino, luego escurrirlos y saltearlos en la manteca. Cortar la cebolla en rodajas muy finas y saltearlas en una cazuela con aceite. Acomodar encima las postas de corvina, condimentarlas con sal y pimienta. Distribuir sobre cada una de ellas la pasta de pan. Agregar los hongos y la crema; rectificar el sabor con sal y pimienta. Cocinar con el recipiente tapado a fuego lento hasta que el pescado esté tierno.

SOPA DE MARISCOS

De tan sencilla, esta sopa parece tonta, pero es muy sabrosa. La receta es de Porvenir (Tierra del Fuego chilena). La probamos en un barcito mientras esperábamos el ferry para cruzar el Estrecho de Magallanes en dirección a Punta Arenas. Íbamos en un bus enorme convertido en casa rodante, propiedad de Jorge May, filmando documentales. Llevábamos un bote de goma, motos y mil pavadas. En lo que duró la travesía por la parte de Chile nos hicimos totalmente adictos a estas sopas y a los «caldillos»: son ideales para entrar en calor. Les gustaban a todos, salvo a Eduardo, el encargado del bus, que no los tomaba por si le hicieran mal.

Se utiliza el caldo donde se han cocido mariscos.

1 cebolla, 1/2 taza de arroz, 1 huevo, 1 cucharada de margarina.

Dorar la cebolla picada en la margarina, agregar el caldo de los mariscos, agregar el arroz y hervir por un cuarto de hora, sazonar. Al servir se le agrega el huevo batido. Se pueden cortar unos cubitos de pan tostados y un poco de salsa picante para agregar. Es ideal para entrar en calor.

CALDILLO DE CHOROS (MEJILLONES)

Mejillones, 1 manojo de verduras, pimienta negra, 1 cebolla, manteca, harina, ají de color y/o pimentón dulce, pan duro frito.

Limpiar y lavar los «choros». Poner en agua con la verdura, una cebolla y pimienta. Una vez cocidos, se sacan los mejillones de su valva y se cuela el caldo. Se vierten los mejillones al caldo (ya colado) y se agrega una buena cantidad de cebolla picada muy finamente. Aliñar con un poco de manteca en la que se freirá la harina y el ají de color. Alargar esta

2 tomatoes, 1 glass dry white wine, 4 salted anchovies (chopped).

Instructions: Season corvine with salt, pepper and lemon juice. Apart, sautée onion and chopped garlic in oil, add chopped tomatoes (I personally prefer to peel them and take the seeds out). Cook for 5 minutes, season with a pinch of salt and a touch of pepper. Add a little sugar and place corvine slices on this and pour wine. Add chopped anchovies and cook slowly for 10 minutes with the saucepan covered.

BLACK CORVINE IN MUSHROOMS SAUCE

By Alberto Nuin, with variations of my own.

1 cup crumbs soaked in vinegar (squeezed and chopped), 2 tablespoonfuls grated cheese, 1 clove garlic, 1 egg, 3 tablespoonfuls dried mushrooms, 1 glass white wine, 50 g butter, 1 onion, 2 tablespoonfuls oil, 1 kg slices black corvine, 100 g cream.

Mix crumbs with cheese, garlic and eggs.

Soak mushrooms in wine, then strain and sautée them in butter. Slice onion finely and sautée in a casserole with oil. Place this on corvine fillets, season with salt and pepper and cover them with bread paste. Add mushrooms and cream, season with salt and pepper, and cook slowly with the saucepan covered till fish is tender.

SHELLFISH SOUP

This soup is so simple to prepare that it seems to be silly, but it is really tasty. The recipe is from Porvenir (Chilean Tierra del Fuego). We tried it in a small bar while we were waiting for a ferry to cross the Magellan Strait towards Punta Arenas. We were traveling in a huge bus turned into a motor home —owned by Jorge May, shooting documentaries. We carried a dinghy, motorbikes and a lot of nonsensical things.

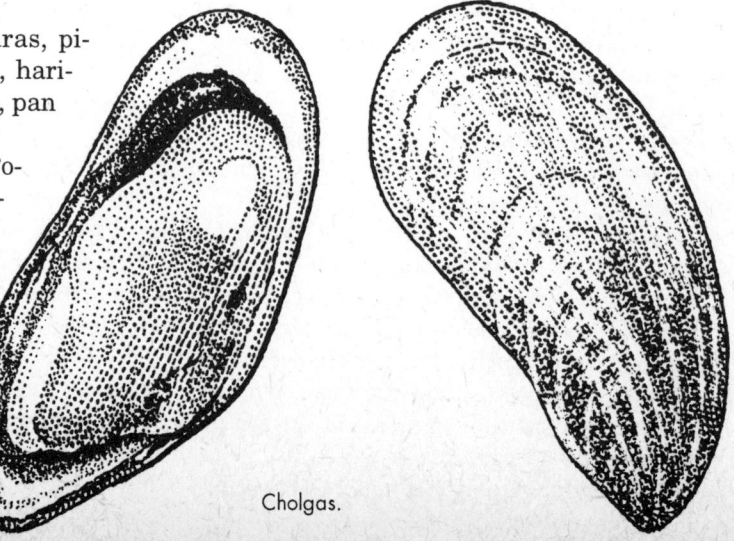

Cholgas.

preparación con el caldo de los mejillones. Colar sobre la olla. Salpimentar y, al momento de servir, agregar pan viejo cortado en cubos y salteado (frito).

En toda la región sur de Chile los caldillos son un plato muy frecuente y, aunque parezca algo simple, hay gente que lo hace con verdadero sabor. Eso va a depender de las verduras que tenga a mano y en especial de cómo maneje el caldo. Es que al cocinar los pobres bichos hay que poner mucho cuidado para aprovechar ese caldo que es la base del sabor para el caldillo. En primer lugar debe estar muy bien colado dado que todos estos mariscos suelen tener arena. Muchos le agregan un chorro de vino blanco, ajo y he visto que incluso usan apio y perejil. Si esta base tiene sabor, los mejillones lo van a incorporar y el agua, a su vez, incorpora los sabores de todo.

Uno de los caldillos más ricos lo probé en la casa de Roberto, un mecánico de embarcaciones pesqueras de Puerto Natales. Tuvimos que recurrir a su ayuda dado que el motor del bus, que teníamos como casa rodante, comenzó a fallar. En éste llevábamos, de Ushuaia a Buenos Aires, el equipo que usamos para realizar los documentales con la Pol Tel (Polish Television) durante 5 meses en Tierra del Fuego. Eramos de la partida, además del autor, el Gato Curuchet, Rodolfo y Eduardo Ladrón de Guevara (encargado del bus). El pobre ómnibus era propiedad de Jorge May, productor de los documentales.

El arreglo duró cinco días dado que no se podía dar con la falla. Entraba aire al sistema de alimentación de combustible y el motor fallaba. Durante ese tiempo nos dedicamos a pasear por la ciudad y, como el clima no acompañaba mucho, aprovechamos para hacer visitas «culturales» a bibliotecas, museos para charlar con los lugareños.

Roberto Gonzalez Macleod (el mecánico) trabajaba con los pescadores y cuando éstos salían a pescar él se embarcaba, así es que el tiempo que nos dedicó no fue mucho y bastante discontinuo. Pero de cualquier forma la estadía nos sirvió para conocer gente del lugar, su vida y sus comidas. Muchas de las recetas que se exponen en esta parte salen de esos días en los que nos convertimos en unos vecinos más del barrio de pescadores. Hasta nos pasaron un prolongador para que pudiéramos ver televisión en nuestra casa con ruedas.

Vieira.

*While traveling in Chile we became addicted to these soups and to **caldillos** (broths), which are ideal to warm you up. Everybody but Eduardo, the owner of the bus, liked them. He refused to try them for fear that they were not digestive.*

Shellfish stock, 1 onion, 1/2 cup rice, 1 egg, 1 tablespoonful margarine.

Sautée chopped onion in margarine, pour shellfish stock, add rice and boil for 15 minutes. Season. When serving coat with whipped egg. It can also be garnished with toasted bread dice and some hot sauce. It is ideal for warming up.

CALDILLO DE CHOROS (MUSSELS BROTH)

Mussels (choros), 1 bunch vegetables, black pepper, 1 onion, butter, flour, red pepper and/or paprika, fried hard bread.

Clean and wash choros. Boil them in water with vegetables, onions and pepper. Once ready, take mussels out of their shells and sieve the stock. Then add stock again with mussels and onions finely chopped. Dress with some butter in which you fry flour and red peppers. Strain over the saucepan. Season with salt and pepper and serve with fried dices of bread.

*In the south of Chile, **caldillos** (broths) are a very common dish. Simple though it seems, some people prepare them really tasty. This depends on the vegetables you have at hand and, especially, on how you cook the stock. The key is to cook these poor bugs properly to obtain a good stock. This is the base of the delicious **caldillo**. In the first place, stock has to be carefully sieved because these shellfish usually contain sand. Many like to add a squirt of white wine, garlic, and even celery and parsley. If this base is tasty, mussels will result deliciously flavored.*

One of the most delicious gravies I ever tasted was prepared by Roberto, a mechanic specialized in fixing fishing boats, from Puerto Natales. He helped us to repair the bus engine that had some failure. This bus was carrying —from Buenos Aires to Ushuaia— the equipment used to shoot documentaries with Pol Tel (Polish Television) during five months in Tierra del Fuego. Apart from the author of the present work, the group was made up by Gato Curuchet, Rodolfo and Eduardo Ladrón de Guevara (bus driver). The poor bus was prop-

Así es como Roberto se encargaba de traernos pescados y mariscos. En una oportunidad la cantidad de «choros» (mejillones) que trajo para su casa fue tanta que cominos todos durante dos días. Esa mañana, cuando Roberto regresó del muelle con las bolsas de choros fuimos a la casa a ducharnos. Hacía mucho frío (28 de abril) y caía una especie de agua nieve. En el bus nos habíamos quedado sin gas y teníamos que ir a cargar la garrafa. Así es que la esposa nos convidó con un caldillo recién hecho (el de la receta) que nos dio calor como para salir a la calle en traje de baño.

Antes de irnos, el hijo de Roberto me regaló un velero de unos 30 centímetros realizado con cuernos de vaca que en parte simbolizan esta conjunción de mar y tierra (pescadores que cultivan la tierra o a la inversa). Ahora el velero está en la colección del **Museo Marítimo de Ushuaia**.

CALDILLO DE ALMEJAS

2 kg de almejas, 1 cucharada de cebolla picada, 2 cucharadas de perejil picado, 2 cucharadas de aceite, 1 yema, 2 cucharadas de arroz, sal, pimienta y pimentón dulce.

Una vez lavadas, las almejas se cuecen en unas cuatro tazas de agua. El caldo se cuela y se retiran las almejas de las valvas.

Aparte se fríen la cebolla y el ají de color en aceite. Agregar las almejas partidas y el arroz. Verter el caldo, salpimentar y dejar a fuego lento hasta que la cocción termine (la del arroz).

Frascos para escabeche.

erty of Jorge May, the producer of the documentaries.

It took five days to fix the engine, because the mechanic found it difficult to detect the problem. Air was coming into the petrol feeding system so the engine failed. During those days we visited the town and as weather was not fine we also visited libraries, museums, and chatted with villagers.

Roberto González Macleod, the mechanic, worked with fishermen and whenever they set sail to fish he also had to go on board. So he had little time to devote to us. Anyway, our stay enabled us to meet villagers, their life and dishes. Many of the recipes in these pages were collected during those days when we became neighbors of this fishermen's place. They even lent us an extension for us to be able to watch television in our motor home.

Roberto used to bring fish and shellfish for us. On one occasion, he brought so many ***choros*** *(mussels) that we all had food for two days. That morning, when Roberto came back from the pier carrying the bags with choros, we went to his place to have a shower. It was really cold on that April 28th and a sort of sleet was falling. We had run out of gas in the bus and we had to refill the gas tube. Roberto's wife treated us with a caldillo (the one of the recipe) that warmed us so as to be able to go out in a bathing costume.*

Before leaving, Roberto's son presented me with a sailing boat around 30 centimeters long made of cow horns that somehow symbolizes the junction of the sea and the earth (fishermen that plow land or the other way round). Nowadays, the boat belongs to the Maritime Museum collection.

CLAM CALDILLO

2 kg clams, 1 tablespoonful chopped onion, 2 tablespoonfuls chopped parsley, 2 tablespoonfuls oil, 1 yolk, 2 tablespoonfuls rice, salt, pepper and paprika.

Once clams are washed, cook them in around four cups of water. The stock obtained is sieved and the clams are taken out from their shells.

Apart, fry onion and red pepper in oil, add clams and rice. Pour stock and season with salt and pepper. Cook slowly until rice is ready.

Add the yolk and sprinkle with chopped parsley. Hot sauce may also be added.

LARGE OYSTERS AU GRATIN

This is also a wonderful Chilean dish. I transcribe the recipe just as I

Agregar la yema y espolvorear con perejil picado. Se le puede agregar salsa picante.

OSTIONES GRATINADOS

También de Chile. Se trata de un plato fantástico. Lo transcribo tal cual me lo pasaron en el «Remesón del Calvo», en la calle 21 de Mayo, Punta Arenas.

12 ostiones, 3 cucharadas de crema fresca, 1 taza de salsa blanca (se puede obviar), 1 vaso de vino blanco, 1 1/2 cucharadas de cebolla rallada, 2 cucharadas de mantequilla, sal, pimienta y queso rallado.

Sacar los ostiones de sus valvas (conchas) y lavarlas bien. Aparte se derrite una cucharada de manteca y se fríe la cebolla, se agrega el vino, la salsa blanca, la crema, la pimienta y la sal. Se deja cocinar hasta el momento en que se presente espesa.

Con el resto de manteca freír los ostiones en una sartén durante 3 minutos.

Volverlos a poner en las valvas bien lavadas (por los restos de arena). Se agrega la crema ya espesada, se espolvorea queso rallado y se lleva al horno caliente para gratinar (dorar).

Algunos recuerdos de nuestro paso por Punta Arenas

Punta Arenas es una importante ciudad con mucho movimiento. Del sur patagónico, es la que tiene más vida social, colegios importantes y con buen nivel, universidad importante, una vida comercial y deportiva interesante. Sus edificios muestran que tuvo una época de gran auge a fines del 800 y comienzos del 900, que coincide con la apertura del Canal de Panamá.

received it from «Remesón del Calvo», on 21 de Mayo St., Punta Arenas.

12 large oysters, 3 tablespoonfuls fresh cream, 1 cup white sauce (this may be ignored), 1 glass white wine, 1 1/2 tablespoonful shredded onion, 2 tablespoonfuls butter, salt, pepper and ground cheese.

Remove large oysters from their valves (shell) and wash carefully. Melt 1 tablespoonful butter and fry the onion, pour wine, add white sauce, cream and season with salt and pepper. Cook till the sauce thickens. Heat the remaining butter in a frying pan and fry large oysters for 3 minutes.

Place them back in their valves —carefully washed to remove sand. Add the sauce, sprinkle with ground cheese and take into oven to brown.

Recollections of Our Stay in Punta Arenas

Punta Arenas is an important town with a lot of activity. In the South, this is the town which offers social life, prestigious important schools, a university, commercial activity and interesting sports activities. From its building, you can see the flourishing 1800s and early 1900s that came to an end with the opening of the «Panama Canal».

*As in all port-towns night life is very important. Along the street by the sea, near the port, you find night clubs one next to the other. In one of them —I think it was called «Tragotekas»— we witnessed a bet to see how many glasses of **pisco** (grape brandy) they could drink in a single gulp. Rodolfo, one of our fellow trav-*

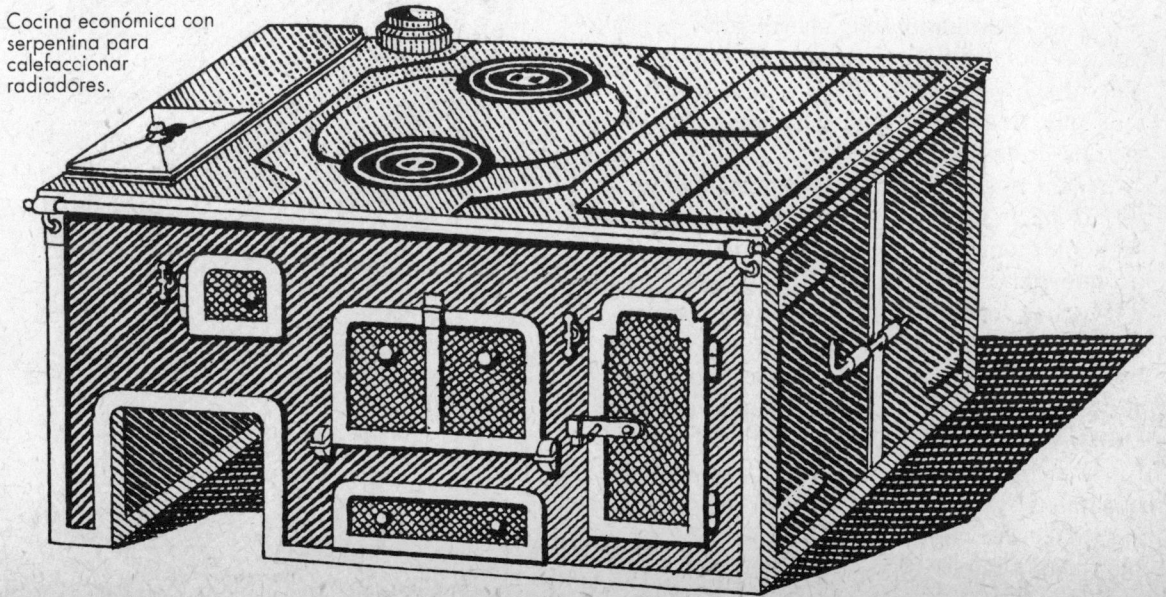

Cocina económica con serpentina para calefaccionar radiadores.

Como toda ciudad portuaria, tiene una vida nocturna muy importante. Sobre la calle que bordea al mar, cerca del puerto se suceden los «boliches» uno tras otro. En uno de ellos, creo que se llamaba «Tragotekas», presenciamos una apuesta de cuántos vasos de pisco podían tomar haciendo fondo blanco. Rodolfo, un compañero de viaje en el bus, desafió a un chileno que con sus dos hijos estaban festejando la compra de la camioneta antes de regresar para el campo. Ambos estaban sentados sobre taburetes, frente a frente, y cuando estaban listos empuñaban el vaso de pisco y, tirando la cabeza para atrás, apuraban de un trago todo el vaso. Ver cómo el chileno siguió cayendo hacia atrás mientras trataba de sujetarse de la botella para no caerse fue memorable. Quedó tirado en el piso totalmente inconsciente mientras sus hijos trataban de reanimarlo y Rodolfo de cobrarle la apuesta.

Esa misma noche, digamos la mañana siguiente, apareció Rodolfo con la cara totalmente ensangrentada de la paliza que se había ligado al pelearse con la dueña del local. Unos hombres lo trajeron para el ómnibus a eso de las 9 de la mañana. Se subió y, mientras arrancábamos el motor para irnos, Rodolfo nos avisó que volvería al boliche a recuperar el pullover que se había olvidado. Para lograr su cometido se llevó la llave cruz que se usa para aflojar las tuercas de las ruedas. Demás esta decir que vino corriendo perseguido por uno de los muchachos que ya lo habían traído antes. Este nos amenazó diciéndonos que si no dejábamos la zona iba a llamar a los carabineros. Además íbamos a tener que pagar la puerta rota y otros destrozos causados por Rodolfo. Fue en ese momento cuando le hicimos notar a Rodolfo que antes eran dos los que lo corrían y ahora uno solo. Como toda respuesta nos contestó que, aparentemente, el otro sujeto no se había retirado a tiempo de atrás de la puerta y que, al golpearla con la llave cruz para reclamar **pacíficamente** la devolución del pullover, presuntamente le pegó.

Preferimos no esperar más y enseguida nos fuimos hacia Fuerte Bulnes y Puerto Hambre, dado que teníamos que seguir trabajando en un relevamiento fotográfico de la zona.

Muchas veces me preguntan qué tal son estos lugares. Por supuesto que hay de todos los tipos; pero ya que estamos voy a copiar unos cortos párrafos de la libreta de apuntes del viaje (1990). Vale la pena aclarar que estábamos bastante cortos de plata y que, por los buenos, ni pasamos: «...nunca vi nada peor. Una asquerosa sala con luces, pintada de rojo (luces y paredes), algunos espejos, alfombras roñosas

elers of the «Bus», dared a Chilean who was celebrating the purchase of a wagon with his two sons before going back to the countryside. They were both sitting on taborets, face to face, and when ready they seized their pisco glasses and tossed it off. To see how the Chilean went on falling backwards while trying to hold the bottle to avoid falling was memorable. He was there lying on the floor absolutely unconscious while his sons were trying to help him to come round, and Rodolfo was trying to get his money.

That same night, or rather the following morning, Rodolfo turned up with a bleeding face as he had been beaten in a row with the lady owner of the place. Some men brought him to the bus at about 9 in the morning and he got in. While starting the engine to leave, Rodolfo told us he would go back to the club for the sweater he had left there. To fulfill his aim, he took the cross key that is used to unscrew tire nuts. Needless to say that he came back running escaping from one of the guys who had brought him before. The man threatened us with calling a carabineer if we did not leave. We would also have to pay for a broken door

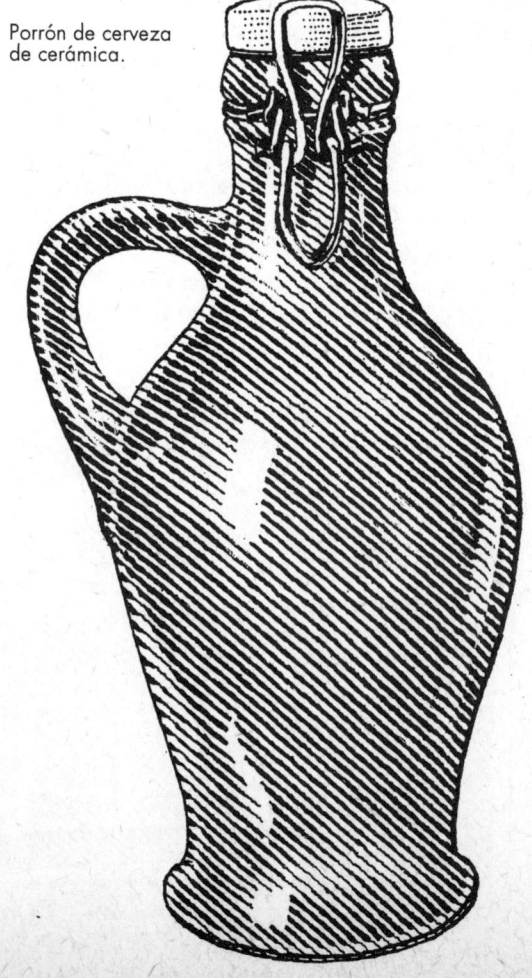

Porrón de cerveza de cerámica.

y asientos pulguientos. Una fea y arrugada prostituta nos baraja en la entrada y nos da charla. Con una pollera negra con tajo en el costado, una blusa azul y un pañuelo rojo al cuello, parecía sacada de una vieja película, pero con la diferencia de que el paso del tiempo la había afectado tanto a ella como a su ropa y al lugar. Nos explica que la cerveza está a 300 pesos chilenos y 700 para la dama (370 pesos por dólar, en ese entonces). Entramos y pedimos una cerveza. El resto de la gente, como el lugar, era deprimente. Al fondo de la sala había una puerta que debía de conducir a las habitaciones. Lo confirmamos cuando vimos salir a un hombre tambaleándose y arreglándose los pantalones...»

En pleno centro, algo cerca del puerto comercial fuimos a un restaurante tipo fonda. Nuevamente de los apuntes de viaje: «...se trata de una especie de bar restaurante donde atienden tres generaciones de mujeres de una familia. Mientras el padre, algo borracho, las mira trabajar.»

«La abuela cocina y cobra, la hija dirige el salón, la nieta menor sirve la barra y la nieta mayor copetea con los parroquianos. En una mesa del salón de atrás hay cuatro hombres medio borrachos jugando a los dados. Les avisan que ya tienen servida la cena y pasan a ocupar otra mesa donde cuatro fuentes los esperan con unas inmensas porciones de bife a lo pobre.»

«En la barra tres clientes en diferentes estados de alcoholización se apoyan y siguen tomando vino mientras hacen comentarios de las chicas del calendario. La nieta menor que está detrás de la barra nos mira constantemente; si bien es algo gorda no es fea. Mientras tanto, la hermana mayor pasa a una mesa con uno de los parroquianos a seguir tomando su botella de Gato Blanco (vino blanco) y hacerle un poco de compañía. La acción es constante y en ese momento entra un lustrabotas (un muchacho de unos 20 años) con anteojos para la nieve. Nos quiere cobrar 50 pesos el lustra y enseguida baja a 30.»

«Entran dos borrachos más que no le embocan ni a la puerta. Pedimos la cuenta y la abuela busca el cambio escondido en algún lugar de la pieza de atrás, en la cual, con la televisión prendida, se ve un poster del Papa Juan Pablo II entre chicas de almanaque semidesnudas ¡Qué mezcla!»

En lo personal, estoy bastante acostumbrado a todo este tipo de lugares dado que al recalar en cientos de puertos de todo el mundo es casi obligatorio pasar por ellos aunque sea por el afán de saber cómo son. Así es que reflejo

and other damages Rodolfo had caused. It was then that we made Rodolfo realize that instead of two guys running after him, now there was only one. He answered that, apparently, the other one had not managed to stay apart from the door in time before Rodolfo banged it to «pacifically» claim for his sweater. Apparently, he knocked the other guy.

We decided not to wait any longer and left for Fuerte Bulnes and Puerto Hambre as we had to go on working in a photographical survey of the area.

Many times people ask me how these places are. Of course there are all sorts of them. I'm going to transcribe some short paragraphs from my travel notebook (1990). I have to make it clear that we were short of money so we couldn't even pass by the good ones. «...I've never seen nothing worse. A filthy red room with red lights, some mirrors, stingy carpets and seats full of fleas. An ugly and wrinkled prostitute meets us at the entrance and chats. She wears a black skirt with a cut on one of the sides, a blue blouse and a red handkerchief tied around her neck —she seemed to come from an old film; the passing of time had affected her, her clothes and the place. She explains to us that one beer is 300 Chilean pesos and 700 for ladies (370 pesos each dollar). We come in and ask for a beer. The rest of the people, the same as the place, were depressing. At the bottom of the room there was a door leading to the bedrooms. We had no doubts when we saw a man stumbling out while arranging his pants...»

Downtown, near the commercial pier we went to a restaurant which was a sort of eating house. Again, my travel notes: «...this is a sort of bar and restaurant where three generations of women of the family assist customers while the father, somewhat drunk, watches them work.»

«The grandmother cooks and works as a cashier, the daughter gives directions in the salon, the younger granddaughter serves the bar and the elder one works as bar-girl with the parishioners. Four men are sitting at a table in the rear salon; they are half drunk, playing with dice. They are told their supper is ready and come to sit at another table where four dishes with huge helpings of chops are waiting for them.»

«Three customers in different levels of drunkenness are leaning at the counter and go on drinking while commenting on the girls in the calendar. The younger granddaughter, behind the counter, stares at us all the time; she is somewhat fat but not ugly. Meanwhile, her elder sister walks towards another table to accompany

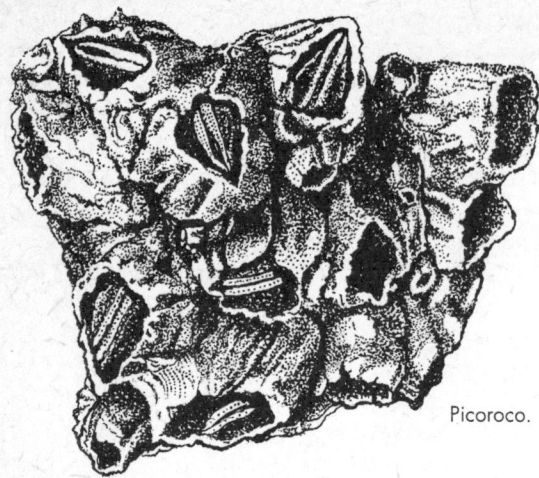
Picoroco.

nada más algo que nos sucedió. Lo que me llamó la atención fue este trabajo familiar al que no le faltaba la cuota religiosa. Para muchos esto habla de un problema social después de la dictadura. Para otros, es un problema de educación. Puede ser una combinación de ambos, pero sólo quiero transmitir una realidad que supera a los filmes más sórdidos sobre el tema y de los cuales uno piensa que la fantasía macabra del director es asquerosa.

MEJILLONES A LA MARINERA

Receta de «El Marítimo», en la calle P. Montt de Puerto Natales, al lado del magnífico hotel Costa Australis. Allí se come excelentemente bien.

3 cucharadas de mantequilla, 1 chalote picado, perejil, apio, 1 vaso de vino muy seco, 12 mejillones, pimienta, 1 lata de crema.

Procedimiento: poner 2 cucharadas de manteca en una cacerola, el chalote picado, perejil, apio, picados, un poco de pimienta y el vino blanco seco.

Los mejillones se echan a la cacerola y luego, con fuego vivo, se saltean una o dos veces hasta que estén todos abiertos. Entonces se retiran con una espumadera y se ponen en una sopera cubierta. Se reduce completamente la salsa y luego se le agrega la crema, la otra cucharada de manteca, y un poco de perejil picado. En el momento de servir se vacía bien caliente sobre los mejillones.

MACHAS AL GRATIN

Sin lugar a dudas las machas son uno de los bivalbos más exquisitos que podemos encontrar en el Pacífico. Su profundo sabor no se pierde ni ante la preparación más audaz.

1 kilo de machas, 1/2 taza de queso rallado o crema, 2 cucharadas de manteca.

Sumergir las machas en una olla con agua hirviendo, sacar la olla del fuego. Una vez

one of the parishioners and goes on drinking her bottle of **Gato Blanco** (white wine). There is constant action and at this moment a bootblack (a boy about 20 years old) comes in wearing snow glasses. He wants to charge 50 pesos to shine but he immediately lowers the price to 30.»

«Another two more drunk men come in though it is hard for them to find their way through the door. We ask for the bill and the grandmother looks for our change in some hidden place inside the back room. There, the TV set is on and a poster of Pope John Paul II can be seen among semi-naked calendar girls — what a mixture.»

Personally, I'm very used to this sort of places since I have sighted land in hundreds of ports around the world and it is obligatory to visit them at least out of curiosity. So I am just making an account of what happened to us —what caught my attention was this familiar work with a religious side. Many consider that this reflects a social problem after the dictatorship; others think this is an education problem. It may be a combination of both. I just want to give testimony of a reality that surpasses the most sordid films about the subject of which you would think the director's macabre fantasy is filthy.

SAILOR-FASHION MUSSELS

This recipe is from «El Marítimo», P. Montt St., Puerto Natales. An excellent cuisine.

3 tablespoonfuls butter, 1 chopped shallot, parsley, celery, 1 glass dry white wine, 12 mussels, pepper, 200 c.c. cream.

Place two tablespoonfuls of butter in a saucepan, add chopped shallot, parsley and celery, season with some pepper and pour dry white wine.

Add mussels in the saucepan and sautée in high heat one or two times until they are all open. Then take them out using a slotted spoon and place in a covered soup bowl. Reduce the sauce, add cream and the remaining tablespoonful of butter, and sprinkle with chopped parsley. Just before serving, this sauce is poured hot on mussels.

RAZOR CLAMS AU GRATIN

There is no doubt that razor clams are one of the most delicious bivalves we can find in the Pacific. Their deep taste is never lost, not even in the boldest dish.

1 kg razor clams, 1/2 cup ground cheese or cream, 2 tablespoonfuls butter.

abiertas, desprenderlas de la cáscara. Lavarlas bien para que queden sin arena y volver a poner la macha sobre una de las valvas. Agregar un poco de queso, manteca o crema y llevar al horno por un instante. Se sirve caliente.

Miriam, la esposa de Roberto, el mecánico de **petroleros** (así llaman a los motores gasoleros), era muy amable y siempre nos llamaba para convidarnos con algo aunque la casa era más que austera y la condición de ellos muy humilde. Estaban en un barrio de casas prefabricadas, muy sencillas y todas iguales. Allí vivían pescadores, costureras, mecánicos, obreros y también carabineros. Eso se notaba desde lejos. Si bien las casas eran iguales, las de los carabineros venían con los artefactos «...y hasta lavaplatos», según me decían. En cambio, la vivienda de Roberto sólo trajo las paredes y las conexiones de luz y gas. El no lo decía con bronca, sino marcando las diferencias que, aunque ya estuvieran en democracia, eran más que evidentes. Todos los días los veíamos al salir o regresar a la casa, con su capote verde militar y gorra estilo prusiano que marcaba otro status. Siempre traían alguna cosa a sus hijos; seguramente una pavada. Pero mientras tanto los hijos de Roberto: Pablo, Marcela y Claudia, jugaban con valvas de los choros y cuernos de vaca.

Recuerdo que los chicos nos llenaban de preguntas sobre viajes y veleros. En un viejo atlas marcaban los lugares por donde habíamos pasado con el velero *Cartagena* (Capitán Leonardo Menárguez) con rumbo a Italia desde Buenos Aires. Cómo habrá volado la imaginación

Dip razor clams in a saucepan with boiling water, turn fire off. Once they are open, remove them from shells. Wash carefully to make sure no sand is left, and place razor clams again on one of their valves. Add some cheese, butter or cream and brown them briefly in oven. Serve hot.

*Miriam, Roberto's wife, the **petroleros** mechanic (this is the way the Chilean call engines fed with gas oil), was very kind and usually invited us to eat something although their house was modest and they were humble. They lived in a neighborhood of very simple prefabricated houses, all of the same kind. There lived fishermen, workers, mechanics, seamstresses and also carabineers. Differences were quite noticeable. Though houses were the same, the latter had household appliances and «...even dishwashers,» I was told. On the contrary, Roberto's house was given to him with just the walls, electricity power and gas. He had no anger, but he said this to mark the differences even in democracy —they were far patent. We saw carabineers leaving or arriving home everyday wearing their olive green greatcoats and Prussian caps which marked their status. They always brought something for their children, surely some trifle, while Roberto's children — Pablo, Marcela and Claudia— played with the valves of **choros** and cow horns.*

I remember the kids shooting questions at us about voyages and sailing ships. On an old atlas they marked the places we had sailed past with the sailing ship «Cartagena» (Captain Leonardo Menárguez) on our way from Buenos Aires to Italy. Those kids' imagination must

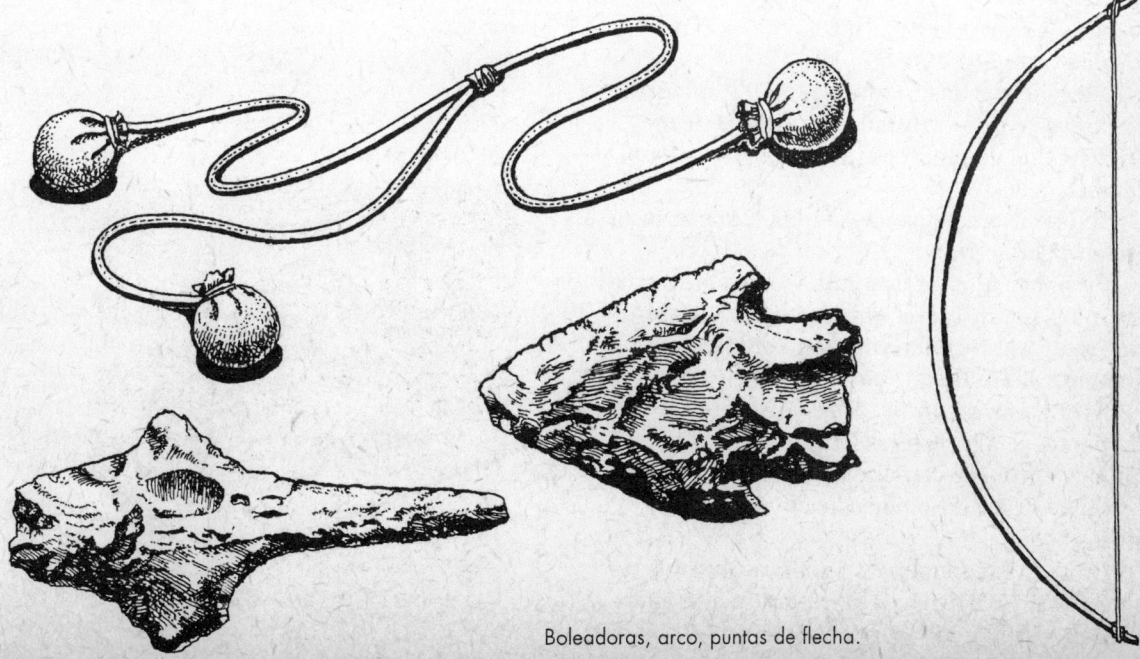

Boleadoras, arco, puntas de flecha.

de esos niños —a los que creí sorprender— que el último día me regalaron el velero (de dos palos con velas cuadras) hecho con trozos de cuernos de vaca dejándome realmente sorprendido.

Me hizo recordar los trabajos de antropología que realicé en Chiloé, donde encontré una mitología hermosa. Allí todavía está presente el célebre duelo entre **Ten-Ten Vilú** y **Coi-Coi Vilú** (culebra de tierra y culebra de mar, respectivamente) y su eterna lucha que se repite con cada marea. Para los chilotes no es el mar el que sube sino la tierra que baja y luego sube para después entregar a los pobres mortales su cosecha de mariscos. Es así como la actividad de marisquear es tan importante y forma parte de la dieta diaria de la región, mezclada con productos del campo.

MACHAS CON CREMA

5 1/2 kg de machas, 2 cucharadas de manteca, 1 taza de crema, 1 vaso de vino blanco, 3 cucharadas de queso rallado, perejil picado, sal y pimienta.

Lavar prolijamente las machas antes de procesarlas.

Aparte, se estará calentando la crema a fuego lento y suave teniendo la precaución de que no hierva.

Derretir la manteca, agregar el vino y una vez bien caliente, incorporar las machas.

Se debe retirar cuando las machas presenten un color rosáceo. No dejar hervir: se corre el riesgo de que queden duras.

Se agrega la crema caliente a las machas. Mezclar bien y servir.

Se espolvorea con perejil y queso rallado.

MACHAS A LA PARMESANA (SE PUEDE HACER TAMBIEN DE ALMEJAS)

2 kg de machas (o almejas), 50 g de queso mantecoso, queso rallado, 2 tazas de leche, 2 cucharadas de manteca, ají en pasta, sal y pimienta.

Se lavan cuidadosamente las machas para sacarles la arena.

Preparar una salsa con la leche, mantequilla, queso mantecoso, queso rallado, sal, pimienta y ají. Se debe revolver constantemente sobre fuego suave.

Esta salsa se vacía sobre cazuelitas de barro, se agregan las lenguas de machas y se cubren con queso rallado.

Se lleva a horno por espacio de 3 minutos.

Cuando las lenguas presenten un color rosado, retirar del horno para que no se endurezcan.

*have flown high —I thought I had astonished them. On our last day, they presented me with a sailing boat (two masts with square sails) made of pieces of a cow horns —it was **they** who astonished me utterly.*

*This made me remember about the anthropologic works I carried on in Chiloé, where I found a superb mythology. The notable duel between **Ten-Ten Vilú** and **Coi-Coi Vilú** (earth snake and sea snake, respectively) and their eternal fight, which is repeated with each tide. For Chiloé natives, it is not the sea that rises but the earth, first coming down and then rising to offer the poor mortals its shellfish harvest. Therefore, the activity of **marisquear** (catch shellfish) is so important that, combined with farm products, is the staple diet of the region.*

MACHAS WITH CREAM

*5 1/2 kg **machas** (razor clams), 1 cup cream, 1 glass white wine, 3 tablespoonfuls ground cheese, chopped parsley, salt and pepper.*

Wash razor clams carefully before passing them through a food processor.

In a separate pan, heat cream slowly avoiding boiling point.

Melt butter, pour white wine and once hot, add razor clams. Turn fire off when razor clams

Chimenea con caldero colgando.

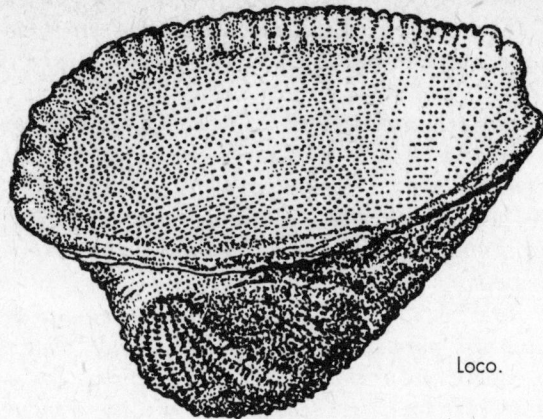

Loco.

El hospedaje «Dickson», de la calle Bulnes, en Puerto Natales es insólito. Además de barato y limpio, en él se puede oír hablar en cuanto idioma existe sobre la tierra. En especial francés, alemán, italiano, español y hebreo. Allí llegan turistas de todas las edades, en especial estudiantes que recorren la región. Entre ellos hay muchos andinistas que se establecen para planear el ascenso a las famosas Torres del Paine. Se quedan a veces durante meses dado que en el Paine todo es carísimo.

Por las mañanas, el perfume a pan casero recién hecho invita a presentarse de inmediato a desayunar. La señora es capaz de preparar los platos más ricos y uno de ellos fueron estas «machas» que no vamos a olvidar en la vida.

Locos

LOCOS SALTEADOS

Vamos a aclarar que los locos son nada más que caracoles de mar que poseen una carne blanca, consistente y sabrosa. Nuevamente nos encontramos con un fruto de mar con el cual se puede hacer cualquier tipo de comida.

6 locos grandes, 3 cucharadas de mantequilla, 6 papas, 1/2 taza de crema, 2 cucharadas de perejil picado, 2 dientes de ajo, pimienta, pan frito.

Una vez lavados y ablandados los locos se ponen a cocinar por espacio de 35 minutos. Rebanarlos en trozos más bien medianos. Se hierven las papas y se escurren bien.

Calentar la manteca en una cacerola, freír el ajo picado e incorporar las papas y los locos. Revolver y agregar la crema.

Al momento de servir se le agrega el pan frito en cubitos y se cubre con perejil picado.

LOCOS A LA CHILENA

12 locos chicos o 6 grandes cocidos y enfriados, 1 taza de mayonesa, 1 cucharada de pere-

get pinkish —do not let them boil because they may harden.

Coat razor clams with hot cream, mix carefully and serve.

Sprinkle with parsley and ground cheese.

PARMIGIANA RAZOR CLAMS (ALSO PREPARED WITH CLAMS)

2 kg razor clams, 50 g cream cheese, grated cheese, 2 cups milk, 2 tablespoonfuls butter, red peppers paste, salt and pepper.

Wash razor clams carefully to remove sand.

Prepare a sauce with milk, butter, cream cheese and grated cheese seasoned with salt, pepper and red pepper. Stir regularly on low heat.

Pour this sauce in a small clay casserole and add razor clams. Sprinkle them with ground cheese.

Cook in oven for 3 minutes.

When razor clams turn pinkish, take them out of the oven for them not to harden.

Dickson hostel on Bulnes St., in Puerto Natales, is unusual. Apart from being cheap, it is clean and you can hear any language spoken in the world, especially French, German, Italian, Spanish and Hebrew. Tourists of all ages, especially students, traveling in the region arrive there. Among them, there are many mountain climbers who stay to plan the climbing of the famous Torres del Paine. They usually stay for some months here since in Paine everything is very expensive.

In the mornings, the flavor of home made bread just baked invites guests to have breakfast immediately. The landlady cooks the most delicious dishes. One of them is this **machas** *(razor clams) we will never forget about.*

Locos

SAUTEED LOCOS

These are nothing but sea snails with a white, firm and tasty flesh. With this seafood any sort of dish may be prepared.

6 large **locos** *(sea snails), 2 tablespoonfuls butter, 6 potatoes, 1/2 cup cream, 2 tablespoonfuls chopped parsley, 2 cloves garlic, pepper, fried bread.*

Once locos are washed and tenderized, cook them for 35 minutes. Cut them in regular slices. Boil potatoes and strain carefully.

Heat butter in a saucepan and fry chopped garlic. Add potatoes and snails. Stir and add cream.

jil picado, 3 cucharadas de cebolla picada fina, 3 tomates, 3 limones, aceite, sal y pimienta.

Mezclar el perejil con la cebolla, aceite, sal y pimienta. Pelar y cortar los tomates en rodajas.

Poner uno o dos locos en cada plato. Sobre cada uno colocar una cucharadita de mayonesa. Encima agregar la cebolla con perejil y rodear de tomate. Servir frío con medio limón en cada plato.

Este plato me fue dado en el restaurante «El Mercado», de Chiloé y Mejicana, en Punta Arenas. Es de un sabor bastante particular, no por el loco sino por el conjunto de las verduras. Esta preparación la he visto con todos los mariscos. Por otra parte, el lugar es recomendable: se come muy bien y es económico.

LOCOS A LA CREMA

6 locos medianos, 200 g de crema, 1/2 taza de mayonesa, 3 cucharadas de queso parmesano rallado, 1 cucharada de pan rallado, 1 cucharada de manteca o margarina.

Enmantecar una cacerola de barro y colocar los seis locos. Cubrir los locos con mayonesa y encima poner la crema; salpimentar. Espolvorear con el queso y el pan rallado. Gratinar al horno.

Esta receta es de un pequeño restaurante (fonda) de Puerto Natales. Charlando con su propietaria, ella contaba que dependían mucho de Río Turbio (1989). Los hombres trabajaban en las minas dado que en el lugar había poco trabajo por el cierre de los frigoríficos y solo trabajaban en la pesca, aserraderos y el campo. El resto eran empleados del estado y de comercio. En ese momento hacían las compras en los supermercados de Río Turbio dado que el cambio los favorecía (último año de hiperinflación del presidente argentino Raúl Alfonsín, con el Austral y las devaluaciones constantes, tasa de desocupación de un 30 % y saqueo de supermercados ¿volveremos a ver lo mismo?).

Posteriormente la situación cambió notablemente con un gran desarrollo en la actividad turística y muchas nuevas empresas radicadas en la región. Vera, la dueña del lugar, contaba que tuvo que poner esta mezcla de almacén y

Serve with fried diced bread and sprinkle with chopped parsley.

LOCOS ALLA CHILEAN

12 small locos or 6 large ones (cooked and cooled down), 1 cup mayonnaise, 1 tablespoonful chopped parsley, 3 tablespoonfuls onion finely chopped, 3 tomatoes, 3 lemons, oil, salt and pepper.

Mix parsley with onion, oil, and season with salt and pepper. Peel tomatoes and slice them.

Serve one or two snails in each plate. Dress each of them with a teaspoonful of mayonnaise. Sprinkle with parsley and onion and place tomato slices around them. Serve cold with half a lemon on each plate.

This dish is from restaurant «El Mercado», Chiloé and Mejicana St., in Punta Arenas. It has a quite particular taste, not because of snails but because of the combination of vegetables. Any shellfish is prepared in this way. On the other hand, I suggest to eat in this place because dishes are tasty and cheap.

LOCOS IN CREAM

6 medium locos, 200 g cream, 1/2 cup mayonnaise, 3 tablespoonfuls grated Parmesan cheese, 1 tablespoonful ground bread, 1 tablespoonful butter or margarine

Rub a clay saucepan with butter and place the six snails. Coat them with mayonnaise and cream and season with salt and pepper. Sprinkle with cheese and ground bread. Brown in oven.

This recipe is from a small restaurant in Puerto Natales. In a conversation with the owner, she told us that people there used to depend on Río Turbio (1989), on the Argentine side. Men worked in those mines since there was little work in the place as slaughter houses had closed down and they could only work in fishing, sawmills or farms. The rest were Government and trade clerks. At that time, they did their shopping in supermarkets of Río Turbio because of the convenient change (this happened during the last year of hyperinflation with the Austral currency, constant devaluation, a 30 % unemployment rate and supermarkets being plun-

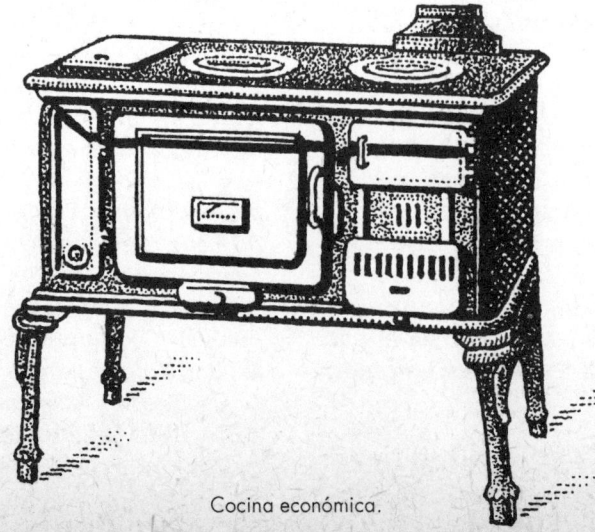

Cocina económica.

Cachiyuyo (alga).

fiambrería con comidas sencillas por un problema familiar. Vivieron un tiempo en Comodoro Rivadavia, donde pudo hacer una posición dado que el marido trabajaba. Cuando decidieron volver, su esposo «por machista, perdió todo. Se dedicó al juego y a la bebida con los amigos; las malas compañías lo echaron a perder».

Hay muchas de estas historias. Es interesante ver cómo la población cruza la frontera según los momentos políticos que se viven. En la Patagonia Sur este ir y venir de un lado al otro de la frontera es constante y se vive de una forma totalmente distinta a lo que puede suceder en Mendoza o, incluso, Bariloche. Hasta la década del 70, la mayor inmigración que tuvo Tierra del Fuego fue chilena; llegó al 92% del total de inmigrantes en 1966. En 1970, el 39% de la población de Tierra del Fuego era extranjera. En Santa Cruz la inmigración fue menor, pero de cualquier forma muy alta.

PANQUEQUES FRIOS DE LOCOS

12 panqueques medianos fríos, 6 locos cocidos, 1 taza de mayonesa, 1 cucharada de coñac, 1 taza de jugo de tomate, 1 cucharada de cebolla rallada, 1 cucharada de perejil picado, 1 cucharada de azúcar, jugo de limón, sal y pimienta.

Picar finamente los locos. Mezclar con la mayonesa, jugo de limón, perejil y cebolla rallada. Rellenar los panqueques con esta mez-

dered, when Raúl Alfonsín was the president of Argentina. Shall we see this again?).

Things have changed a good deal —now there is a great development of tourism and many new companies have settled down in the region. Vera, the owner of this place, told us she had to open this sort of grocery store, where she also serves simple dishes, because of a family problem. They had been living in Comodoro Rivadavia (Argentina), where her husband had acquired a position working. When they decided to come back, her husband «lost everything because of machismo. He took to gambling and drinking with friends who were a negative influence and spoiled him.»

There are many of these stories. It is interesting to see how people cross frontiers according to the current political moment. In South Patagonia, this crossing of boundaries is regular and the experience is quite different from that in the province of Mendoza or even the town of Bariloche. Up to the 70s, most immigrants in Tierra del Fuego came from Chile —in 1966, they climbed to 92%. In 1970, 39% of the inhabitants of Tierra del Fuego were foreigners. In the province of Santa Cruz, immigration rates were lower but still significant.

COLD LOCOS PANCAKES

12 medium plain pancakes (cold), 6 cooked locos, 1 cup mayonnaise, 1 tablespoonful cognac, 1 cup tomato juice, 1 tablespoonful ground onion, 1 tablespoonful chopped parsley, 1 tablespoonful sugar, lemon juice, salt and pepper.

Chop locos finely. Mix with mayonnaise, lemon juice, parsley and ground onion. Fill plain pound cakes with this mixture and roll them.

Place them carefully on a tray.

Season tomato juice with salt and pepper and add sugar and cognac. Coat plain pound cakes with this sauce. Serve very cold.

RICE WITH LOCOS

5 locos, 2 cups white rice with butter, 1/4 kg cream cheese, 1 cup cream, 2 tablespoonfuls butter, 2 tablespoonfuls ground cheese, salt and pepper.

Season rice with 2 tablespoonfuls of grated cheese, salt and pepper. Rub a tray with butter. Place a layer of rice and cover it with cheese slices, add locos in stripes and then coat with salt and peppered cream.

cla y envolverlos como unos rollitos. Poner los panqueques ordenadamente en una fuente.

Salpimentar el jugo de tomate y agregar el azúcar y el coñac. Bañar con esto los panqueques. Servir muy frío.

ARROZ CON LOCOS

5 locos, 2 tazas de arroz blanco con manteca, 1/4 kg de queso mantecoso, 1 taza de crema, 2 cucharadas de manteca, 2 cucharadas de queso rallado, sal y pimienta.

Al arroz agregarle las 2 cucharadas de queso rallado, sal y pimienta. Untar una fuente con manteca. Se pone una capa de arroz y se cubre con fetas de queso, tiras de locos y después se baña con la crema que debe estar salpimentada.

Agregar otra capa de arroz, espolvorear con queso rallado y dejar en horno caliente para gratinar.

Este plato salió de la cocina del «Costa Australis». Un buen hotel con excelente cocina; una conjunción no muy frecuente. Leyendo las recetas de Puerto Natales en el 89, puedo apreciar cómo cambió y se desarrolló la región. En el aspecto social, sólo noté que todo el mundo trabaja. En el 89 iban a trabajar y ahorrar en la Argentina, aunque estuviésemos en plena hiperinflación (prácticamente un estado de terrorismo económico) de la presidencia de Raúl Alfonsín. La estabilidad y bajas tasas de desempleo muestran otro país aunque los salarios sean algo bajos. Vamos hacia el final de un milenio con problemas globalizados; con un poco

Add another layer of rice, sprinkle with ground cheese and brown in hot oven.

This dish comes from the kitchen of Costa Australis Hotel, Puerto Natales. This is a good hotel with an excellent cuisine; a combination which is not frequent. Reading through the recipes I collected in Puerto Natales in 1989, I can realize how the region has changed and developed. From the point of view of social conditions, I can see that everybody has a job now. In 1989, on the contrary, they emigrated to work and save money in Argentina, even when we were suffering the consequences of hyperinflation (it was practically a state of economic terrorism) during Raúl Alfonsín's administration. Stability and low rates of unemployment in Chile show another country even when salaries are somewhat low. We are heading for the turn of the century facing global problems. With a struck of luck, we will begin the next with global solutions.

CURANTO IN SAUCEPAN

To have an idea of what **curanto** is, think of a sort of stew prepared with shellfish. I tried it for the first time in Angelmó, the market of Puerto Montt, in a small stand. It was cooked in a saucepan. I remember a funny situation: when I asked for white wine, they brought me a cup of tea. At that time, during General Augusto Pinochet's dictatorship, alcoholic drinks were forbidden so they insisted on my having iced tea. The people sitting next to me also en-

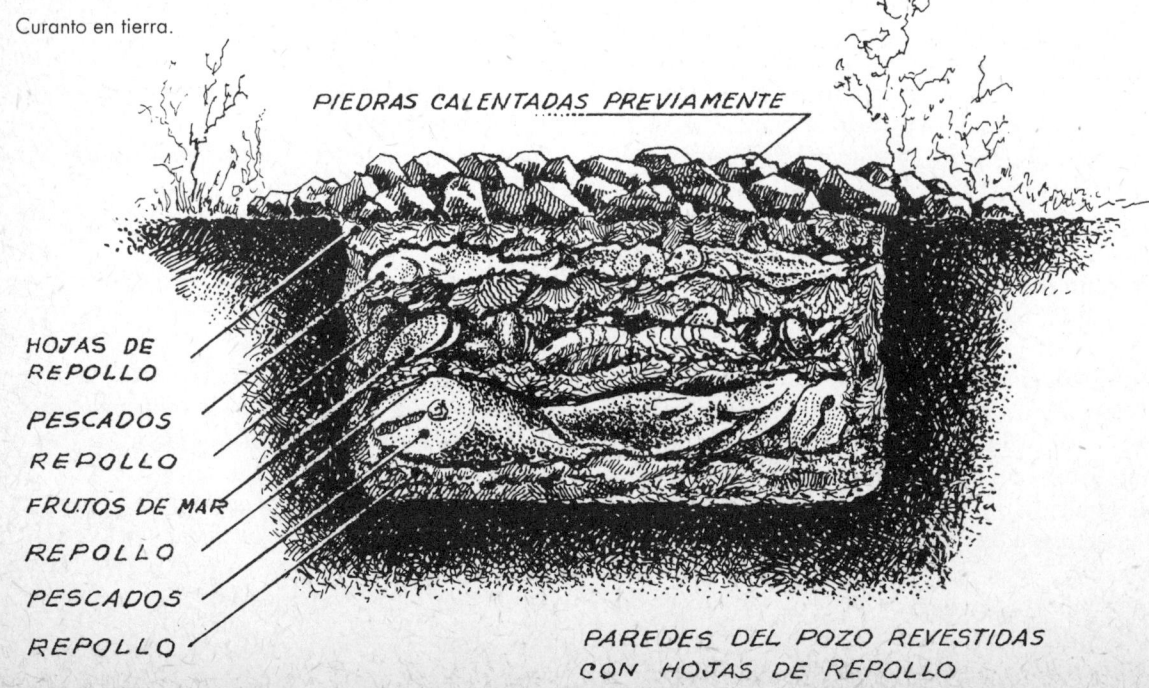

Curanto en tierra.

de suerte, comenzaremos otro con soluciones globalizadas.

CURANTO EN OLLA

Para definir este plato podemos compararlo con un puchero, pero con mariscos. La primera vez que lo probé fue en Angelmó, el mercado de Puerto Montt, en un pequeño puesto. Era preparado en ollas. Recuerdo que fue bastante cómico todo lo que sucedió dado que al pedir vino blanco me trajeron una tasa de té. En ese momento transcurría la dictadura del general Augusto Pinochet y, como el alcohol estaba prohibido, insistían en que tomara té frío. Como de la mesa de al lado me incitaron a que lo probara, accedí y descubrí que se trataba de un buen vino blanco bien helado.

La verdadera forma de prepararlo es haciendo un pozo en la tierra en el que se colocan piedras casi al rojo. Luego se ponen los mariscos, carnes y verduras y se van colocando otras piedras casi al rojo intercaladas con hojas verdes (por ejemplo, de repollo) y luego se cubre todo con más piedras y se lo tapa con hojas. Después hay que armarse de paciencia y esperar. Así se lo vi hacer a Don Ampuero y también en Puerto Williams, pero la verdad es que lleva un buen trabajo. Los más exigentes dicen que el sabor es mejor con esta última forma de cocción, dado que no se emplea líquido alguno que termine lavando (o alterando) el sabor de los ingredientes.

Según la receta que me pasaron en el restaurante «el Coral», de Punta Arenas, se necesita:

2 kg de almejas, 2 kg de choritos, 3 picorocos, 1 1/2 kg de camarones o gambas, 2 kg de cholgas, 2 kg de longaniza, 2 kg de chuleta de chancho, 1 1/2 kg de pollo trozado, 8 papas medianas, 2 vasos de vino blanco, hojas de repollo y dientes de ajo a gusto.

couraged me so I tried it to discover that I was drinking a good iced white wine.

To prepare real curanto you have to dig a hole in the earth and place some heated stones there. Then you place shellfish, meat and vegetables and go on adding other heated stones alternating with green leaves (cabbage), then you cover everything with more stones and more leaves. Then you have to be patient and wait. I saw Don Ampuero do this and I also saw this in Puerto Williams. But the truth is that this is hard work. The most stringent cooks claim that you obtain a better taste with this cooking method as no liquid is used, which usually alters flavors.

According to the recipe I was given at restaurant «El Coral», in Punta Arenas, you need the following:

2 kg clams, 2 kg choritos (large mussels), 3 pirorocos, 1 1/2 kg prawns (or king crab legs or shrimps), 2 kg small mussels, 2 kg pork sausages, 2 kg pork chops, 1 1/2 kg chopped chicken, 8 medium potatoes, 2 glasses white wine, cabbage leaves and cloves of garlic to taste.

Heat wine and garlic in a large saucepan. Place shellfish in layers —previously washed carefully with a brush to remove sand from valves. The hardest are placed at the bottom. Add meat, pork sausages and potatoes (care-

Cafetera y tortas fritas (sopaipillas).

En una olla grande se calienta el vino con el ajo. Se ponen en capas los mariscos, los cuales previamente se han lavado prolijamente con un cepillo (para eliminar la arena de las valvas). Los más duros van en el fondo de la olla. Se agrega la carne, longanizas y las papas bien lavadas y con su hollejo. Se alterna con gambas y choritos (estos requieren muy poca cocción, se pueden agregar después). Una vez distribuido todo, se cubre con hojas de repollo y se tapa. Se cocina aproximadamente por 90 minutos.

EL MILCAO

La primera vez que comí curanto me convidaron con «milcao». Se trata de una especie de tortitas fritas, no mucho más grandes que la palma de la mano, hechas con puré de papa y manteca; también las hay de mandioca. Son realmente muy ricas y se pueden comprar a toda hora en las calles, bares o mercados. Siempre que veo un milcao recuerdo lo que me sucedió en el puerto de Castro, isla de Chiloé, en el Golfo de Ancud.

Volvía de hacer una pequeña incursión tripulando durante unos días una «lancha chilota» a vela. Una experiencia por demás hermosa, tanto por el paisaje como por la forma de vida de estos paisanos-marinos que me mostraron un mundo totalmente desconocido. Poseen una rica mitología como la **Pincoya**, el **Trauco** (responsable de los hijos de todas las madres solteras), el **Caleuche** (un galeón fantasma que se ve por las noches todo iluminado) y muchas otras divinidades. Son hombres fuertes que se desempeñan con total soltura tanto en la tierra como en el mar. En sus lanchas llevan leña del bosque, productos agrícolas o mariscos secos que venden en Puerto Montt y compran lo necesario para continuar la vida en villas que a veces no superan los 100 metros de longitud. De la libreta de apuntes copio lo que me sucedió en aquella oportunidad:

«...Ya de regreso al puerto de Castro, junto al pueblo, hay una plazoleta, un mercado y varios restaurantes.»

«Se ven varias lanchas veleras en seco y desde un primer piso de un edificio sale música de bandoneón. Me acerco y veo un viejo cartel algo borroso que dice Bar. En la puerta un tullido está subiendo unos escalones; realmente verle las piernas retorcidas de esa forma daba repulsión.»

«Entro al bar y me dirijo a la barra. Se me acerca el hijo del dueño, le pido una cerveza y miro el espectáculo. A mi izquierda tres mesas, en la más cercana a la ventana están el

fully washed and with their skin). Intercalate shrimps with large mussels (these need little cooking and can be added later on). Once all this has been placed, add more cabbage leaves and cover. Cook for about 90 minutes.

MILCAO

*This dish is a sort of fried tortilla, not larger than a palm, made of seasoned mashed potatoes and butter. They are also prepared with manioc or cassava. This is really tasty and is sold in the streets, bars or markets at any time. Every time I see a **milcao** I remember what happened to me in Castro port, on Chiloé island, in Golfo de Ancud.*

*I had been on a short excursion sailing a «chilota launch». This was a wonderful experience both because of landscapes and the lifestyle of marine peasants who showed me into an unknown world. They have a rich mythology which includes the **Pincoya**, the **Trauco** (responsible for all single mothers), the **Caleuche** (a ghost galleon that is seen in the evenings completely lighted) and many other deities. Theses are strong skilled men who can work both in sea and land. On their launches they carry firewood from forests, farm products or dried shellfish to sell in Puerto Montt and buy the necessary things to go on their lives (in slums no larger than a hundred meters long). From my notebook, I transcribe what happened on that occasion.*

«...On the way back to Castro port, next to the village, there is a small square, a market and some restaurants.»

*«Several high and dry launches can be seen and, from the first floor of a building, **bandoneón** music can be heard. I come closer and*

Calentador y sartén con fetas de tocino.

Pan de sartén.

guitarrista y el bandoneonista. Más cerca cuatro borrachos van por su tercera botella de blanco, todos jóvenes. En la otra mesa dos muchachos cantando y bebiendo. A esta mesa se agrega el tullido que ha decidido cambiar la limosna (la mía incluida) recibida por el vital elemento.»

«En la barra, seis parroquianos un poco alegres contando chistes con el dueño cerca de la ventana. Otro intenta prender un cigarrillo sin lograrlo. Se me acerca una chica con una canasta en el brazo y me ofrece un milcao, tomo uno. El chico de la barra también toma uno pero se niega a pagarle. Ella se enoja, de las mesas la llaman para cargarla, algunas manos se estiran, se pone a llorar.»

«Indago por qué no le quieren pagar y me contestan que el chico la invitó a pasar a un cuarto en la trastienda, ella se negó y por eso no le paga. Dieciséis años, buena escuela de lo que es la vida. No se va porque quiere cobrar para poder rendir cuentas de las tortitas que le dieron para vender.»

«Tomo mi segunda cerveza mientras escucho la música, veo el mar, las lanchas veleras, el borracho que se cae, al tullido pidiendo otro vaso de blanco, cómo molestan a la chica. La barra dividida en dos partes, un mostrador más alto donde estoy yo y otro más bajo cerca de la ventana, la suciedad, el olor del baño. Llega la hora de embarcarme, salimos para…»

PASTEL DE PIURES

7 tiras de piure seco, 1 cebolla, 1 zanahoria, 1 diente de ajo, 1/2 taza de aceite, 5 papas, 2 cucharadas de manteca, sal y pimienta.

Los piures se han dejado remojando de un día para otro. Una vez limpios se trituran en la máquina. Freír la cebolla en aceite caliente, el apio picado y la zanahoria rallada. Se le agrega

see an old smeared sign that reads 'Bar'. There is a crippled man climbing the entrance stairs —to see his legs twisted in that way was really repulsive.»

*«I come in and head for the bar. The owner's son approaches me and I ask him a beer, and look at the scene. On my left, three tables; at the closest one there is a guitarist and a **bandoneón** player. Even closer, there are four drunk men drinking their third bottle of white wine —all of them young—. At another table, two guys singing and drinking. The crippled joins them: he has decided to change the alms he was given —mine included— for 'the vital beverages'.»*

«At the bar, six parishioners a bit tipsy are telling jokes with the owner near the window while another tries to light a cigarette and fails. A girl carrying a basket in her arm approaches and offers me a 'milcao'. I take one and the boy at the bar takes another but refuses to pay for it. She gets angry; from the tables men are pulling her leg. Some hands reach for her. She starts to weep.»

«I inquire why is that he doesn't want to pay and I am told that the guy has invited her to a rear room but she refused to go, so he won't pay. She is just sixteen —what a school of life. She doesn't leave because she wants to collect her money; she has to give an account of the tortillas she was given to sell.»

«I take my second beer while listening to the music. I gaze at the sea, the launches, the drunk man falling, the crippled asking for another glass of white wine, how they go on molesting the girl. The bar is divided into two parts: there is a higher counter where I am and a lower one near the window. Dirt, smell coming from the toilet. It is time to go on board. We are leaving for…»

los piures picados, una taza de agua. Posteriormente se deja cocinar media hora a fuego lento.

Se le agrega puré de papa, manteca y pimienta. Se sirve caliente.

TORTILLA DE CHORITOS

1 1/2 kg de choritos, 2 tazas de leche, 2 cebollines, harina, aceite, sal y pimienta.

Una vez limpios los choritos, se hierven y se descascaran. Se prepara un batido con leche y harina. Los cebollines estarán picados, se agregan los choritos, cebollines y salpimentar. Freír.

TORTILLA ECONOMICA DE ERIZOS

2 tazas de zanahoria rallada, 1 lata de erizos, 4 huevos, 1 cucharada de harina, 1 cucharadita de cebolla picada, sal, pimienta, aceite para freír, arroz blanco para acompañar.

Mezclar la zanahoria rallada con los erizos desmenuzados. Agregar la harina y revolver bien.

Agregar los huevos ligeramente batidos con la cebollita picada y condimentar con sal y pimienta a gusto. Calentar el aceite y deslizar la mezcla en la sartén. Cuando se dore el fondo, desprenda los costados con un cuchillo y dé vuelta la tortilla. Puede ayudarse con una tapa de olla o un plato grande. Acompañar con arroz blanco.

LANGOSTINOS CON ARROZ

1/2 kg de langostinos, 2 tazas de arroz blanco, 1/2 taza de mayonesa, 1 cucharada sopera de coñac, 2 cucharadas soperas de salsa ketchup, 1 limón, sal, pimienta y un diente de ajo.

Pelar el ajo y frotar con él una fuente honda o una ensaladera, para darle sabor. Mezclar en la fuente los langostinos y el arroz graneado, la mayonesa, el coñac, el ketchup, sal, pi-

PIURE PIE

7 stripes of dry **piure** *(Chilean edible shellfish), 1 onion, 1 carrot, 1 clove garlic, 1/2 cup oil, 5 potatoes, 2 tablespoonfuls butter, salt and pepper.*

Steep piures overnight. Once clean, pass them through the food processor. Fry onion, chopped celery, and shredded carrot in hot oil. Add chopped piures, a cup of water. Cook slowly for half an hour.

Add mashed potatoes, butter and pepper. Serve hot.

CHORITOS TORTILLA

1 1/2 kg **choritos**, *2 cups milk, 2 chives, flour, oil, salt and pepper.*

Once choritos are clean, boil them and remove from shell. Whip milk and flour, add chopped chives and choritos. Season them with salt and pepper before frying.

ECONOMICAL GLOBEFISH TORTILLA

2 cups shredded carrots, 1 can globefish, 4 eggs, 1 tablespoonful flour, 1 teaspoonful chopped onion, salt, pepper, oil to fry, white rice to serve with.

Mix shredded carrots with chopped globefish. Add flour and mix carefully.

Add eggs slightly whipped with chopped onion and season with salt and pepper to taste. Heat oil and pour this mixture on the frying pan. When the bottom has browned, separate the sides using a knife and turn the tortilla over. Use a large plate to help. Serve with some white rice.

PRAWNS WITH RICE

1/2 kg prawns, 2 cups white rice, 1/2 cup mayonnaise, 1 tablespoonful cognac, 2 table-

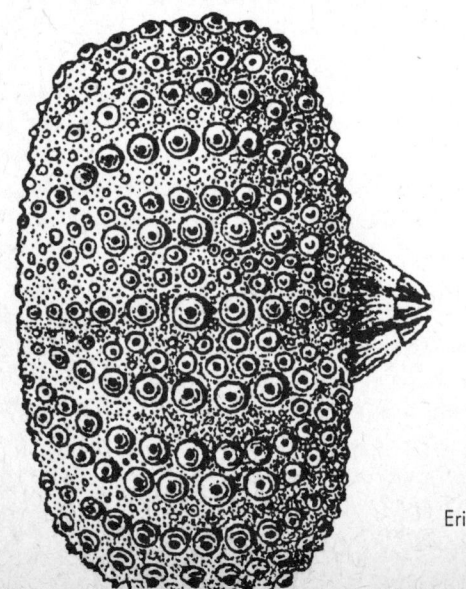
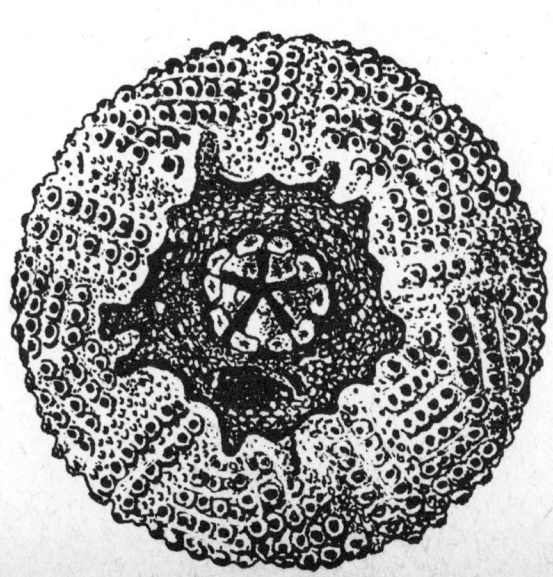

Erizos.

COCINA PATAGONICA Y FUEGUINA

mienta y unas gotas de limón (dejar 6 langostinos aparte).

Untar con aceite un molde corona. Rellenarlo con los langostinos con arroz. Vaciar en una fuente. Decorar el molde con los langostinos sobrantes y con medias rodajas de limón.

LANGOSTINOS AL HORNO

1/2 kg de langostinos, 1 taza de crema de leche, 2 cucharadas de manteca, 5 rodajas de pan lactal o de molde, 2 cucharadas soperas de jerez, 2 tomates, jugo de limón, sal, pimienta y dos cucharadas de queso parmesano.

Cazuelas de barro individuales se untan con manteca y se pone una rodaja de pan sin corteza.

Repartir las porciones de langostinos sobre el tomate.

Aparte se prepara una salsa con la crema, el jerez, el jugo de limón, sal y pimienta. Se vierte sobre los langostinos. Se espolvorea con queso rallado. Agregar pequeñas porciones de manteca y llevar al horno caliente para gratinar.

ALMEJAS A LA PARMESANA

16 almejas, 1 paquete de queso rallado, 2 cucharadas de margarina, 1 copita de jerez o vino blanco, 3 cucharadas de perejil picado y pimienta.

Abrir las almejas y desprenderlas de la valva. Ponerlas en una fuente para horno con una sola de las valvas. En cada una poner un poco de vino o jerez, un poco de pimienta, queso rallado, manteca y perejil picado. Colocar en el horno precalentado hasta que se gratine el queso. Servir.

GUISO DE ALMEJAS

1/2 taza de manteca, 1 cebolla chica picada, 3 tazas de agua hirviendo, 4 tazas de papas cortadas en dados, 3 tazas de leche, 4 cucharadas soperas de harina, 3 tazas de almejas apenas hervidas, picadas y con su líquido.

Freír la cebolla en la manteca hasta que esté blanda. Agregar el agua y las papas, tapar y cocer hasta que estén casi blandas. Se derrite el resto de la manteca, se agrega harina y se une. Se agregan las papas, agua hirviendo, leche y el líquido de las almejas. Se cocina a fuego lento hasta que se es-

spoonfuls ketchup, 1 lemon, salt, pepper, clove garlic.

Peel the clove of garlic and rub a deep tray or a salad bowl with it to flavor. Mix prawns and rice there, add mayonnaise, cognac, ketchup and season with salt, pepper and a squeeze of lemon (leave six prawns aside).

Brush a crown-shaped mold with oil. Fill it with the mixture of prawns and rice. Take out of its mold and serve on a tray. Garnish with remaining prawns and with lemon slices.

OVEN PRAWNS

1/2 kg prawns, 1 cup cream, 2 tablespoonfuls butter, 5 slices soft bread, 2 tablespoonfuls sherry, 2 tomatoes, lemon juice, salt and pepper, 2 tablespoonfuls Parmesan cheese.

Rub individual clay casseroles with butter and place a slice of bread without crust in each. Add tomatoes and serve helpings of prawns.

Prepare a sauce with cream, sherry, lemon juice, salt and pepper. Coat prawns with this and sprinkle with grated cheese. Add some butter and take to hot oven to brown.

CLAMS ALLA PARMIGIANA

16 clams, 1 packet grated cheese, 2 tablespoonfuls margarine, 1 goblet sherry or white wine, 3 tablespoonfuls chopped parsley and pepper.

Open clams and remove from their valves. Place them on an oven sheet on one of the valves. Pour some wine or sherry on each one. Season

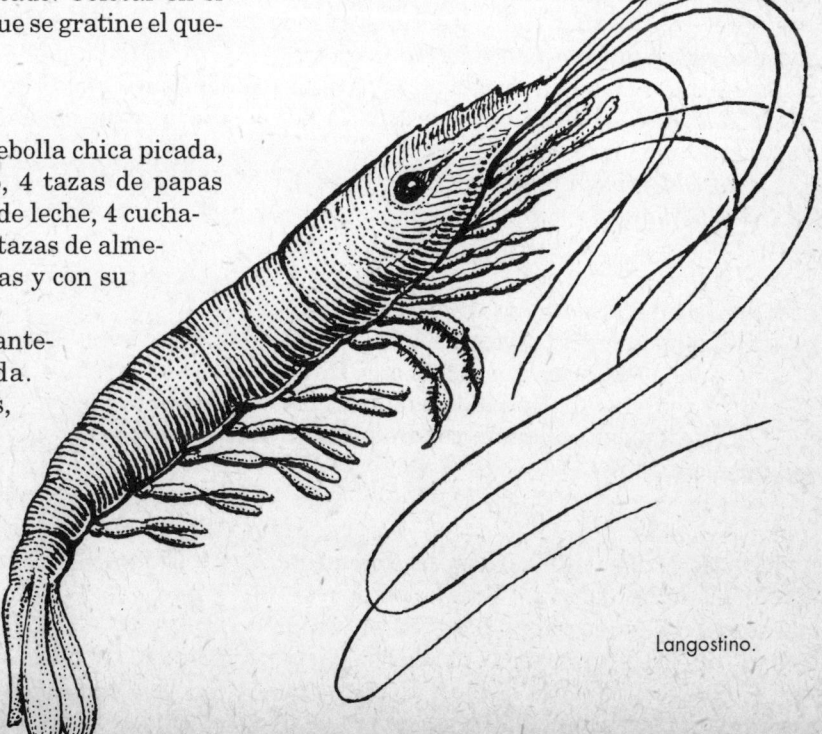

Langostino.

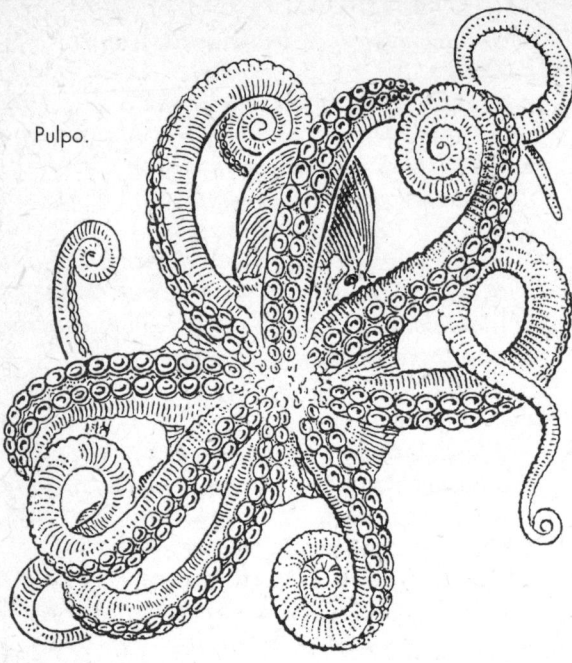
Pulpo.

pese. Agregar las almejas ya cocidas y picadas.

ALMEJAS AL HORNO

1 kg de almejas, 1 cebolla picada fina, sal, pimienta, perejil picado fino, 2 limones, 150 g de manteca.

Una vez lavadas, abrir las almejas y poner dentro de cada una de ellas una porción de cebolla picada, sal, pimienta, perejil, un poco de manteca y unas gotas de limón. Todo se lleva al horno por espacio de 10 minutos.

ERIZOS AL NATURAL

Se trata de un plato muy especial realizado con erizos frescos que, según las caras que vi al comerlos, en muchas personas causa un tremendo rechazo mientras que en otras pareciera que se tratase de un manjar que causa adicción, casi como una droga.

2 erizos, 1 cebolla chica, 2 cucharadas de perejil, sal, pimienta y limón.

Cortar la parte superior del erizo en forma redonda, golpear con el filo del cuchillo. Desprender la tapa y sacarles las lenguas, lavarlas en el mismo jugo. Colocarlas en un plato, al centro disponer la cebolla picada muy fina y mezclada con el perejil picado (también muy fino), aceite, limón, pimienta y sal. Decorar con rodajas de limón.

ERIZOS AL JEREZ

El erizo es bastante raro en la Argentina. Existe en aguas del canal Beagle, pero en general es mucho más abundante en el litoral chileno que tiene gran profusión de islas, islotes, canales y profundos fiordos. Tiene un sabor muy particular que no a todo el mundo le

with pepper and sprinkle with grated cheese and chopped parsley, and add a lump of butter. Take to pre-heated oven till cheese has browned. Serve.

CLAMS STEW

1/2 cup butter, 1 small onion (chopped), 3 cups boiling water, 4 cups diced potatoes, 3 cups milk, 4 tablespoonfuls flour, 3 cups clams slightly boiled and chopped with their stock.

Fry onion in butter till it becomes tender, add water and potatoes. Cover and cook till they are almost tender. Melt the rest of butter, add flour and mix, add potatoes, boiling water, milk and clams stock. Cook slowly until this thickens and add clams previously cooked and chopped.

OVEN CLAMS

1 kg clams, 1 finely chopped onion, salt, pepper, finely chopped parsley, 2 lemons, 150 g butter.

Once clams are washed, open them and put a tablespoonful of chopped onion inside each one. Season with salt and pepper, sprinkle with parsley, add a lump of butter and a squeeze of lemon. Heat in oven for 10 minutes.

GLOBEFISH AU NATUREL

This is a very special dish prepared with fresh globefish. According to people's faces when trying them, I can say that many find it disgusting while others eat it as if it were an addictive tidbit, almost a drug.

2 globefish, 1 small onion, 2 tablespoonfuls parsley, salt, pepper and lemon.

Cut the upper part of the globefish around by beating with the cutting edge of the knife. Remove the top and take tongues out. Wash in their juice.

Place them on a plate, garnish with finely chopped onion mixed with chopped parsley in the center. Dress with oil, lemon and season with salt and pepper. Garnish with lemon slices.

GLOBEFISH IN SHERRY

Globefish is rare in Argentina. It can be found in the waters of the Beagle Channel, but it is more abundant along the Chilean coasts which have lots of islands, islets, channels and deep fjords. Its taste is very particular and few like it. Many people reject it strongly.

Globefish has to be eaten fresh and is highly appreciated in countries such as Japan where it is sent by plane at really high prices. But let's go to the recipe.

7 globefish, 1 yolk, 1 tablespoonful butter, 4 eggs, 1 tablespoonful flour, salt and pepper.

gusta. En mucha gente causa un rechazo muy fuerte.

El erizo se debe comer fresco y es muy apreciado en países como Japón donde se envía por avión a precios realmente altos. Pero vayamos a la preparación:

7 erizos, 1 yema, 1 cucharada de manteca, 4 huevos, 1 cucharada de harina, sal y pimienta.

Batir los huevos en un bol, agregándoles la yema. Se dora la harina en la manteca y se añade al batido. Agregar los erizos con su jugo (colado), una copa de jerez, se sazona con sal y pimienta, se va revolviendo en forma suave. Se coloca en un cazuela de barro, la que se llevará al horno a baño María por espacio de quince minutos. Una vez lista la cocción del huevo, se sirve.

ENSALADA DE CHORITOS

2 kg de choritos, 3 paltas maduras, 1 cebolla mediana, 2 dientes de ajo, jugo de limón, 1 taza de mayonesa, lechuga o apio para adornar, sal, pimienta, aceite y una copa de vino blanco.

Poner los choritos en una olla con tres cucharadas de aceite y una copita de vino blanco. Cocinar a fuego fuerte con la olla tapada hasta que se abran las valvas (máximo 10 minutos. Como regla general, las que no abren es porque llegaron muertas y vaya uno a saber desde cuando están muertas. Por lo tanto tirarlas). Retirar, sacar los mariscos de las valvas y dejar enfriar.

Picar fina la cebolla y mezclar con los mariscos picados.

Moler los dientes de ajo en un mortero, aliñar con un poco de limón y agregar a la mayonesa. Agregar las 3/4 partes en los choros y revolver. Salpimentar.

Pelar las paltas, untar con jugo de limón para que no se pongan oscuras. Partir por la mitad y sacar el carozo. Rellenar con los choritos y decorar con un poquito de mayonesa. Rodear de apio o lechuga

Whisk eggs in a bowl and add the yolk. Brown flour in butter and add the whisked eggs. Add globefish with the stock (sieved), pour sherry and season with salt and pepper. Stir slowly and carefully and place in a clay casserole. Heat in oven in bain-marie for 15 minutes. Serve when eggs are cooked.

CHORITOS SALAD

2 kg choritos, 3 ripe avocados, 1 medium onion, 2 cloves garlic, lemon juice, 1 cup mayonnaise; lettuce or celery to garnish, salt, pepper, oil and a goblet of white wine.

Place choritos in a saucepan with three tablespoonfuls oil and a goblet of white wine. Cook at high heat with the saucepan covered till valves open (10 minutes maximum. Generally, the ones that remain closed are dead, so get rid of them). Take them out of water, remove shellfish from its valves and let cool down.

Chop onion finely and mix with chopped shellfish.

Grind cloves garlic in a mortar, dress with a squeeze of lemon and add mayonnaise. Add 3/4 of the chororitos and stir. Season with salt and pepper.

Skin avocados, rub with lemon juice to prevent oxidation. Cut in halves and remove stone. Fill with choritos and garnish with some mayonnaise, chopped celery and lettuce around. Dress the salad using large mussels stock or lighten the garlic sauce with it.

CHUPE DE LOCOS (SEA SNAILS STEW)

*6 **locos** (sea snails), 100 g grated cheese or cream cheese, 2 eggs, 4 tablespoonfuls ground bread, salt, paprika.*

Once locos are well cooked, chop them and place in eight clay casseroles. Add boiled eggs in halves on top, then cream cheese and coat

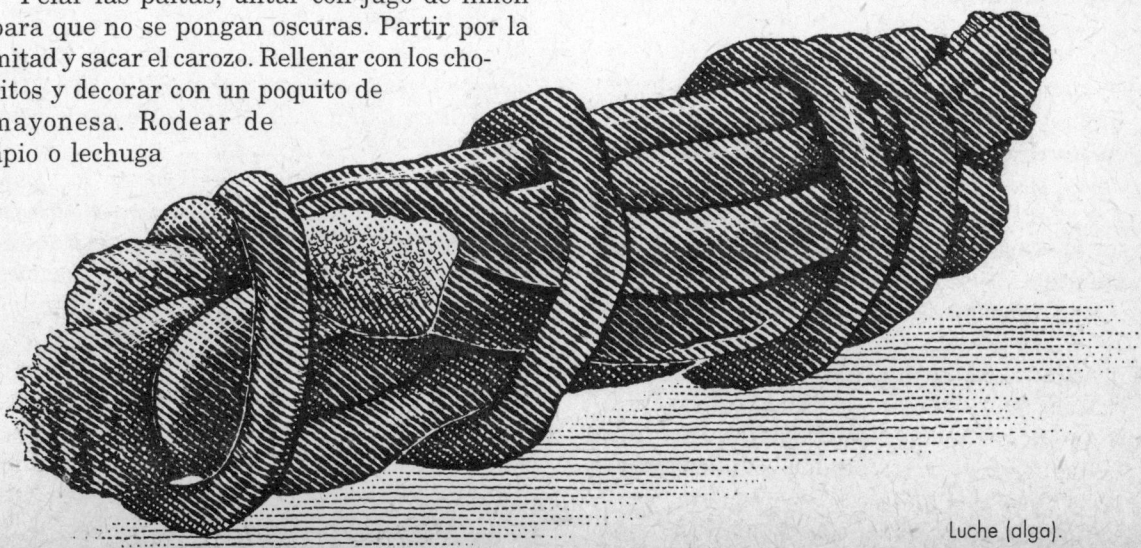

Luche (alga).

picados. Con el jugo de la cocción de los choros puede aliñar la ensalada o aclarar un poco la salsa de ajo.

CHUPE DE LOCOS

6 locos, 100 g de queso mantecoso o rallado, 2 huevos, 4 cucharadas de pan rallado, sal, pimentón.

Los locos, una vez bien cocidos, se pican y se ponen en 8 cazuelas de barro. Encima se le agregan los huevos duros partidos, el queso mantecoso y se cubre con salsa pimentón. Espolvorear con pan rallado y llevar al horno hasta dorar.

CEBICHE DE ALMEJAS

3 kg de almejas, 1 kg de limones, 1/2 cebolla rallada, 2 paltas cortadas en cuadraditos, 1/2 pimiento rojo en trocitos, 3 ajíes verdes picados finos, sal, pimienta y lechuga para adornar.

Lavar bien las almejas cuidando que no quede arena. Retirar la carne de las valvas y picarla. Ponerlas en una fuente y añadir la cebolla, palta, ají verde y el jugo de 1 kg de limones (aproximadamente). Agregar sal y pimienta a gusto y dejar reposar un par de horas. Se sirve en platos individuales o en una fuente a modo de entrada.

CAMARONES REBOZADOS

1 bolsita de camarones o langostinos, 2 huevos, 1 cucharadita de manteca, 2 cucharadas de harina, 3 cucharadas de leche, nuez moscada, sal, pimienta y aceite para freír.

Colocar en una fuente honda las yemas, harina, leche y salpimentar. Batir ligeramente y agregar la manteca, derretida y tibia.

Freír los camarones en abundante aceite caliente echándolos de a uno en una cucharita acompañados de la mezcla para rebozar.

CAMARONES EN COCTEL

3 tazas de camarones o langostinos, 1 lechuga, mayonesa, 1 latita de anchoas, 1 cucharada de cebolla picada fina, 1/2 medida de coñac, limón, mostaza, sal y pimienta.

Lavar la lechuga y picarla fina. Condimentar la mayonesa con mostaza, limón, sal y pimienta.

Deshacer las anchoas en el licor aplastándolas con un tenedor y agregarlas a la mayonesa junto con la cebolla picada.

Colocar en copas una base de lechugas picadas y encima un poco de mayonesa. Distribuir los camarones en las copas y cubrirlos con el resto de la mayonesa.

Adornar con una rodaja de limón.

with paprika sauce. Sprinkle with ground bread and brown in oven.

CLAMS CEBICHE

3 kg clams, 1 kg lemons, 1/2 shredded onion, 2 diced avocados, 1/2 sweet pepper (chopped), 3 green peppers finely chopped, salt, pepper and lettuce to garnish.

Wash clams carefully taking care no sand is left. Remove meat from valves and chop it. Place them on a tray and add onion, avocado, green peppers and the juice of 1 kg of lemons (approximately). Season with salt and pepper to taste and steep for a couple of hours. It is served as appetizer in individual plates or in a dish.

COATED SHRIMPS

1 bag shrimps or prawns, 2 eggs, 1 teaspoonful butter, 2 tablespoonfuls flour, 3 tablespoonfuls milk, nutmeg, salt, pepper and oil to fry.

Place yolks, flour and milk seasoned with salt and pepper in a bowl. Whisk lightly and add warm melted butter.

Coat shrimps with this mixture and deep-fry them in oil putting one by one in the pan with the help of a teaspoon.

SHRIMPS COCKTAIL

3 cups shrimps or prawns, 1 plant lettuce, mayonnaise, 1 can anchovies, 1 tablespoonful onion finely chopped, 1/2 measure cognac, lemon, mustard, salt and pepper.

Wash lettuce and cut it finely.

Season mayonnaise with mustard, lemon juice, salt and pepper.

Break anchovies into pieces in cognac using a fork and add them to the mayonnaise.

Distribute shrimps in goblets and coat them with this mayonnaise.

Garnish with a slice of lemon.

CURRIED SHRIMPS

1 kg shrimps, 4 teaspoonfuls flour, 2 full tablespoonfuls curry powder, 2 full tablespoonfuls butter, 1 liter milk, 4 tablespoonfuls boiling water, 8 boiled eggs, salt.

Prepare white sauce (melt butter, add all flour, turn fire off and add warm milk little by little stirring regularly. Heat again till it thickens and season with salt. Add curry dissolved in water). Add shrimps and pour this hot preparation on boiled eggs in halves.

CALAMARI IN THEIR INK

1 1/2 kg squids, 1 glass white wine, 2 tablespoonfuls ground bread, 2 onions, 1/2 cup oil, 4 cloves garlic, 3 tomatoes, salt, pepper and chopped parsley.

CAMARONES AL CURRY

1kg de camarones, 4 cucharaditas de harina, 2 cucharaditas colmadas de curry en polvo, 2 cucharadas colmadas de manteca, 1 litro de leche, 4 cucharadas de agua hirviendo, 8 huevos duros y sal.

Hacer una salsa blanca (derretir la manteca, agregar de golpe la harina, retirar del fuego e ir agregando de a poco la leche tibia sin dejar de revolver. Llevar nuevamente al fuego hasta que espese, condimentar con sal y agregar el curry disuelto en agua). Incorporar los camarones y vaciar todo muy caliente sobre los huevos duros pelados y partidos por la mitad.

CALAMARES EN SU TINTA

1 1/2 kg de calamares, 1 vaso vino blanco, 2 cucharadas de pan rallado, 2 cebollas, 1/2 taza de aceite, 4 dientes de ajo, 3 tomates, 3 tazas de agua, sal, pimienta y perejil picado.

Cortar los tentáculos, separándolos de la cabeza. Retirar la bolsa en donde está depositada la tinta, quitar los cartílagos, pelar y lavar bien (esto lo puede pedir ya preparado en la pescadería).

Cortar todo en trozos. Se dora el ajo en aceite y la cebolla picada. Los tomates se agregan una vez pelados y picados, se cocina por un rato. Al final se agregan los calamares, perejil, vino, la sal y la pimienta.

Cuando han transcurrido unos 5 minutos de cocimiento se agrega el agua, el pan rallado y la tinta que se ha pasado por el colador. Calentar a fuego lento por otros 10 minutos.

ALGAS O ESTOFADO DE COCHAYUYO

En otras secciones también vemos cómo preparar las algas. Siempre fue un buen recurso por demás barato. No podemos decir que se trate de un manjar, pero se puede comer.

Ingredientes: 1/2 paquete de cochayuyo, 4 papas grandes, 1 zanahoria, 1 cebolla, 1/2 taza de arvejas, 1 cubo de caldo de carne, sal, pimienta, comino, aceite y vinagre.

Remojar el cochayuyo la noche anterior en agua con vinagre. Enjuagar y poner a hervir con un poco de sal hasta que esté tierno, pero sin pasarse (queda como una baba). Estirar (viene en madejas) y cortar en pedazos. Freír la cebolla y añadir las papas trozadas con la zanahoria en rodajas. Mantener un rato en el fuego y agregar el cochayuyo, las arvejas, el cubito de caldo desmenuzado, sal, pimienta, comino y un poco de agua. Cocinar hasta que las verduras estén a punto.

Lo mismo se puede hacer con arroz blanco.

Cut tentacles off heads, remove the bag were the ink is kept, remove cartilages, peel and wash carefully (this may be done at the fishmonger's).

Chop them. Brown garlic, chopped onion and tomatoes (peeled and diced) and cook slightly. Then add squids, parsley, wine and season with salt and pepper.

After 5 minutes cooking, add water, ground bread and ink previously sieved. Cook slowly for another 10 minutes.

SEAWEEDS OR COCHAYUYO (GIANT KELP)

In other sections, we will see how to prepare other seaweed dishes. This has always been a good and cheap choice. We cannot say this is a tidbit, but it can be eaten.

1/2 pack seaweeds (**cochayuyo**), 4 large potatoes, 1 carrot, 1 onion, 1/2 cup green peas, meat broth, salt, pepper, cumin, oil and vinegar.

Steep cochayuyo overnight in water with vinegar. Rinse and boil with some salt till seaweeds are tender (they become slimy). Chop them. Fry onion and add chopped potato and sliced carrot. Keep heating and add cochayuyo, green peas, broth, salt, pepper, cumin and some water. Cook till vegetables are ready. You can also prepare this with white rice.

Margarita Wilder's Testimony

She gives us a good picture of the mixture of cuisines. Born in Ushuaia in 1931, her mother was Chilean and her father English. Her mother was always a housewife and his father worked as mason, lathe operator and carpenter. He also installed the water system in the prison. Fuegian cuisine: «...at home we cooked stew, but it was not like the Spanish one. We boiled the meat, all the vegetables and with that we prepared soup and we ate vegetables with salt and oil. The Spanish prepare it with chicken sausages, streaky bacon. They used to eat roasted meat, scallops, steak with onion, on Thursdays polenta with meat sauce and on Sundays noodles or gnocchi. Other dishes were rice stew, or stew with potaotes; but there was no special meal. Meat was mainly of capon and empanadas (sort of turn over pie) and scallops were made with that».

Let's see her account of local dishes and the clear Chilean influence on them. They were usual in the region even when not consumed as main dishes. Everybody knows and has cooked them: «...we used to walk or go on horseback to Túnel (estancia near the town) for **luche** and **cachiyuyo** to prepare stew. **Luche** is dried so

Testimonio de Margarita Wilder

Ella nos da una ilustrativa idea sobre la mezcla de cocinas. Nació en Ushuaia en 1931, de madre chilena y padre inglés. Su madre fue siempre ama de casa; su padre fue albañil, tornero y carpintero. También hizo muchas instalaciones de agua en la cárcel. Comida fueguina: «...en casa se hacía puchero, pero no como el español, sino que se ponía a hervir la carne y todas las verduras. Después con eso se hacía la sopa y las verduras las comían con sal y aceite. Los españoles lo hacen con gallina, chorizo y panceta. Nuestra comida era el asado al horno, milanesa, bifes con cebolla y, los días jueves, polenta con tuco. Los domingos fideos o ñoquis. No faltaban los guisos de arroz y el estofado con papas al natural. Una comida especial no había. La carne era de capón, con eso se hacían las empanadas y las milanesas».

Pero veamos cómo en su relato aparecen comidas bien locales de influencia netamente chilena y que eran totalmente normales en la región dado que, si bien no aparecen como plato principal, todos las conocen y las han comido y preparado: «...a Túnel (estancia cercana a la ciudad de Ushuaia) íbamos a buscar el luche y el cachiyuyo a pie o a caballo. Con eso hacían guisos. El luche se dejaba secar. Para usarlo se lo ponía a remojar, se exprimía y después se salteaba en una sartén con aceite y ajo bien picado. Eso se comía con papas al natural: era riquísimo...».

«También comíamos muchos productos del mar. Ibamos a buscar los mejillones, cholgas, erizos, y había pescado fresco todos los días. Sardinas, róbalos y un pescado grande, que salía en el mes de diciembre que se llamaba sierra. Después, las sardinas y algunos pescados desaparecieron. Esa era comida buena.»

Masa para pan

En la actualidad, se viva en una ciudad o pueblo, aunque más no sea un «caserío», el pan se compra en un almacén o a alguien que se especializa en hacerlo. A veces no se trata de una panadería propiamente dicha, sino de alguna mujer que en su cocina económica hace unos cuantos panes o galletas para vender. De esta forma, existen muchas recetas para masa de pan que varían en algunos detalles.

Pero tal vez lo más importante de estas recetas es que, si uno quiere, el pan se puede hacer tanto con una cocina económica, en medio del campo, o embarcado en un velero ya sea en la Isla de los Estados o en la Antártida. Ver

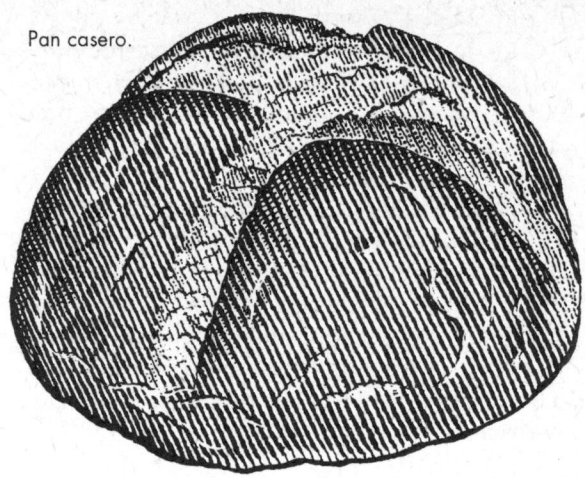

Pan casero.

it has to be soaked and then squeezed before you sauté it with oil and garlic. You can eat it with potatoes; it's delicious...»

«We also cooked seafood —mussels, small mussels, globefish and fresh fish like sardines every day. There was a large fish called sawfish that appeared in December. Then sardines and other fish disappeared; that was good food.»

Bread Dough

Nowadays, wherever you are in a town, a village or even a hamlet, bread is bought in a store or from somebody specialized in baking it. Sometimes it is not a bakery proper, but a woman who prepares in her coal stove some bread and biscuits to sell. So there are many recipes to prepare bread dough with some variations.

Maybe what is most important about these recipes is that bread may be baked both in a coal stove, in the middle of the countryside, on some sailing ship around Isla de los Estados or in Antarctica. Seeing how the spirits of the group change as soon as bread appears, shows its importance for daily diet.

I think bread is more valuable to keep spirits up than as food, so I talk about this as the «bread miracle». I became aware of its effect after several days riding or on board while waiting for weather to improve. This happened on several occasions: when Gato Curuchet kneaded bread in Antarctica or Daniel «Cunchi» did it on Isla de los Estados (he learnt in Harberton estancia) or «Tano» Santoro in Mount Fitz Roy.

The first time I witnessed this «bread miracle», as I like to have it called, it was on board of the Cartagena while crossing the Atlantic. I have adopted the recipe of our fellow traveler

cómo cambia el estado de ánimo del resto del grupo no bien aparece el pan, nos muestra la importancia de este pequeño accesorio de la alimentación diaria.

Comprobar el resultado después de varios días de cabalgata o de encierro en un velero a la espera de que mejore el tiempo nos habla a las claras de lo que me gustó bautizar como «el milagro de los panes». Creo que es más útil para levantar la moral que en su función básica como alimento. Esto nos sucedió tanto con el pan que amasó el Gato Curuchet en la Antártida, como el de Daniel «Cunchi» en Isla de los Estados (aprendido en la estancia Harberton) o el del «Tano» Santoro en el Fitz Roy.

La primera vez que asistí a este milagro de los panes, como me gustó bautizarlo, fue a bordo del *Cartagena* y en pleno cruce del Atlántico. La receta que adopté fue la de nuestro compañero de travesía Marcelo Gismondi: con unos 25 g de levadura de cerveza, una cucharadita de sal y una cuchara sopera de azúcar. Disolver todo esto en un poco de agua tibia. Tomar unos 500 g de harina y unos 100 g de manteca o margarina o grasa y realizar una masa sin grumos y muy bien amasada con unos 300 c.c. de agua (la cantidad de agua es la necesaria para que quede una masa consistente, no piedra). Luego se debe dejar levar en un lugar tibio (al lado del fuego, una cocina, un motor o, si no hay viento, al sol). El tiempo necesario es no menos de 30 minutos o hasta que duplique su volumen.

Desde este punto en adelante puede preparar pancitos o directamente un simple pero exquisito pan casero, en especial si le puso un poco de grasa.

Las variantes que puede elegir son muchas. Aquí algunas ideas. Con la masa forme un semicírculo y con un cuchillo dele tres medios cortes equidistantes. Cuando termine de levar mientras se cocina verá cómo se abre más y se produce una cocción distinta que le da otro sabor.
Si tiene una yema de huevo y media

Marcelo Gismondi using: about 25 g brewer's yeast, a teaspoonful salt and a tablespoonful sugar. Dissolve all this in some warm water. Take about 500 g flour and about 100 g butter or margarine or fat. Knead carefully into a dough without lumps with 300 c.c. water (enough water to obtain a firm but not tough dough). Let it stand in a warm place to leaven (near a fire, a stove, an engine or, if it is not windy, in the sun). At least 30 minutes are needed for the dough to double its volume.

You can either mold buns or one simple but delicious home made bread, especially if you have added some fat.

*A lot of variants are possible. Here are some ideas: Form a semi-circle with dough and make three slight cross cuts equally distant. While baking, dough will leaven and open more thus producing a different taste. Brush this bread on top with a mixture of yolk and half a coffee cup of water. This gives a nice color. In this case you can also make three of four cuts on the surface. You can also bake with the shape of a cake. Maybe this is the most typical in southern estancias. It can be very tasty if you add some **chicharrón** (fried fat).*

When baking bread bare in mind that, even when it is good to keep spirits high, you cannot prepare a lot because it has no preservatives so it usually gets as hard as a rock. You can keep it in a plastic bag (either in a fridge or in a food cabinet).

BREAD DOUGH (LESS SPONGY)
If you prefer to bake a sort of bread similar to a French baguette, the recipe changes slightly.

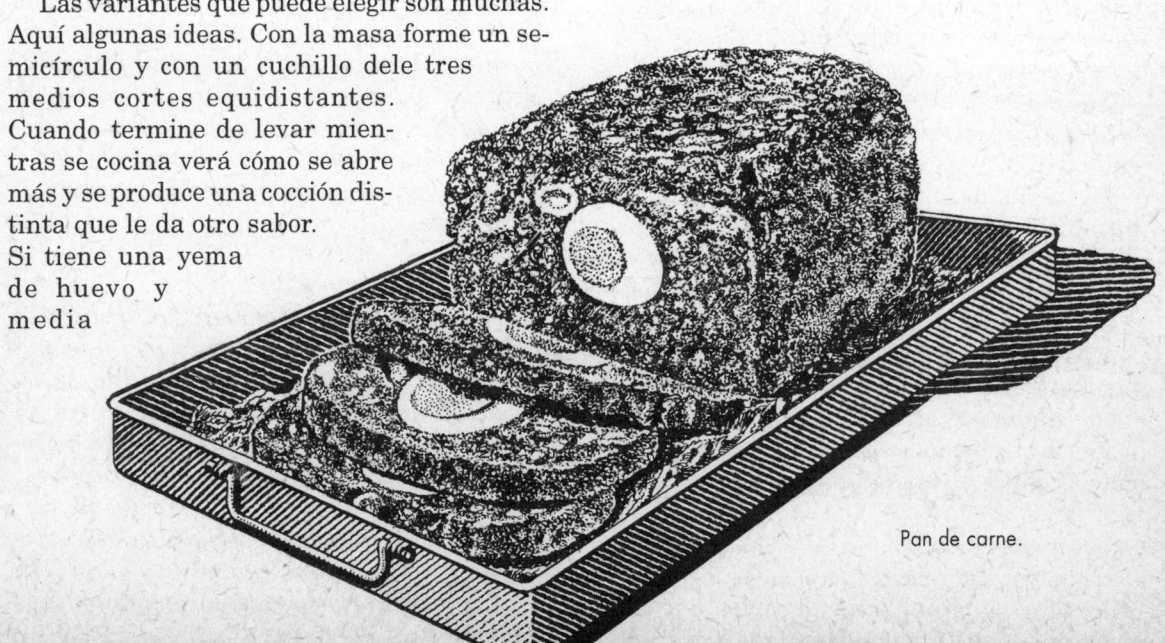

Pan de carne.

taza para café con agua, puede pintar la parte superior, la cual va a adquirir un buen color. También le puede practicar tres o cuatro cortes superficiales. Otra posibilidad es la clásica en forma de torta. Tal vez esta es una de las más típicas de las estancias sureñas. Es muy rica si se le agrega un poco de chicharrón (grasa frita).

Cuando haga pan, tenga en cuenta que si bien levanta la moral no por ello debe hacer mucha cantidad porque no tiene conservante y suele ponerse duro como una piedra. Se conserva mejor en una bolsa del nefasto polietileno (ya sea en la heladera o en la fiambrera).

MASA DE PAN MENOS ESPONJOSA

Si prefiere un pan tipo baguette francesa, la receta cambia levemente. Las proporciones serían: para 1 kg de harina común, un poco de manteca, 2 ó 3 cucharadas soperas de aceite, 4 cucharaditas (tipo café) de sal fina. El fermento consiste en disolver 25 g de levadura en 600 c.c. de agua tibia y una cucharadita (tamaño de café) de azúcar.

Luego de dejar reposar para que leve, estirarlo y al horno. No se olvide de hacerle cortes en diagonal para que tome un poco más de forma.

PAN SIN HORNO DE LOS ARRIEROS CHILENOS

Este descubrimiento se lo debo a un viejo baqueano, Ayerza, que conocimos en el puesto de Río Bueno, de la estancia Policarpo, durante una cabalgata que realizamos por Península Mitre, Tierra del Fuego. En aquella oportunidad llegamos cansados y muertos de frío, además de mojados, luego de hacer un relevamiento de restos de naufragios por la costa y nos encontramos con un exquisito guiso y esta mezcla de torta frita y pan.

En una vieja cacerola con grasa derretida Ayerza freía y revolvía con la punta de su cuchillo (facón), una especie de panecillos alargados (15 cm) de unos 6 cm de grosor. La masa era muy sencilla: harina, agua, sal y grasa. Una vez frita, tomaba un color dorado tostado, y su interior era algo parecido al pan. Sinceramente es ideal para campamentos en tanto se disponga de harina y aceite, los cuales no son elementos fáciles de transportar. El último se puede suplir con grasa de algún animal carneado, lo que hicimos en más de una oportunidad y el sabor no es para nada feo.

PAN CON MASA GALESA

La mayor diferencia que vi en esta zona es la levadura que preparan con papa hervida pisada y lúpulo. Este preparado lo hacen con

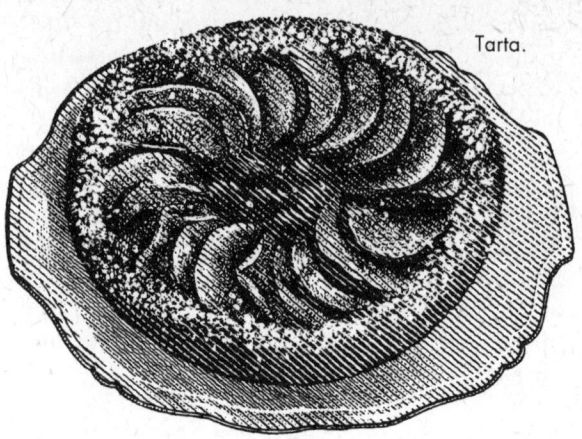

Tarta.

Proportions: 1 kg ordinary flour, a lump of butter, 2 or 3 tablespoonfuls oil, 4 spoonfuls (coffee) table salt.

For leavening, dissolve 25 g brewer's yeast in 600 c.c. warm water and a spoonful (coffee) sugar.

Let this stand for leavening, roll out and bake in oven. Don't forget to make some diagonal cuts to shape the loaves.

CHILEAN MULETEERS' BREAD

*I discovered this bread thanks to an old **baqueano** (expert on the region), Ayerza, whom we met in the post of Río Bueno, in Policarpo estancia, during a ride in Península Mitre, Tierra del Fuego. On that occasion we all arrived back tired, cold to death and drenched after a survey of the remains of shipwrecks along the coast to find a delicious stew and this food mixture of bread and pancake.*

*He used an old saucepan to melt fat and fry a sort of rolls (15 cm long and 6 thick) stirring with the tip of his large knife (**facón**). The dough had very simple ingredients: flour, water, salt and fat. Frankly, it is ideal for camping provided that you have flour and oil, which are ingredients not easy to carry. You can replace the latter with fat from some slaughtered animal, which we did on several occasions. It tastes quite good.*

BREAD WITH WELSH DOUGH

The main difference found in this area is that leaven is prepared with mashed potatoes and hops. They prepare this beforehand (a small mashed potato mixed with 1.5 liter water and a handful hops) and let it stand inside a covered bottle near a heat source (coal stove).

With this preparation and some brine, they only add flour kneading carefully to let it leaven. Then, it is cut and placed in molds. The water to prepare brine also contains mashed potatoes.

anterioridad (una papa chica pisada en 1,5 litros de agua y un puñado de lúpulo) y lo dejan en una botella tapado cerca de una fuente de calor (cocina económica).

A esto se agrega una salmuera y sólo harina amasando bien y dejando levar. Se corta y se coloca en los moldes. El agua de la salmuera también tiene una papa hervida.

GALLETA

Esta receta se la vi hacer en la estancia Anita (Santa Cruz) a Ramón mientras esperábamos refuerzos de víveres, dado que nos habíamos quedado semi aislados. Lo único que teníamos eran unos cuantos elementos accesorios como harina, dulce, sal, levadura en cápsulas, y latas surtidas medio sospechosas de estar vencidas. Así es que se puso a amasar y dado que estábamos seguros de que esa levadura no iba a levar ni un suspiro, hizo la masa y la aplanó como una tortilla. La puso sobre una plancha de hierro caliente y la cocinó de ambos lados. De esta forma nuestra alimentación pasó a ser a base de pan y dulce durante los restantes tres días de espera.

Aunque no parezca, vale la pena probar esta galleta que por otra parte es bastante consumida tierra adentro.

Pequeña historia del pan

Los egipcios fueron los que, hace unos 11.000 años, molieron grano e hicieron una papilla. Luego pasaron a hacer una especie de panqueque grueso o con forma de torta y lo colocaron entre piedras candentes para cocinarlo. El resultado era una masa cocida. También descubrieron que, para poder comerla, no debía cocinarse del todo porque si no tomaba la consistencia de una piedra.

Más recientemente, hace unos 4 milenios y también en Egipto, el pan tomó la forma que llegó hasta nuestros días. Es muy probable que alguien se haya olvidado de cocinar la masa y ésta fermentó.

Aunque se dice que el pan es el alimento de los pueblos pobres, no era así en la antigüedad. Consumido por las clases altas pasó, como sucedió con todas las ciencias, de Egipto a Grecia y luego a Roma.

Existieron por lo menos tres clases de pan. El blanco, de harina de trigo, era consumido sólo por la clase alta. El pan de grano entero (integral) o pan negro, lo comían los pobres. Para prisioneros, esclavos y marineros se hacía una especie de torta de cereales a la que llamaban pan. También, según las regiones,

BISCUITS

Ramón cooked these in Anita estancia (Santa Cruz) while waiting for provisions as we were practically isolated. The only ingredients we had were flour, jam, salt, yeast in capsules, and some conserve cans that seemed to be too old to be consumed. So he started to knead and, as we realized yeast was useless, he prepared a dough and shaped it like tortilla and cooked it on a hot iron griddle on both sides. So we changed our diet —now it was based on bread and jam for the three days we had to wait.

Strangely enough, these biscuits are worth trying and they are also commonly consumed inland.

A Brief History of Bread

The Egyptian ground grains and prepared a sort of pap around 11,000 years ago. Then, it became a sort of thick pancake baked between hot stones. The result was a baked dough. They also discovered that, if cooked completely, it hardened as a rock.

In more recent times, about four millennia and also in Egypt, bread became the food that survived till our days. It may have happened that somebody forgot to bake the dough, so it leavened.

Although it is said that bread is the food of the poor, this was not the case in ancient times. Consumed by higher classes, it traveled —as science and many discoveries— from Egypt to Greece and then to Rome.

There used to be at least three kinds of bread. The white one, made of wheat flour, was consumed only by the higher class; whole-wheat bread or black bread, for the poor. For prisoners, slaves and sailors there was a sort of cake prepared with cereals called bread. According to regions, the cereal used changed —a typical example of this is rye bread, consumed by Teutonic and Nordic people.

There were no bakeries until the Middle Ages, when villages and towns started to appear. In the past, bread was bought in the countryside. It was large in size and it might weight up to thirty kilos or even more. Bakers were highly respected and their craft is one of the few that changed very little with the passing of time.

Gaiman, A Welsh Colony

Within South Patagonian cuisine there is, as a small island, the typical cuisine of Gaim-

variaba el cereal utilizado. El ejemplo clásico es el pan de centeno consumido por teutones y nórdicos.

Las panaderías recién existieron a partir de la Edad Media, cuando se comenzaron a formar ciudades y pueblos. Antes, el pan se compraba en el campo y era de gran tamaño: alcanzaba treinta o más kilos. El oficio de panadero era muy respetado y es uno de los pocos que casi no varió a lo largo del tiempo.

Gaiman, una colonia Galesa

Dentro de la comida de Patagonia Sur existe, como una pequeña isla, la comida típica de Gaiman y alrededores. Tiene su toque exótico y, más que comida patagónico-fueguina, entiendo que realmente es comida galesa, un poco adaptada al medio en que les tocó vivir.

Aunque estuve en tres ocasiones, mi estadía siempre fue corta. Entrar en contacto con la gente del lugar no es fácil, sólo después de que me presentaron amigos de la planta procesadora de algas de Soriano tuve mejor suerte.

El pueblo es muy tranquilo y ordenado. Según los que entienden del tema, todavía se mantienen lindas construcciones de estilo galés. Por su puesto que están mezcladas con otros estilos, como lo son las casas de té modernas, con amplios jardines que contrastan

an and its surroundings. This has an exotic touch and in fact, it is Welsh cuisine —adapted to the environment they now live in— rather than Patagonic-Fuegian.

Though I visited the place on three occasions, my stay was always short. To get in touch with villagers is not in the least easy. It was only after I was introduced by some friends of mine who work at Soriano's seaweeds processing plant that my luck improved.

This village is quiet, neat and, according to experts, there are still nice Welsh style buildings. Of course, they are mixed with other styles such as that of modern tea houses with their ample gardens contrasting with the 40s little old houses.

Gaiman is situated on the banks of Chubut river. Green vegetation, thanks to watering, extends all along the valley up to the plateau to contrast violently with the rest of the landscape.

The Welsh arrived at Golfo Nuevo in Península Valdés in July 1865. They were 153 people who had set sail from Liverpool to disembark in the Patagonic dessert where two countrymen, who had explored the area a couple of years before, were waiting for them. The place was named Madryn after the Madryn baron, Love Jones Parry, one of the pioneer colonizers.

*From the first group of rooms and sheds built in this place, many moved towards the river Chubut, called **Chupat** by the Tehuelches, given the scarcity of drinking water. On the northern banks of the river and about four miles from*

Casa en Gaiman.

totalmente con las pequeñas y antiguas casas de los años 40.

El poblado está sobre el río Chubut y la verde vegetación, gracias al riego, se extiende por todo el valle hasta donde comienza la meseta, y contrasta violentamente con el resto del paisaje.

Los galeses llegaron al Golfo Nuevo, en la Península Valdés, en julio de 1865. Eran 153 personas que, embarcadas en Liverpool, desembarcaron en el desierto patagónico donde los esperaban dos compatriotas que habían explorado la zona un par de años antes. El lugar fue llamado Madryn en honor al barón de Madryn: el Sr. Love Jones Parry, uno de los pioneros de la colonización.

Desde estas primeras habitaciones y galpones edificados en el lugar, muchos se desplazaron hacia el río Chubut, llamado Chupat por los Tehuelches, dada la escasez de agua potable. En la margen norte del río y a unas 4 millas de su desembocadura se funda la colonia con el nombre de Rawson.

El comienzo fue muy duro por la falta de agua en la zona. Recién en 1871, y gracias a la canalización del río, además de la ayuda del gobierno, se puede decir que la situación comenzó a mejorar. Lo mismo sucedió con Madryn que comenzó a crecer en forma sostenida desde 1884, cuando llegaron más galeses y se comenzó la construcción del ferrocarril que la unió con el Chubut. De todos modos Madryn siempre fue el puerto del lugar.

Desde este comienzo y después de muchos altibajos la colonia creció y es en Gaiman donde confluían las cosechas del valle inferior del río, que gracias al ferrocarril llegaban hasta Madryn, el puerto. Es así como ahora la estación de trenes es un museo y el famoso túnel del ferrocarril un monumento histórico.

Todo esto nos hace reflexionar un poco sobre los pocos argentinos que miraban en aquel entonces hacia el sur y cómo este grupo de galeses, que para 1882 ya eran 1.286 habitantes, habían dejado su tierra natal para formar una colonia que pretendieron fuera independiente del gobierno argentino; por lo menos en un principio.

Hablábamos de todo esto con unos amigos cuando nos enteramos de que justamente estábamos tomando el té en la casa elegida para que lo hiciera Lady Diana en su corta visita a la Argentina en noviembre de 1995.

Nos llamó la atención el hecho de que esta casa no era justamente lo que podíamos llamar una casa típica galesa, ni tampoco el nombre de uno de sus dueños (Miguel Angel Mirantes), ya que su apellido delata un padre

Torta negra galesa.

its mouth, the colony by the name of Rawson is founded.

The beginning was rather hard because of the lack of water in the area and it was not until 1871 that, thanks to the canalization of the river and the aid from the government, the situation started to improve. The same happened with Madryn that started to develop in 1884, when more Welsh people arrived with the building of the railway that linked this village with Chubut. Anyway, Madryn was always the port of the area.

From this beginning and after many ups and downs, the colony grew and it was in Gaiman where the crops from the lower valley of the river converged and, thanks to the railway, they arrived at Madryn, the port. Nowadays, this railway station is a museum and the famous railway tunnel became a historic monument.

All this leads us to think about the few Argentine that, at that time, paid attention to the south and how this group of Welsh people — that by 1882 were 1,286 inhabitants—, who had left their mother land, set up a colony that intended to be independent from the Argentine government, at least at the beginning.

We were talking about these matters with some friends when we came to know that we were having tea in the house Lady Diana had visited during her short stay in Argentina in November 1995.

*What called our attention was the fact that this was not a typical Welsh house and that the name of one of the owners (Miguel Angel Mirantes) was of Spanish origin, but he made it clear that his mother **was** of Welsh origin. On the other hand, I think this is one of the best gardens of the place and the famous Black cake that they bake is just perfect.* **Ty Te Caerdydd** *offers a wide variety of cakes and practices a true tea ritual that is not exactly the one we are going to transcribe. We are going to refer to the one practiced by some friends who work in Soriano's plant of agar-agar (from al-*

español, pero él me aclaró que la madre sí es de origen galés. Por otra parte creo que es uno de los jardines mejor trabajados del lugar y la famosa torta negra que elaboran es perfecta. La «Ty Te Caerdydd» posee una gran variedad de tortas y todo un ritual para el té que no es exactamente el que vamos a transcribir. Lo tomamos éste de unos amigos de la empresa de «agar-agar» (algas) de Soriano S.A. que es una de las principales fuentes de ingresos del lugar.

TORTA NEGRA

(**Teisen ddu**, en galés) Estas tortas tienen varias virtudes. La principal es que son ideales para reponer energías. Tanto para travesías largas como para tardes muy frías; enseguida reconfortan. Por otra parte además de ser exquisitas se conservan meses y, si no están en un ambiente muy seco y caliente, pueden pasar un par de años. En ese caso, según estos entendidos, es conveniente agregarle unas gotas de coñac (media medida).

200 g de manteca, 100 g de azúcar, 4 cucharadas de mermelada de ciruelas, 1 cucharada de ralladura fina de limón, 2 cucharaditas de esencia de vainilla, 1/2 taza de azúcar, 3 ó 4 cucharadas de agua hirviendo, 4 huevos, 4 cucharadas de coñac, 650 g de harina, 3 cucharadas de té de polvo para hornear, 1 de bicarbonato, 2 de canela, 1/2 de jengibre, 250 c.c. de leche, 1/3 jugo de un limón, 150 g de pasas de uvas rubias, 150 g de pasas de uvas negras, 150 g de nueces, 150 g de almendras, 100 g de fruta abrillantada.

A las frutas secas conviene dejarlas macerar desde el día anterior en el coñac.

Procedimiento (es algo largo): batir la manteca con el azúcar hasta obtener una crema agregando la mermelada y la ralladura de limón y verter la esencia.

La media taza de azúcar es para hacer caramelo. Se pone al fuego y se agrega agua hirviendo de a poco. Una vez frío, se añade a la preparación y se bate. Agregar los huevos uno a uno y el coñac batiendo. Mezclar la harina con el polvo para hornear, el bicarbonato, las especias e incorporar al batido. Ir agregando la leche que ya debe tener el jugo de limón. Ya es momento de agregar las frutas que le dan mejor sabor si estuvieron embebidas en coñac. Esta preparación se coloca en un molde enmantecado y se cocina en horno suave durante 2 horas. En realidad más que un horneado es una cocción lenta.

gae) that is one of the main production centers of the place.

FRUIT CAKE (TEISEN DDU, IN WELSH)

These cakes have several good qualities. The main of them is that they are ideal to recover energy. After a long trip or in a very cold afternoon, it is really comforting. Apart from being delicious, it may be preserved for months and, if they are not in a too dry and hot ambient, they may last even a couple of years. In this case, experts advise to add some cognac (half a measure).

200 g butter, 100 g sugar, 4 tablespoonfuls plums marmalade, 1 tablespoonful zest of lemon, 2 teaspoonfuls vanilla essence, 1/2 cup sugar, 3 to 4 tablespoonfuls boiling water, 4 eggs, 4 tablespoonfuls cognac, 650 g flour, 3 teaspoonfuls baking powder, 1 of bicarbonate, 2 of cinnamon, 1/2 of ginger, 250 c.c. milk, juice of 1/3 lemon, 150 g white currants, 150 g black currants, 150 g walnuts, 150 g almonds, 100 g glazed fruit.

It is advisable to steep dried fruits in cognac the previous day.

Instructions: preparation is rather long. Whip butter with sugar till you obtain a cream and add marmalade and zest of lemon, pour vanilla essence.

Prepare caramel with half a cup of sugar burning it and adding boiling water little by little. Once it has cooled down, add to the previous preparation and whip. Add eggs one by one and cognac while whipping. Mix flour with baking powder, bicarbonate and spices and add to the other mixture. Pour milk (with lemon juice) little by little. This is the time to add fruits, which have more flour if they were steeped in cognac beforehand. Place this preparation in a mold rubbed with butter and bake in low heat for 2 hours. In fact, this is a slow cooking cake.

FRUIT CAKES

As far as I could see, each house has its own recipe. These two I was given by the kind Gloria.

3 cups flour, 1 1/2 cup brown sugar, 1 1/2 cup butter, 2 cups black currants, 2 cups white currants, 1 cup glazed fruit, 1/2 cup chopped nuts, 1/2 cup chopped almonds, 1 cup rum, 3 eggs, 2 teaspoonfuls baking powder, 1/2 teaspoonful bicarbonate, 1 teaspoonful salt, 1 t. cinnamon, 1 t. nutmeg.

Steep chopped fruits in rum.

Mix flour, salt, brown sugar, cinnamon, nutmeg and ginger in a bowl. Add melted butter forming a dough. Let this stand overnight. Then

TORTAS NEGRAS

Por lo que pude ver cada casa tiene su receta. Estas dos me fueron dadas por la amable señora Gloria.

3 tazas de harina, 1 taza y media de azúcar negra, 1 taza y media de manteca, 2 tazas de pasas de uvas negras sin semilla, 2 tazas de pasas uvas rubias, 1 taza de fruta abrillantada, 1/2 taza de nueces picadas, 1/2 taza de almendras picadas, 1 taza de ron, 3 huevos, 2 cucharaditas de polvo de hornear, 1/2 cucharadita de bicarbonato de sodio, 1 cucharadita de sal, 1 cucharadita de canela, 1 cucharadita de nuez moscada.

Macerar las frutas picadas en el ron.

En un tazón mezcle la harina, la sal, el azúcar negra, canela, nuez moscada y jengibre. Incorporar la manteca blanda haciendo una masa. Debe dejarse hasta el día siguiente.

Al día siguiente, agregar el polvo de hornear a la masa y la fruta que quedó en maceración en el licor. Batir. Disolver el bicarbonato en un poco de leche caliente y agregarlo a la masa con los huevos mezclando todo muy bien.

Cocción: en horno suave entre 2 y 3 horas.

TE

1º) Enjuagar la tetera con agua hirviendo.
2º) Se debe colocar en la tetera una cucharadita de té por taza a servirse y otra más para la tetera.
3º) Verter el agua hirviendo hasta cubrir el té, esperar un instante hasta que absorba el agua y continuar agregando agua hirviendo. Servir.

Para muchos entendidos no ponerle unas gotas de leche natural al té es muestra de ser no civilizado.

add baking powder to the dough and the fruit steeped in liquor. Whip. Dissolve bicarbonate in some hot milk and add this to the dough with eggs mixing all carefully. Cook in low heat oven between 2 and 3 hours.

TEA

1) Rinse teapot with boiling water.
2) Put one teaspoonful for cup to be served and an extra one for the pot.
3) Pour boiling water until you cover tea, wait for a while till leaves absorb water and go on pouring it. Serve.

Many experts consider that if you do not add some drops of milk to tea, you show you are uncivilized. Serve tea with: home-made bread in slices, scones in halves, butter, cheese and local marmalades. Later, cakes are served.

SCONS

2 cups flour, 4 teaspoonfuls baking powder, 1 teaspoonful salt, 80 g butter, 1 egg, 4 teaspoonfuls milk.

Instructions: Mix and knead flour with baking powder, salt and soft butter until you obtain a sandy dough. Add eggs whipped with milk. Roll dough out forming a two-centimeters-thick layer and cut scones with a mold. Bake in oven on a tray rubbed with butter for 10 to 15 minutes. Serve them in halves with butter and marmalade to taste.

Caja de té, cuchara y tetera.

Para acompañar el té se sirve: pan casero en rebanadas, scons en mitades, manteca, queso y mermeladas de la zona. Después vienen las tortas.

SCONES

2 tazas de harina, 4 cucharaditas de polvo de hornear, 1 cucharadita de sal, 80 g de manteca, 1 huevo, 4 cucharadas (de té) de leche.

Amasar la harina, el polvo de hornear y la sal con la manteca blanda hasta que el conjunto quede arenoso. Agregar el huevo batido con la leche. Se estira la masa hasta obtener una capa de un par de centímetros de espesor y con un molde o un vaso se la corta. Llevar al horno en una asadera enmantecada por unos 10 ó 15 minutos (según el horno) y servir cortados al medio y enmantecados. La mermelada, a gusto.

Tortas

En Gaiman tienen una gran variedad de estas tortas bien caseras. Creo que a esta altura ya se trata casi de una competencia: ofrecer la mayor variedad con el mejor sabor.

La masa es un secreto celosamente guardado por cada casa de té, pero me imagino que deben ser recetas muy parecidas dado que no he visto una variedad incalculable de masas. Según me contaron, el mayor secreto para su sabor está en el correcto balance de la grasa de cerdo y la manteca (algunos dicen 50% de cada una). En mi vida me iba a imaginar que usaban grasa de cerdo, que es posible reemplazar por otras según qué torta sea.

Así es como preparan con esa masa tanto la torta de ruibarbo o de cerezas como el *lemon cheese*. Pero después de estos clásicos hay para todos los gustos con todas las frutas imaginables.

CREMA DE LIMON O «LEMON CHEESE»

Sobre una fuente con harina se pone la masa y se hornea unos 10 minutos (color dorado) y luego se le pone el relleno. Este se hace mezclando 3 yemas, el jugo de un limón y su ralladura bien fina, 200 g de manteca y 2 cucharadas de azúcar (si se quiere más dulce agregar más azúcar). Cocinar esto a baño María revolviendo. Una vez que está tipo crema se rellena la tarta y vuelve al horno hasta dorar.

Algo que me llamó la atención es que no le ponen ese empalagoso merengue italiano que es tan normal en las tartas de panadería de las ciudades (a veces le ponen el triple de can-

Cakes

There is a great variety of these home made cakes. I think people compete in trying to offer the widest variety with the best taste.

The ingredients of the dough are kept secret by each tea house, but I guess they must be all similar recipes because they are not so varied. I was told that the key is in the right balance of lard and butter (some say 50 per cent each). I would have never imagined they used lard, which can be replaced by another sort of fat according to each cake.

With the same dough, they prepare rhubarb or cherry cakes as well as lemon cheese. Apart from these traditional ones, there are as many others as you can imagine including all sorts of fruits for all tastes.

LEMON CHEESE

Roll out the dough on a tray sprinkled with flour. Bake for 10 minutes to brown it. Then add the filling.

Ingredients to prepare filling: 3 yolks, juice and zest of 1 lemon, 200 g butter and 2 tablespoonfuls sugar (you can add more sugar for a sweeter filling). Cook this in a double boiler while stirring. Then fill the pastry with this cream and brown in oven.

What called my attention was the fact that they don't add that cloying Italian meringue which is usually used in bakery pies found in towns.

RHUBARB PIE

Prepare an ordinary dough for the base and then add filling. Some simply use the jam. But you can also use a dozen stems of rhubarb peeled and without leaves. Cut them into pieces and boil in water with about 5 tablespoonfuls sugar until they start to disintegrate. Some add lemon juice or liquor. Fill the pie and cover it. The baking tray has to be rubbed with butter and coated with flour.

Tea has to be served with a wide variety of jams. I must say I am not very keen on them. They range from the traditional plum jam to the exotic rhubarb, including pear jam, tomato or even **calafate***.*

RHUBARB MARMALADE

1 kg rhubarb, 800 g sugar, water needed (from 1/2 to 1 liter), 1 goblet gin or cognac, lemon juice.

Clean stems by scrubbing and cut into pieces. Cook them in boiling water for about 5 minutes. Add sugar, lemon juice and stir every now

tidad de merengue que de la crema de la tarta).

TARTA DE RUIBARBO

Hacer una base de tarta común y luego colocar el relleno. Algunos usan el dulce directamente pero si no se puede hacer con una docena de tallos de ruibarbo bien deshojados y pelados. Se los corta en trozos y con unas 5 cucharadas de azúcar se hierven en agua hasta que estén casi deshaciéndose. Algunos le ponen un poco de limón, otros licor. Poner todo en la tartera y cubrir. Antes se le debió colocar manteca y harina.

Todo té va acompañado por una batería de dulces. Debo confesar que no soy muy adicto a ellos. Varían del clásico dulce de ciruelas y el exótico de ruibarbo al de peras o el de tomate e incluso el de calafate.

MERMELADA DE RUIBARBO

1 kg de ruibarbo, 800 g de azúcar, agua en cantidad necesaria (entre 1/2 y 1 litro), 1 copita de ginebra o coñac, jugo de un limón.

Limpiar los tallos (rasparlos) y cortarlos en trocitos. Cocinarlos en agua hirviendo por unos 5 minutos. Verter el azúcar, agregar el jugo de limón y revolver cada tanto hasta que el dulce vaya tomando consistencia. Agregar el licor y envasar cuando el dulce todavía esté caliente.

DULCE DE CIRUELAS O DE PERAS

En realidad es casi igual que para el resto de las frutas, salvo algunas excepciones. Recuerdo que cuando niños este proceso regresaba a la cocina económica de nuestra casa al promediar el verano. Creo que en los últimos tiempos se convirtió más en un rito que una necesidad económica. Ahora sería un refinamiento culinario.

3 kg de ciruelas, 2 kg de azúcar, 1/4 taza de agua.

and then till marmalade thickens. Add liquor and bottle it when still hot.

PLUMS OR PEARS JAM

In fact preparation is similar for all fruits, except for some details. I remember when we were children jams were cooked in the coal stove at home in late summer. I think that during the last years it became more a ritual than a necessity. Nowadays, it would be considered a culinary refinement.

3 kg plums, 2 kg sugar, 1/4 cup water.

Instructions: Wash fruit, slice them and place in a saucepan with sugar. Cooking time is about 4 hours. Do not forget to stir regularly.

As regards rhubarb, the roots of this plant were used to prepare tea (or a sort of syrup) used as laxative. It was thought to benefit digestion and increase appetite. In this case, it was drunk before meals. In Chile, I saw how this tea was given to a young fisherman who was suffering from hepatitis. I asked his mother how effective it was and she gave me so many explanations that I came to the conclusion that if it does not kill, it heals.

TOMATOES JAM

This jam was not common some time ago.

1 kg tomatoes pulp, 3/4 kg sugar, juice of half lemon. Proportions are similar to that used for other jams.

You have to be careful when boiling tomatoes to peel them. Choose ripe tomatoes. The rest is the same that with other jams.

Some of these jams are more common near the cordillera, but nowadays they are consumed all over Patagonia. Among them we find strawberry jam, cherry, sour cherry and the exotic ones as cassis, black currants, elderberry and gooseberry and the autochthonous **rosa mosqueta** *and* **calafate**. *This last one is consumed in great quantities. This is the result of*

Budín inglés.

Lavar las frutas, cortarlas y ponerlas en la cacerola con el azúcar. El tiempo de cocción es de unas 4 horas. No hay que olvidarse de revolver.

Pasando a otro tema, pero que le incumbe al ruibarbo, era frecuente que con las raíces de esta planta se hiciera un té (o especie de jarabe) que servía como laxante. También se creía que ayudaba a la digestión y que aumentaba el apetito. En estos casos se debía ingerir antes de las comidas. En Chile pude ver cómo le daban este té a un joven pescador convaleciente de hepatitis. Le pregunté a la madre qué tan efectivo era el mismo. Me dio tantas explicaciones que la conclusión que saqué es que si no mata, cura.

DULCE DE TOMATES

Este dulce no era tan habitual hace un tiempo atrás.

1 kg de pulpa de tomates, 3/4 kg de azúcar, jugo de medio limón.

Las proporciones son similares a los otros dulces. En este se debe poner especial cuidado en darle un hervor a los tomates para sacarles la piel. Deben estar bien maduros. El resto es similar a los demás dulces.

Hay algunos un poco más comunes cerca de la cordillera, aunque en la actualidad se consumen en toda la Patagonia. Entre ellos tenemos el de frutilla, cereza, guinda. Los exóticos

*its special taste but also of a legend. It is said that once you try one of the violetish round fruits of this plant, it is impossible not to come back to the region. There are several versions of this legend, but maybe the most beautiful is the one that tells about the love born between a colonizer from Buenos Aires and the daughter of a cacique. The rest of the story is as usual: she was already engaged and everything went on smoothly until the couple was caught behind a **calafate** plant. He was lucky to survive, but he had to promise never to return —he was expelled. But the **calafate** did the rest.*

CALAFATE JAM

1 kg calafate (the violetish small fruits) and an optional 1/2 kg apples to obtain a jelly. If this is the case, add some lemon and less sugar. Water and sugar (about 3/4 to 1 kg).

*Boil **calafate** and chopped apples (add water if necessary) until the fruit comes to pieces. Once fruit becomes a blackish paste, add as much sugar as there is juice in the preparation. Calculate this roughly and if not, strain the fruit and measure liquid. Heat again until it thickens.*

Mermeladas.

como el cassis, sauco y grosella, y los más autóctonos como el de rosa mosqueta y el de calafate. En especial el de calafate es uno que tiene adeptos en gran cantidad. Tanto influye el gusto especial que tiene como la leyenda. Esta dice que, si se prueba uno de los redonditos y violáceos frutos de esta planta, es imposible no regresar a la región. Existen varios y muy diversos orígenes de esta leyenda. Tal vez la versión más linda es la que cuenta del amor que nació entre un colonizador de Buenos Aires y la hija de un cacique. La trama es la normal en estas situaciones: la hija estaba ya comprometida y todo fue bien hasta que los sorprendieron en una mata de, justamente, calafate. Logró salvarse por pura casualidad y, bajo la promesa de no regresar, fue expulsado. El calafate hizo el resto.

DULCE DE CALAFATE

Conseguir 1 kg de calafate (las frutitas violáceas).

1/2 kg de manzanas para convertir el dulce en una jalea (si se omite, es el que se usa para cocinar). En ese caso poner un poco de limón y un poco menos de azúcar. Agua y azúcar entre 3/4 y 1 kg.

Hervir el calafate y las manzanas cortadas (agregar agua si es necesario) hasta que la fruta se deshaga. Una vez que quedaron hechas una pasta negruzca, se agrega azúcar casi en la misma proporción del jugo que haya en la preparación. Se hace a «ojo de buen cubero», pero si no se tiene fe se puede colar y así saber cuánto líquido hay. Colocar nuevamente en el fuego y dejar que espese.

DULCE DE GROSELLAS, FRAMBUESAS, FRUTILLAS O CEREZAS

3/4 kg de grosellas, frambuesas, frutillas o cerezas. 1/2 kg a 3/4 de azúcar. (la proporción se puede decir que es a 1 kg de fruta por cada 3/4 de azúcar), jugo de un limón.

Colocar el azúcar en una cacerola y cubrir con agua. Cocinar hasta que el almíbar se espese (cuando se toma entre dos dedos se forma una especie de hilo flojo). Se pone la fruta cortada en trozos y bien limpia, un chorrito del jugo de limón y se cocina hasta que el conjunto toma un color rojizo y se espesa. Muchos van sacando la espuma que se forma en la superficie con una cuchara de madera.

Industrialmente se logra este punto con gelatina hecha a base de «agar-agar» (algas). El sabor es totalmente distinto. Realmente vale la pena comprar o hacer estos dulces en forma casera.

GOOSEBERRIES, RASPBERRIES, STRAWBERRIES OR CHERRIES JAM

3/4 kg berries, 1/2 kg to 3/4 kg sugar (the right proportion is about 3/4 kg sugar per 1 kg fruit), lemon juice.

Place sugar in a saucepan and cover with water. Heat till syrup thickens (when you take it between your fingers, a sort of loose thread will be formed). Add clean fruit cut into pieces. Pour lemon juice and cook until fruit becomes reddish and thickens. Many remove the foam formed on the surface with a wooden spoon.

In industrial production, this is obtained with gelatin prepared with agar-agar (from algae). Taste is completely different. It is really worth buying or cooking these home-made jams.

PLAIN POUND CAKES

Prepare plain pound cakes as usual. Then spread with butter and sprinkle with sugar. I've seen them served rolled or simply one on the other, but always hot.

OTHER TYPICAL RECIPES

Among other dishes there are typical accompaniments. For example, a stew that may be just like anyone else is served with a kind of doughnut or gnocchi (dumpling) made of flour that is cooked with the stew. I think this must be to replace potatoes or other vegetables. It is a simple small piece of dough made of flour with some milk boiled in the stew. This reminded me of the **Chapaleles** *that Ramón or Santana cooked in Península Mitre.(These were a kind of wrapping with jam inside.)*

They also have their typical liquors elaborated with fruits, especially cherries. I haven't tried it, but it is said that their beer is excellent when prepared in summer. I don't think they go on producing it.

Among other things, I tried lots of puddings for dessert as bread pudding, plum pudding or the carrots one. In fact, this called my attention the same as the variety of dishes served with jam or a sweet tomato sauce (something similar to ketchup).

As for cold food, we find pork cheese and a sort of pork liver patée, which with some variations, is similar to any other prepared in other regions; just the same as the rest of cold meat.

What I found most exotic was the beef pie. This may also be prepared with a mixture of beef and chicken kidneys (half and half) or only chicken.

MEAT PIE

This dish, which is really simple to cook and tasty, is rare in the rest of Argentina. The cook-

PANQUEQUES

Se hacen en la forma tradicional. Luego se enmantecan y se les espolvorea azúcar. He visto que los sirven arrollados o simplemente uno arriba del otro, pero siempre calientes.

OTRAS PREPARACIONES TIPICAS

Entre las demás comidas existen acompañamientos bien típicos. Es así como, por ejemplo, un estofado que puede llegar ser parecido a cualquier otro, tiene como acompañamiento una especie de buñuelo o ñoqui de harina que se cocina junto al estofado (*dumplings*). Creo que debe ser un invento para reemplazar las papas u otras verduras. Se trata de un simple bollo de masa de harina leudante con un poco de leche que se pone a cocer en el jugo del estofado. Me hizo recordar a los «chapaleles» que hacían Ramón o Santana en Península Mitre; eran como unos pañuelitos a los que les ponían dulce.

También tienen sus bebidas como licores realizados con las frutas. Y una cerveza que no he probado, pero escuché comentar que cuando la hacen (en verano) suele ser excelente. No creo que en la actualidad la sigan preparando.

Entre otras cosas pude probar una larga serie de budines dulces para postre como el de pan, el plum pudding o el de zanahorias. En realidad me llamaron un poco la atención como así también la variedad de platos a los que les agregan dulce o los acompañan con una salsa dulce de tomates (algo así como el ketchup).

Entre los fiambres está el queso de cerdo y una especie de paté de hígado de cerdo que con pequeñas variantes es algo similar al que se puede hacer en cualquier otra parte, al igual que el resto de los fiambres.

Me pareció más típico de otra latitud el «pie» de carne de vaca (pastel de carne o tarta de carne). También se puede hacer con una mezcla de riñones de vaca y pollo (mitad y mitad) o de pollo solo.

PASTEL DE CARNE

Realmente es una receta sencilla, muy sabrosa y bastante poco común en el resto de la Argentina. La forma de prepararlo y su sabor me hacen recordar mucho al famoso «chicken pie de riñones» como en tono de broma lo llamaba Willi Mackintosh al exquisito pastel que hacía con una mezcla de riñones y carne vacuna.

Masa: con las tapas compradas se puede salir del paso, pero por si existen ganas de trabajar: 300 g de harina leudante, 1/2 cucharadita

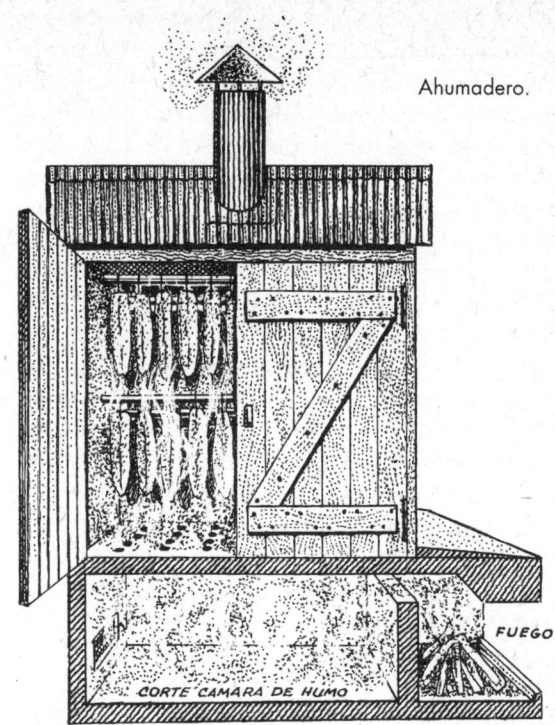

Ahumadero.

ing method used and its taste remind me of the famous «chicken kidney pie» as Willi Mackintosh jokingly used to call a pie made of a mixture of kidneys and beef.

Dough: You can also buy the pastry, but here are the ingredients in case you are willing to work.

300 g leavening flour, 1/2 teaspoonful salt, 50 g butter, 50 g lar, 1 egg, 1/2 cup milk.

Mix flour, salt, lard, butter and add egg whipped with milk. Knead. Form two buns and roll them out. Place one of them on the base of a mold rubbed with butter, add filling and cover with the rest of the dough. Lard can be replaced by butter, but taste changes a great deal.

Filling: 1/2 kg beef (or chicken or kidneys, or both mixed), 1 onion, 1 sweet pepper, 2 cloves garlic, parsley, sweet basil, 1/4 cup olive oil, salt, pepper and a pinch of ground red pepper.

Sauté the chopped onion with garlic and sweet pepper in a saucepan. Sprinkle with parsley and sweet basil. Cook till the onion has browned. Add ground meat and season with salt and pepper. Once cooked (and with its gravy) place on the dough and cover with the rest. Cook in oven for half an hour until pastry browns. Use a fork to perforate the cover to avoid puffing out. The interior should not be completely dry. It is not easy to calculate the right quantity of liquid, but about two cups of gravy before covering the pie should do.

Sometimes, raw eggs are added with the meat inside the pie.

de sal, 50 g de manteca, 50 g de grasa de cerdo, 1 huevo, 1/2 taza de leche.

Proceso para hacer las tapas: Juntar la harina, sal, la grasa de cerdo, manteca, y agregar el huevo con la leche batida y amasar todo. Hacer dos bollos y estirar. Colocar uno en la base de la fuente o molde enmantecado; agregar el relleno y tapar con la otra masa. Con respecto a la grasa de cerdo, se puede usar manteca en su reemplazo, pero el sabor cambia mucho.

El relleno: 1/2 kg carne vacuna (o pollo o riñones o mezcla), 1 cebolla, 1 morrón, 2 dientes de ajo, perejil, albahaca, 1/4 taza de aceite de oliva, sal, pimienta y una pizca de ají molido.

En una cacerola saltear la cebolla picada junto con el ajo y el morrón. Agregar el perejil y la albahaca. Cocinar hasta que la cebolla se dore. Agregar la carne salpimentada. Una vez cocida y con jugo, colocar sobre la masa y cubrirla con la otra tapa. Poner al horno por 1/2 hora o hasta que la masa esté tostada. Pinchar la tapa para que no explote. Lo ideal es que el interior no quede totalmente seco. La regulación de esa cantidad de líquido la da la experiencia, pero más o menos tendría que salir bien con un par de tazas de jugo de la carne colocadas antes de tapar con la masa.

He visto que en ocasiones colocan, junto a la carne, huevos crudos en el interior de la tarta.

POLLO RELLENO

Remojar pan en leche y agregarle sal, pimienta, una cebolla chica picada finamente, un poco de salvia, varios trocitos de manteca, un huevo crudo para ligar y algunos le ponen hígado picado u otras variantes como tocino, jamón o inclusive menudos de pollo. Se debe coser la cola para que el relleno no salga. Cocinar al horno y bañar el pollo con manteca y jugo de limón.

Testimonio de Lucinda Otero

Casi al final del libro nos da una serie de excelentes recetas, que ya no se hacen más.

Nacida en Ushuaia en el año 1938, siendo muy pequeña deja el pueblo. Vuelve en 1955 y desde entonces vive en la ciudad.

En la casa de Lucinda se dedicaban a la pesca comercial. La huerta la hacían entre todos: tanto el abuelo como el padre luego de las tareas diarias. No se salvaban ni los niños dado que también ayudaban: sacaban los yuyos y alimentaban a los animales.

STUFFED CHICKEN

Steep bread in milk and season with salt and pepper. Add a small onion finely chopped, some sage, some lumps of butter, a raw egg to mix —some people add chopped liver, bacon, ham or even chicken giblets. The hind part has to be sewn for the filling not to come out. Cook in oven and coat with butter and lemon juice.

Lucinda Otero's Testimony

Towards the end of the book, she offers us a series of excellent dishes which are no longer cooked.

Although she was born in Ushuaia in 1938, Lucinda left the village when very young to come back in 1955 and settle down for good.

Lucinda Otero's family were engaged in the fishing trade. They all worked in the orchard —grandfather and father included after their daily chores. Even children had to help to weed and they also used to feed animals.

LOTS OF LAND AND ORCHARDS

«…They were large and houses were quite detached. Some were a quarter of a block, others twenty meters by forty or twenty front by the whole block long. Everybody had an orchard, hens, geese that provided a lot of meat. We ate capon meat, but you have to know how to prepare it because if you don't take the fat out it is disgusting. The animal was used completely and each part was for a different kind of meal. It was in the 50s when bovine meat started to come once a week, on Saturdays, so there were two or three blocks queues for each of the two butcher's.»

FUEGIAN CUISINE

*«…Families tried to adapt their home dishes to what was available here, for example meals with capon meat or with seaweed or with seafood. Some prepared Galician **empanadas** or mussels or small mussels coated with egg.»*

LAMB

«…Staffed or larded roasted legs, according to each housewife. Each of them had her own recipes because you had to prepare meals with what you had at home.»

ROASTED CAPON LEG

«You take all the fat out. Sometimes you can marinate it with tarragon, vinegar, garlic, oregano or in white wine. The following day you stuff it with streaky bacon and garlic or with spices and garlic.»

TERRENOS Y QUINTAS

«...Eran grandes, las casas quedaban bastante separadas, algunos tenían un cuarto de manzana, otros 20 por 40, o 20 por toda la cuadra. Todos tenían quinta, gallinas, gansos, que daban mucha carne, era muy rendidor. La carne era de capón, pero hay que saber cocinarla porque si no se saca la grasa es horrible. El animal se aprovechaba casi todo, se separaba cada parte para distintas comidas. Recién en la década del 50 empezaron a traer carne vacuna pero una vez por semana, los sábados. Así que en las dos carnicerías las colas eran de dos o tres cuadras.»

COMIDA FUEGUINA

«Las comidas dependían de las mujeres, entonces el origen de la mujer marcaba la comida. La comida original, que había en todas las casas eran las algas, los mariscos, pero siempre con una tendencia del origen de la familia.»

«...Alguna comida con carne de capón o con algas, o con productos del mar. Algunos hacían empanadas gallegas o de las otras; cada uno tenía su forma de prepararlas. También mejillones, cholgas que las pasaban rebosadas en huevo.»

CORDERO

«Piernas asadas rellenas o mechadas, según el ama de casa. Cada una armaba sus recetas porque las comidas había que fabricarlas con lo que hubiera en la casa.»

UTILIZATION OF CAPON

«...We used to prepare scallops with capon meat. We marinated the meat for two or three hours with garlic, parsley and some drops of vinegar. Then we put them in egg with spices and pepper. Some coated them in flour, then in egg and breadcrumbs. With the rest of the meat we prepared stew.»

SEAWEED DISHES

«...the red ones are edible and were used to prepared filling for pasta or potatoes. They are fried with spring onions, parsley, oregano, pepper or red peppers. In general, for this kind of dishes, we used pepper. We prepared a sort of filling and put in a round dough.»

«...Luche (sea lettuce) was collected and dried to store it for winter. We didn't use to eat seaweeds in summer because food in winter was scarce and we stored everything— vegetables, legumes, sweets. The seaweeds are dry so, to cook some meal, first they are soaked, then cooked with butter or pork fat to soften them. Meals with seaweeds were popular because there were many Chilean people and they use seaweeds a lot because in Chile you have many German colonies that consume a lot of seafood. Yugoslavians are more fond of cooking fish.»

SEAWEED (LUCHE) FRIEDCAKE

«...You can prepare a paste with seaweeds and you add meat and cook meatballs. We served them with sauce or, without meat, accompaning other dishes.»

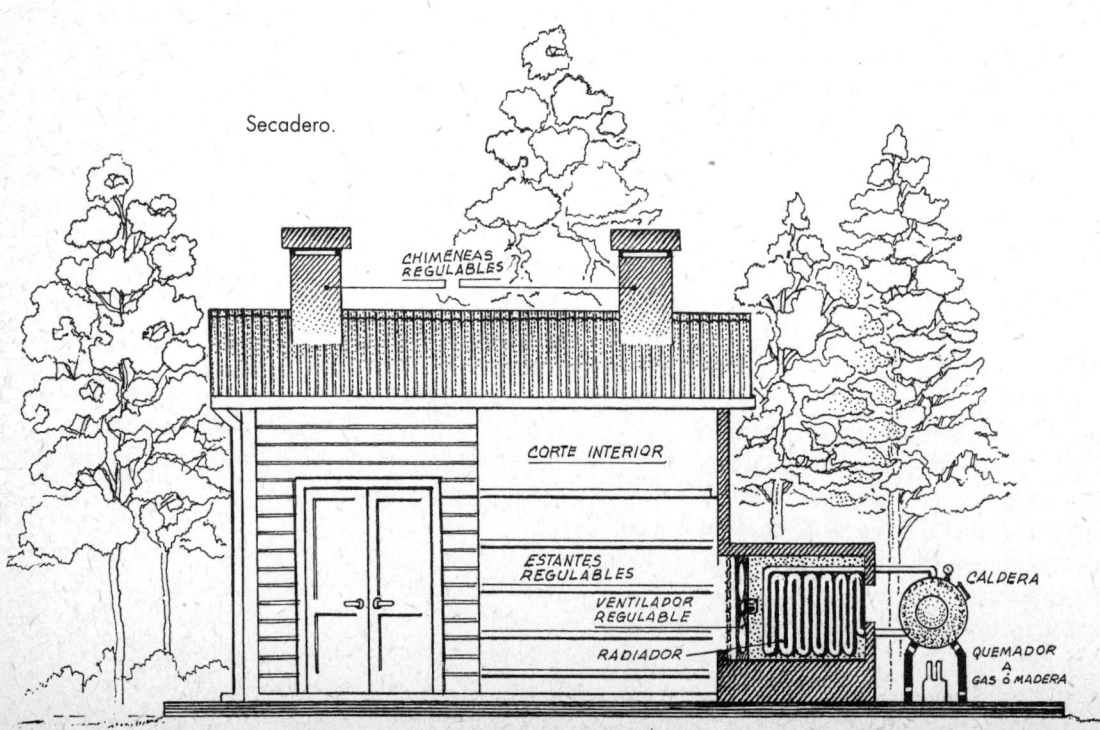

Secadero.

PIERNA DE CAPON ASADA

«Se le quita toda la grasa, algunas veces se la puede dejar adobada, con estragón, vinagre, ajo, orégano, si no se lo deja en vino blanco. Después al otro día se lo prepara mechado, con panceta y ajo y si no se preparaban especias, y después se le ponía ajo.»

APROVECHAMIENTO DEL CAPON

«...Con el capón también se hacían milanesas. Se dejaban dos o tres horas con ajo, perejil y unas gotitas de vinagre para que se impregnaran del sabor del ajo. Después las dejaban un rato en el huevo con especias y pimienta. Algunos las pasaban primero por harina, después por el huevo y el pan rayado. Con el resto de la carne se preparaban guisos y estofados.»

COMIDAS CON ALGAS

«...Las algas rojas se utilizaban para hacer rellenos de pastas, o de papas. Se freían con cebollín, perejil, orégano, pimienta o ají. Generalmente para este tipo de comidas se usaba pimienta. Se preparaba una especie de picadillo, se hacía la masa y se formaba una especie de empanadita pero redonda.»

«El luche se cosechaba, se secaba y se guardaba para el invierno. En verano no se comían algas porque como el invierno era una estación más pobre se hacía gran acopio de todas las cosas: verduras, legumbres, dulces.»

«Las algas que se cocinan son secas. Entonces primero se remojan y después se cocinan con manteca o grasa de cerdo para ablandarlas. Las comidas con algas se hacían porque había mucha corriente de gente chilena, que las emplean mucho en la cocina. Allí hay colonias de alemanes, que consumen mucho productos de mar. Los yugoslavos cocinan más los pescados.»

BUÑUELOS DE ALGA (LUCHE)

«Con el alga se hace una pasta y después se prepara un buñuelo con carne. Ese mismo buñuelito era la comida, con una salsa, y si no ese buñuelo se preparaba con algas solamente y era para acompañar otras comidas.»

CACHIYUYO

«...Es otra clase de alga. Primero se asaba (en muchas partes se seca al sol pero en Ushuaia existe la dificultad de la nubosidad y lloviznas entonces el secado se hacía con fuego) y después se escamaba. Se lo tapaba para que largara (y no tomara) la humedad y luego, ya secado, estaba listo para prepararlo para el invierno. Se lo hacía en estofado y en comidas especiales con luche, sea con arroz o fideos.»

CACHIYUYO (GIANT KELP)

«...*this is another kind of seaweed. First it was roasted (in other regions these are dried in the sun, but in Ushuaia this is prevented by cloudiness and drizzle, so seaweeds were dried with fire) and peeled. Then, it was covered to complete drying (and to avoid contact with humidity). Once dried, it was ready to be prepared for winter in stews and other special dishes with luche and served with rice or spaghetti.*» (Author's note: As we have seen, these seaweeds were cooked in stews, soups or served with other dishes. But I personally prefer to wash it carefully so that the taste of shellfish is weakened; i. e. iodine, apart from salt. This is a great choice when there are no fresh vegetables at hand. We've eaten both these algae and cachiyuyos almost every day on our expeditions in Península Mitre).

LUCHE CASSEROLE

«...*You brown meat slightly, then add boiling water and all dressing such as onion, chili pepper or pepper, sweet peppers, chive, oregano. The luche is an edible brown seaweed that you have to fry in butter first for it to soften. Once all this is ready, you add potatoes, rice and luche previously cooked. At last you add oregano and parsley. It is delicious.*» (Author's note: I attest this is delicious and she cooks it wonderfully. The origin of these recipes is mainly Chilean since in the area of Magallanes very similar dishes with seaweeds are prepared.)

LOCAL VEGETABLES

«*There was chicory —we prepared salads with it—; some people also cooked them and prepared an infusion that they used to drink after meals as a blood regenerative. Chicory was always wild, but we also planted it to have more. It used to grow as soon as snow melted; the same happened with spring onions. These two vegetables were used to cook a wide variety of meals. They were even steamed and then sautéed with onions, garlic and spring onions.*»

«*There used to be celery and wild watercress and many things that progress wiped away because the atmosphere has also changed.*»

«*In the orchard there were radishes, Swiss chard, spinach, cabbage, and when weather was fine we also got fennels. Beetroots, potatoes, peas and broad beans as well; and if the harvest was good, we consumed them in summer and also dried them for winter. If weather was fine, it stopped snowing in October and we could seed in November. There were some seasons when we got the small pods of beans in*

(N. del autor: como hemos visto, esta alga se prepara en muy distintas formas: guisos, sopas y como acompañamiento. Pero para mi gusto hay que lavarla bastante para que largue el fuerte gusto a marisco, es decir yodo, además de la sal. Se trata de una gran alternativa para cuando no se tienen verduras frescas a mano y tanto esta alga como el luche los hemos comido casi a diario en las expediciones por Península Mitre).

CAZUELA DE LUCHE

«...Se dora un poco la carne, después se agrega el agua hervida, y todos los condimentos, cebolla, ají o pimienta, morrones, cebolla de verdeo, orégano. El luche es un alga parda comestible, que previamente se le saca el agua y se fríe con manteca para que se ablande. Una vez que está todo se le agrega papas, arroz, y el luche previamente cocido, por último perejil y orégano: es riquísimo.» (N. del autor: Doy fe de que es exquisito y de que lo prepara muy bien. Estas recetas tienen un origen bastante chileno dado que en la zona de Magallanes se preparan en forma parecida.)

VERDURAS DE LA ZONA

«Estaba la achicoria, con la que se hacían ensaladas. Algunos también la cocinaban o se preparaba una infusión para tomar después de la comida como regenerador de la sangre. La achicoria siempre fue salvaje pero a veces también se cultivaba para tener más. Era la primera; se iba la nieve y ya estaba saliendo la achicoria y también el cebollín. Con estas dos verduras tenían para hacer distintas cosas, incluso la cocinaban al vapor, y después la salteaban con cebolla, ajo, y cebollín.»

«También había apio y berro silvestre. Hay muchas cosas que con el progreso han ido desapareciendo porque también la atmósfera fue cambiando.»

«En la quinta había rabanitos, acelga, espinaca, repollo, zanahoria. En algunos años lindos se daban los hinojos, también remolacha, papa, arvejas, habas. Si la cosecha venía buena, se consumía en verano y se secaba para el invierno. Si el año venía bien y a fin de octubre se iba la nieve, en noviembre se podía plantar. Hubo años que en diciembre ya teníamos las chauchitas de las arvejas formadas. La gente plantaba cuando se iba la nieve.»

ARROLLADOS DE VERDURA CON MASA

«Es como el struddel, pero de verdura. A la verdura a veces se le ponía seso, pero generalmente se le agregaba paté o picadillo de carne, acelga o espinaca. Era un relleno parecido al

December. People usually sowed as soon as snow melted.»

VEGETABLE ROLLS

«...It is like strudel but with vegetables. Sometimes we added brains, but generally it was pâté or minced meat and Swiss chard or spinach. The filling is similar to that of ravioli. Then we prepared a very thin dough, like paper, and we filled and rolled it and then wrap it in a piece of cloth. You wrap it and sew the extremes and boil it. It is delicious but you have to work a lot.»

POTATO BREAD

«...In the potato harvest you find some too small ones, so you collect them to feed pigs. But those a bit bigger are washed and carefully peeled when they are still fresh. Then you smashed them to make the dough for bread. It is delicious and you save flour. We also prepared corn bread.»

SEAFOOD

«We also cooked meat sauces with fish and crustacean or mollusks to serve with spaghetti.»

«There used to be a lot of octopuses. When you got up with the tide you found octopuses on the beach and they weighed three or four kilos. But now you can see them no more.»

«The Galician night watchman of the Prefecture used to catch squids and octopuses. You could catch them with an earthenware pan because they liked to sleep in there. I remember once I went to the beach early in the morning and brought two octopuses and my brother went at eight and brought another one. Sometimes you could find even four at a time.»

VARIETIES OF FISH

«...Sea bass, toadfish, calafate —it is a golden fish that natives used to sell in the village—, another variety of sea bass, atherine, saurel. Natives lived on Navarino island and they used to fish calafate an other fish in full moon nights so we knew that the following day they would come with the fish.»

OTHER DISHES

«Then we had hens, geese that we used for many meals, and shellfish. With goose you can prepare many meals such as casserole, soup, and the same meals you cook with other kind of meat. Some people also bred pigs and made sausages, ham, Calabrian sausages and nothing was discarded.»

del raviol. Después se hacía una masa bien finita, como papel, se rellenaba y arrollaba. Luego se lo envolvía en un paño que siempre había. Se cosían las puntas y se ponía a hervir. Es exquisito, pero da mucho trabajo.»

PAN DE PAPA

«...Cuando se hace la cosecha hay papas que son muy chiquitas y no sirven para nada. Entonces se juntan y se dejan para darle la comida a los chanchos. Pero también las más grandecitas, que quién las pela, al principio se las lava muy bien, se las pela cuando están fresquitas, se hace un puré y con eso se prepara la masa del pan. Es riquísimo, de paso se emplea menos harina, y es un ahorro para la casa. También se hacía pan de maíz.»

PESCADOS Y MARISCOS

«También se preparaban tucos con pescados y crustáceos o moluscos y se utilizaban para los tallarines.»

«Ahora no hay tanto, pero antes había mucho pulpo. Uno se levantaba con la marea y podía encontrar pulpos en la playa que pesaban hasta 3 ó 4 kilos, ahora no se ven más.»

«En el muelle de la Prefectura el sereno, un gallego, pescaba calamares y pulpos. Se pescaban con una olla de barro porque ahí les gusta ponerse a dormir. Entonces, cuando están dormidos, se levantan despacito y así se pescan. Un día muy temprano yo traje dos pulpos y mi hermano fue a las ocho de la mañana y trajo otro más. A veces agarraban hasta cuatro.»

CLASES DE PECES

«...Mero, sapo, calafate —un pez dorado que los indios iban a vender al pueblo— brótola,

PREPARATIONS FOR WINTER

«When a pig was killed, they prepared bacon and streaky bacon. They made sauerkraut too; all these things were for winter. We prepared sauerkraut with cabbages. According to each place, we left them on the soil or in pantries in basements. They were hung root up for them not to rot and they lasted until the following season. People also used a piece of wooden to preserve eggs for six or seven months —you made water heat in a pan and when it was boiling you placed eggs in a basket and pass them through the water so the heat makes them waterproof. Some put them in salt or sawdust to keep them apart because if they touched each other, they would rot. We had potatoes all through the year. They were kept in a pantry to avoid light and humidity.»

«We also used to eat salty meat, castradina, that was prepared in barrels with salt to cure it and it was like ham. It was also prepared with capon meat and, sometimes, bacon was added.»

PRESERVED FOOD

«There were preserved food in bottles —marinated fish, chicken and turkey.»

FRESH FRUIT

«There was no fresh fruit. Seamen brought peaches for their friends and boxes with bananas. The only fresh fruit available was calafate with which we prepared preserves for winter. There is also a fruit called myrtle with which you can make a delicious preserve. With rhubarb, an introduced fruit, that grows quite well here; gooseberries and another red fruit that children call parro with which you could make

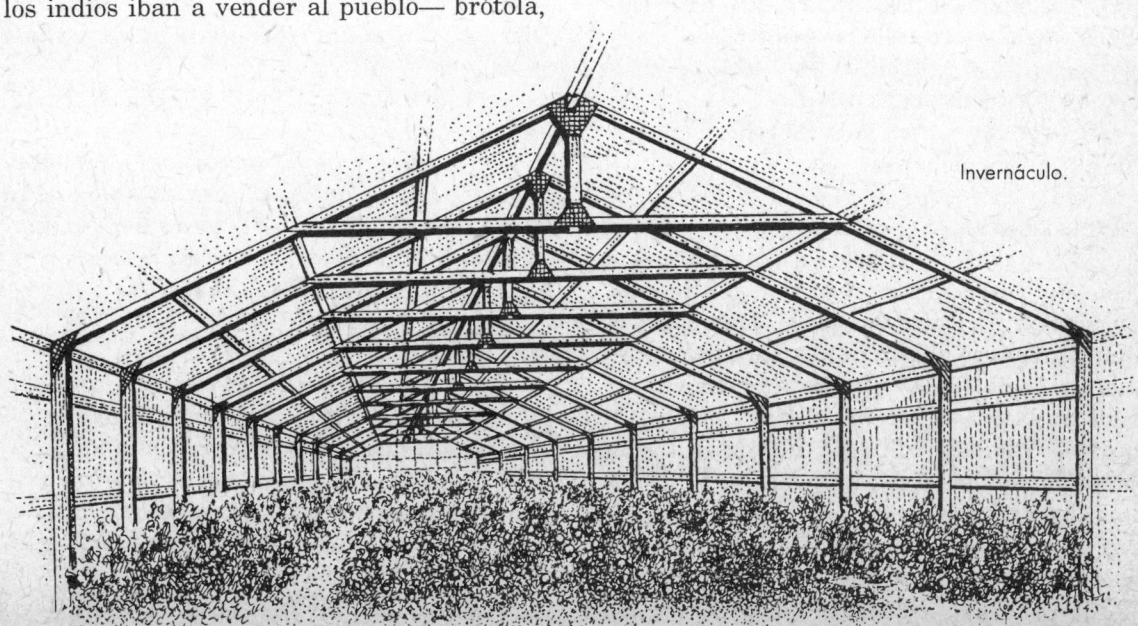

Invernáculo.

róbalo, pejerrey, palometa. Los indios vivían en Navarino y en las noches de luna pescaban brótola y calafate. Después de las noches de luna se sabía que ellos venían con el pescado.»

OTRAS COMIDAS

«...Lo demás que había eran gansos y gallinas que daban para muchas cosas como sopas y cazuelas. En las casas también había lechones. Algunos hacían chacinados, jamón, bondiola, codegines, chorizos calabreses, se aprovechaba todo.»

PREPARATIVOS PARA EL INVIERNO

«Cuando se mataba un chancho, se preparaba tocino, panceta. También chucrut, todas cosas que se preparaban para el invierno.»

«Con el repollo se hacía chucrut y, según los lugares, se dejaba en la tierra. Y, si no, en los sótanos que había para guardar las cosas se colgaban los repollos con la raíz hacia arriba. Esto es para que no se pudran y duraran hasta la próxima temporada. También tenían una manera de conservar los huevos por seis o siete meses: se pone una olla de agua a calentar y cuando está hirviendo a borbotones, se colocan en una cesta o en una espumadera. Se pasa el huevo ligeramente por el agua y el calor impermeabiliza la tela que tiene adentro. Algunos los ponían en sal o en aserrín para separarlos y que no se toquen. Eso es lo importante porque si toman contacto uno con otro se descomponen. También había papa todo el año que se guardaba en una despensa, sin luz y sin humedad.»

«Se consumía carne salada, la castradina, que se prepara en toneles con sal para que quede curada, pero no llegue a secarse. Queda como un jamón. Se preparaba también con carne de capón y a veces le ponían tocino.»

CONSERVACION DE LOS ALIMENTOS

«Conservas en frascos, escabeche, de pescado, de gallina, de pavo.»

FRUTAS FRESCAS

«...No había, la gente de los buques les traía a sus amigos, duraznos, un cajón de bananas. La única fruta fresca que era el calafate con el que también se hacían dulces para todo el invierno. También hay una fruta llamada murtilla con la que se hace un dulce exquisito, un manjar. También ruibarbo, una fruta traída pero que se cosechaba muy bien acá. Grosellas, otra frutita roja que los chicos llaman parro, que se hacía chicha con eso, una bebida exquisita. Con eso se hacía jalea, un montón *an exquisite drink, chicha. You could prepare jelly and many other things...»*

DESSERTS

«...You boil calafate and get a dense water that you cook with corn flour to make a pudding with cream and strawberries. It is a delicious dessert.»

«Children looked forward to winter because of ice-cream and desserts iced with snow. Our mothers prepared ice-cream with condensed milk or milk jam. They prepared cream with milk jam and snow, with corn flour and fruit juice. If not, they whipped the custard cream and mixed it with snow and you got ice-cream.»

«Bread came from the prison, but at home we used to eat a kind of cake made of chocolate, egg and some flour. You had to blend the mixture for an hour. This cake could last at least three months. We also ate torta frita, plain pound cakes, home-made potato and carrot bread.»

BREAD

In her account, Lucinda tells us that «women that made bread had some recipients for leavening made of wood where they put the flour and a dough roll. When it had leavened, they amassed it again and left it in a warm place.»

LIQUORS

«...We prepared them with mandarin oranges, other fruit, eggs. They were nourishing and even children had them. If not, we prepared eggnog that children also drank.»

CANDIES

«...They were prepared with essence, almond essence for example, and filled with fruit paste. Towards late winter, sometimes we were short of sugar.»

ICICLES

«...Children enjoyed themselves a lot playing with icicles, the ice stalactites which hung from the roofs. They used to wrap them in napkins and licked them. They were called candles, but their real name is icicles.»

THE PRISON

This aspect of the subject may appear not to be related, but it is obvious that the prison influenced on household tasks and on trade (bakeries): «...We used to go to the prison for bread that we took for a Paraguayan guard who lived with his mother with the same family we lived. We took the bag and later we fetched it.» This was a prerogative for the prison employees. They

de cosas. No había problemas porque no llegaba a faltar; había abundante».

POSTRES

Tomamos de su recetario uno solo: «...el calafate se hierve y queda un agua algo espesa. Eso se cocina con maicena, se hace un budín, se le pone crema de leche y frutillas. Es un postre riquísimo.»

«Los niños esperaban el invierno por los helados y los postres helados con la nieve. Nos hacían unos helados con leche condensada o con dulce de leche. Se preparaban cremas con dulce de leche y nieve, cremas con maicena y jugos de frutas más la nieve. Si no, el dulce de leche bien batido con la nieve y ya estaba el helado.»

El pan venía de la cárcel, pero en la casa de Lucinda se comía una torta que se hacía de puro chocolate y huevo y muy poquita harina. Había que revolver una hora. Duraba por lo menos tres meses sin secarse. También comían tortas fritas, panqueques, pan casero, de papa, de zanahoria».

PAN

Continuando con su relato del pan nos cuenta que: «Las mujeres que hacían el pan tenían levadureros. Eran unos recipientes que se vendían, otros los hacían en las casas. Se trataba de una caja de madera en la que se ponía la harina. Un bollito de masa que cuando se descomponía comenzaba a levar y a convertirse en levadura. Cuando la levadura estaba preparada, ya se estaba terminando el pan anterior. Se hacía el nuevo pan. Entonces la gente volvía a amasar y dejaba el bollito cerca del calor.»

LICORES

«...Con las mandarinas se hacía licor. También de fruta y de huevo. Lo hacían casi todos porque era un buen alimento. Se lo daban mucho a los chicos, y si no preparaban los ponches con huevo, y azúcar y oporto, también se lo daban a los chicos.»

CARAMELOS

«...Se preparaban con esencias, de almendra, rellenos con pasta de frutas. Lo que podía llegar a escasear, ya a finales del invierno, era el azúcar.»

CARÁMBANOS

«...Uno de los juegos favoritos de los chicos era jugar con los carámbanos, estalactitas de hielo que caen de los techos. Ellos los envolvían en una servilleta y los chupaban, hacien-

were also given fresh meat and other food. This depended on the population's necessities and the season. For example, fresh vegetables from the prison greenhouse where the convicts worked.

HOME-MADE MEDICINE

Lucinda's mother used to prepare an expectorant onion syrup: «...She cooked onion and took the essence out. Then she mixed it with burnt sugar and placed it in a round mold. When they started to dry, she put them a calafate stick and painted faces on them. Then we ate them as lollipops». Neither her brother nor she ever suffered from sorethroats.

Explorers' Diet

PENGUINS

Maybe these represent the most typical dishes of the region we can find. These are the resources used by explorers and pioneers when they had to survive in this area. We will only mention some anecdotic examples to pay homage to those upright men of the XIX century.

G. H. Gardiner's diary about his stay on Isla de los Estados provides some interesting information. As a worker for Luis Piedra Buena, he had to stay on the island next to three fellow workers for more months than expected. So, when they run out of provisions, they resorted to natural resources instead of waiting for somebody to help them.

They had arranged to leave on June 19th 1869, date in which Captain Luis Piedra Buena had to go back for them, but something delayed him. He finally arrived on January 7th 1870, about six months later. They stayed on the island, isolated, for almost eleven months.

It is clear that they were mentally prepared to face such a situation.

Their work was to «harvest» penguins to extract fat, then it had to be melted and barreled. This happened: «...in the bay the fishermen named king birds» or Pingüin Rockery in 1869. During Giacomo Bove's expedition, it was named port «Presidente Roca».

One of the typical dishes of these workers was otter and, as they started to run out of provisions, they had to replace some ingredients. So they had «penguin broth with celery» instead of coffee, and consumed «penguins»: «1° penguin soup with wild celery, penguin fillets with its fat, roasted penguin, cold boiled penguin legs. Food is the same, except for wild celery salad.» To introduce some variations in their

do de cuenta que comían churros. En una época se llamaban velas, en otra velones, pero el verdadero nombre en castellano es carámbano.»

LA CARCEL

Se trata de un aspecto que apenas entra en el tema que estamos tratando, pero que evidentemente influyó en el trabajo de los hogares y en el aspecto comercial (las panaderías): «...Allí íbamos a buscar el pan para un guardián paraguayo que vivía con su madre viejita en la misma casa de familia que nosotros. Llevábamos la bolsa, la dejábamos y después íbamos a buscarla.» Esta era una prerrogativa que tenían los empleados del establecimiento. También les entregaban carne fresca y alimentos diversos. Esto dependía un poco de las necesidades de la población y época del año. El Pan Dulce y las verduras frescas de los invernáculos del presidio, en donde trabajaban los penados.

REMEDIOS CASEROS

La mamá de Lucinda preparaba un jarabe expectorante con cebolla, según nos relató: «...la cocinaba, sacaba la esencia, después le mezclaba azúcar quemada y los ponía en un molde redondo. Cuando se estaban secando le ponía un palito de calafate, les pintaba caritas y los guardaba para que sus hijos tomaran el jarabe sin darse cuenta, pensando que se trataba de un chupetín. Así fue como ni mi hermano ni yo tuvimos nunca un resfrío ni dolor de garganta».

diet, they ate penguin liver «which we found really pleasant —the power of hunger.»

Gardiner had taken some seeds with him and sowed them (September, 29th). On December 21st he wrote he had obtained radishes, lettuce and beets; the rest did not sprout (onions and carrots) because of the lack of manure. The queer thing about this is that they even took seeds. They ate **pan de indio** mushrooms but they complained they were tasteless. This fungus attacks trees.

On November 20th, they collect penguin eggs. They hunt pigeons, ducks and geese (great bustards) which tells us about the abundance of sea mammals at that time. «Lacking any other food, we are eating otters and furseals.» He comments they hunt ducks using arrows (August, 8th) and otters with the help of dogs. Mice were also part of the diet —roasted they were really appreciated (September, 11th). They kept their hygienic habits and made soap with «bird oil and ashes» (July, 21st).

They also left two pigs and four young kids on a nearby island, 20 miles away, to go for them after «the birds slaughter». But, on arriving back ten days later, they only found three young kids —the rest of the animals had died. Luis Piedra Buena was always concerned with food and tried to leave goats pasturing for future needs.

Lobos marinos.

Alimentación de los exploradores

PINGÜINOS

Tal vez éstos representen la comida más regional que podríamos hallar. Son los recursos a los que exploradores o pioneros tuvieron que echar mano para poder sobrevivir en la zona. Solo anotaremos algunos ejemplos a modo de anecdotario y en homenaje a aquellos prohombres del siglo XIX.

Del diario llevado por G. H. Gardiner en la Isla de los Estados se obtiene una información muy interesante. Este empleado de Luis Piedra Buena se debió quedar en la isla junto a sus tres compañeros por varios meses más de lo planeado. Es por ese motivo que al quedarse sin víveres recurrieron a lo que la naturaleza les brindaba y no se quedaron a la espera que alguien viniese a ayudarlos.

Ellos tenían programado irse el 19 de junio de 1869, fecha en que el Capitán Luis Piedra Buena los debía ir a buscar pero algo lo retrasó un poco: lo hizo el 7 de enero de 1870, unos seis meses después. Estuvieron en la isla aislados casi once meses.

Evidentemente estaban mentalmente preparados a que algo así pudiera suceder.

Su tarea era la «cosecha» de pingüinos para extraerles la grasa, derretirla y envasarla en toneles. Esto sucedió «...En la bahía nombrada por los pescadores de los pájaros reyes» o en inglés *Penguin Rockery*, en el año 1869. La expedición de Giacomo Bove le dio el nombre de Puerto Presidente Roca.

Los platos típicos de estos trabajadores fueron basados en la caza de nutrias y a medida que se quedaban sin víveres fueron reemplazando algunos ingredientes. Así es como suplieron el café por «caldo de penguin con apio». y cómo comían **penguins**: «1° sopa de penguin con apio silvestre, Bife de id. con grasa del mismo, Asado de id. id. id. id., Patitas de id. hervidas pero frías. La comida es la misma, con la diferencia de tomar ensalada de apio silvestre.» Para variar la alimentación le sacaban el hígado a los pingüinos «...los que hallamos muy agradable (poder del hambre)».

Gardiner había llevado algunas semillas y las sembró (29 se setiembre); el 21 de diciembre cita que tiene rábanos, lechuga y remolachas; el resto no brotó (cebolla y zanahorias); culpa a la tierra por la falta de abono. Lo insólito es que hayan llevado hasta semillas. Comen el **pan de indio** pero se quejan de su falta de sabor; se trata de un hongo que ataca a los árboles.

En noviembre recolectan huevos de pingüinos (20/11). Cazan palomas, patos y gansos

Choique.

SEALIONS

In Punta Arenas, Puerto Natales, as well as in Puerto Montt you can find shops selling seaweeds or dried small mussels and bottles containing sealion oil.

This really caught my attention. Anyway, reading about explorers and old seamen you can discover that they used to consume this and they insisted that it had high qualities. Besides, one day a friend of mine, Gato Curuchet, back from the States, brought a bottle of seal oil. Obviously, at the turn of the XX century, it is still in use.

*I had forgotten all about this until, one spring while sailing on **Callas** sailboat towards Cape Horn, he had to moor in Puerto Toro (on Navarino island, Chile) because of a storm.*

This is a small fishermen port founded over a hundred years ago by miners that dug for gold on Picton and Lennox, the famous rocks with no value. A school with no students, a chapel shut with padlock, a playground with no children, reminds you of a promising past when over fifty fishing launches gathered in the bay. Today, there are only eight and they tend to disappear. Given the red tide, they only collect spider crabs and globefish.

*The place was named after the steamer that used to transport parties of **oreros** (gold-diggers). They set sail from this port on rowing boats seeking for the valuable metal.*

*Villagers come from different regions of the Chilean coastbelt. Most of them are from Punta Arenas and Golfo de Ancud (Puerto Montt or Castro island). According to the account of Claudia Gonzales Loustau, the wife of the Sea Mayor (**Alcalde de Mar**), life in this place seems to be quiet but unexpected events take place every day.*

Cabras.

(avutardas) dando cuenta de la abundancia de mamíferos marinos que había en esos años. «Estamos a falto de otro manjar comiendo nutrias y lobos de dos pelos.» Comenta que cazan los patos con flecha (10/8) y, con ayuda de los perros, las nutrias. Los ratones no se salvan y fueron probados asados con gran aceptación (11/9). Continuaron con sus hábitos higiénicos y fabricaron jabón con «aceyte de pájaro y ceniza» (día 21 de julio).

A sí es como dejaron dos cerdos y cuatro chivitos en una isla cercana, a 20 millas, para ir a buscarlos después de «la faena de los pájaros.» Pero regresan a los diez días sólo con tres chivitos, los demás animales murieron. Luis Piedra Buena siempre tuvo gran preocupación en la alimentación y procuraba llevar y dejar cabras pastando para cuando fuera necesario.

LOBOS DE MAR

Tanto por Punta Arenas como en Puerto Natales o en Puerto Montt, se puede ver en las vidrieras de los negocios que venden algas o cholgas secas, botellas que contienen aceite de lobo marino.

Realmente me llamó la atención. Pero si leemos sobre exploradores y navegantes de antaño, vemos que tenían la costumbre de utilizarlo y recalcaban que poseía muchas virtudes. Por otra parte un día se apareció un amigo, el Gato Curuchet, que al regresar del norte de los Estados Unidos trajo una botella de aceite

SEALIONS AND BYPRODUCTS

As a storm with strong winds and sleet settled down for a couple of days, visits to fishing launches and villagers became almost compulsory. We chatted about fishing, the population and the depredation caused by factory ships which made the fishing production drop, and the rebirth during the 60s that is just a remembrance.

The conversation went on with the hunting of sealions and dolphins. Though it is forbidden to hunt both species, fishermen appreciate dolphins meat to bait the traps for spider crabs (apparently, it is firmer and lasts longer attracting king crabs and false king crabs a lot). If not, they use sealion's meat and, if there is no choice, any other.

*Sealions are exploited in different ways. Its skin is highly appreciated to make boots and its fat to extract oil. After slaughtering an animal, they place the fat inside the skin and boil it. With this procedure, they obtain heavy oil and **chicharrón** with an appalling taste that they consume enthusiastically. Oil is a little better and is used to dress dishes (which immediately smell of sealion) or to drink it as a medicine.*

According to popular belief, a goblet a day of this oil makes the skinniest man on earth to put on weight becoming a corpulent man of 90 kilos. They assure it provides a lot of calories and vitamins. So doses may vary from a daily

de foca. Evidentemente, a fines del siglo XX, se sigue utilizando.

El tema no pasó a mayores hasta que durante una primavera navegando en el velero *Callas* hacia el Cabo de Hornos, tuvimos que hacer una recalada forzosa, dada la tormenta, en Puerto Toro, isla Navarino, Chile.

Se trata de un pequeño puerto de pescadores fundado hace más de cien años por los mineros que explotaban oro en Picton y Lennox, las famosas *rocas sin valor alguno*. Una escuela sin alumnos, una capilla con candado, una plaza con juegos pero sin niños, recuerdan un pasado mejor, cuando más de cincuenta lanchas pesqueras se reunían en la bahía. Hoy quedan ocho en actividad y la tendencia es declinante. Dada la marea roja, se dedican sólo a la centolla y al erizo.

El nombre del lugar fue dado por el vapor que traía los contingentes de oreros. De aquí partían con embarcaciones de remo o vela para buscar el preciado metal.

Toda la gente del lugar proviene de distintas regiones del litoral marítimo chileno. La mayoría son de Punta Arenas y del Golfo de Ancud (Puerto Montt o isla de Chiloé). Según nos fue relatando Claudia González Loustau, esposa del Alcalde de Mar, la vida en estos parajes transcurre rutinariamente, pero con acontecimientos inesperados casi todos los días.

LOBOS MARINOS Y SUS DERIVADOS

Como la tormenta con vientos fuertes y nevisca duró un par de días, las visitas a lanchas pesqueras y a la gente del poblado se hizo casi obligatoria. Se habló sobre pesca, población y la depredación causada por los grandes buques factorías que hizo decaer la pesca. El resurgimiento que tuvo el lugar durante la década del 60 era sólo un recuerdo.

La charla continuó sobre la cacería de lobos marinos y delfines. Aunque prohibidas ambas, los pescadores aprecian mucho la carne de los delfines para cebar las trampas de centolla (aparentemente es de mayor consistencia y dura más atrayendo mucho a las centollas y centollones). En su defecto usan la de lobo marino y, en el peor de los casos, cualquier otra.

Al lobo marino lo aprovechan de distintas formas. Así es como se aprecia mucho su piel para hacer botas y la grasa sigue siendo usada para hacer aceite. Al carnear el animal ponen la grasa dentro del cuero y la hierven. De este procedimiento obtienen aceite fino y «chicharrón», de un gusto tremendo, que consumen con entusiasmo. Un poco más pasable es el aceite, el cual es utilizado para condimentar las comi-

goblet, in the morning and before breakfast, to one a week; this last dose is prescribed for children. The most appreciated oil is that obtained in the south, not in the north. Among other good qualities, it is said to be an effective aphrodisiac and helps to fight cold.

King Crab Fishing

*Two fishermen from launch **Lidia** approached us to offer king crabs. We gave them three liters of wine in exchange for a bucketful of spider crabs, clean and already boiled. The launch was so sunk that it called our attention. The fishpond it had for spider crabs was so full of water that it appeared to be a submarine. Bad weather prevented them from fishing or sailing to Puerto Williams to leave the fish caught.*

As we have already said, to bait traps they use firm meat such as dolphin, sealion or horse. Then, they throw the traps —which on some occasions are over a hundred— all along the feared Nassau bay and in the surroundings of Cape Horn archipelago. Depth varies according to the different areas. They check traps periodically and set the younger spider crabs free. The rest is taken to a fishpond to be later transported to Puerto Williams to the refrigerator ship.

To see the fishermen work until dawn on snowed decks in a wooden pier covered with ice is an unforgettable image. I remember they left before seven in the morning for the south. Before nine, the last launch was back escaping

Guanaco.

das (inmediatamente toman olor al lobo marino) o para beberlo solo, a modo de medicina.

Según la creencia popular, una copita por día de este aceite hace engordar al hombre más escuálido que exista sobre la tierra, convirtiéndolo en un fortachón de 90 kilos. Aseguran que aporta una gran cantidad de calorías y vitaminas. Así es como las dosis pueden variar de una copita diaria, por la mañana y en ayunas, a una por semana. Esta última es una dosis para niños. El aceite más preciado es el que se obtiene en el sur y no en el norte. Entre otras virtudes se dice que es un eficaz afrodisíaco y ayuda a no sentir frío.

Pesca de centolla

De la lancha *Lidia* se acercaron dos pescadores a ofrecernos centollas. El trueque consistió en tres cartones de vino (Tetra-brick) por un balde lleno de centolla limpia y hervida. La lancha estaba tan hundida que llamaba la atención. El vivero que posee para las centollas estaba muy cargado de agua haciéndola parecer un submarino. El mal tiempo no los dejaba pescar ni navegar a Pto. Williams para dejar las capturas.

Como ya vimos utilizan para cebar las trampas carne de consistencia, ya sea delfín, lobo de mar o caballo. Luego largan las trampas, que a veces pasan holgadamente el centenar, por toda la temida bahía Nassau y los alrededores del archipiélago del Cabo de Hornos. La profundidad varía según las zonas. Periódicamente van revisando las trampas y dejan en libertad a las más pequeñas. El resto va a parar a un vivero para luego transportarlas a Puerto Williams al buque frigorífico.

Verlos trabajar antes que el sol salga, sobre cubiertas nevadas en un muelle de madera cubierto de hielo, es una imagen imborrable. Recuerdo que salieron antes de las 7 de la mañana con rumbo al sur. Antes de las 9 ya volvía la última lancha, escapando al temporal que se había desatado con toda la furia.

Recetas de Julius Popper

El Ingeniero Julius Popper, de origen rumano, fue uno de los primeros exploradores de la Tierra del Fuego argentina. Con dieciocho peones y un ingeniero especializado en minas, realizó la primera expedición de la cos-

from the tempest that had just broken furiously.

Julius Popper Recipes

The Rumanian engineer Julius Popper was one of the pioneer explorers of the Argentine Tierra del Fuego. With eighteen workers and an engineer expert in mines, he headed the first expedition of the Atlantic coast of the island in October 1886. Being a private venture, he was interested in finding something profitable to exploit. So he set up a gold washery in San Sebastián bay. In his diary, we can read how his cook —the one who always appears in photographs carrying a gun at his waist— managed to do his work. November 25th: «Lunch menu: Celery soup alla Worcestershire sauce. **Caiken** *eggs (Author's note: wild goose similar to the great bustard) in sealion oil. Cloephaga magellanica (Author's note: Magellanic goose), Worcestershire sauce. Guanacoe fillet alla Fuegian celery. Coffee with no sugar (I have to warn that our provisions were then reduced to three bottles of Worcestershire sauce and two pounds of coffee)...»*

Sailors

English sailing directions and charts on this region in the late 1800s pointed out that wild life could be found on these islands of the Fuegian archipelago. An example of this are the English sailing directions of 1900s (Publisher's note: Sailing directions are a detailed guide for pilots to use as a reference for places to visit; something similar to a traveler's guide but

Choza yamana.

ta Atlántica de la isla, en octubre de 1886. Su interés era el de cualquier particular: encontrar algo redituable de la exploración. Es así como instala un lavadero de oro en la bahía de San Sebastían. En su diario vemos cómo se las arreglaba el cocinero que llevó (que en las fotos siempre aparece con un gran revolver en la cintura). 25 de noviembre: «Menú del almuerzo: Sopa de apio a la salsa inglesa. Huevos de caikén (N. del A.: ganso salvaje similar a la avutarda) al aceite de lobo marino. —*Cloephaga magellanica* (N. del A.: ganso magallánico)— salsa Worchestershire. Filet de guanaco al apio fueguino. Café sin azucar. (debo advertir que nuestras provisiones estaban entonces reducidas a tres botellas de salsa inglesa y dos libras de café)».

Pava y mate.

Navegantes

Los derroteros ingleses y las cartas de navegación de fines del 800 traían indicaciones sobre la posibilidad de encontrar vida silvestre en estas islas del archipiélago fueguino. Por ejemplo, en el derrotero inglés de 1900 (N.del Editor: Derrotero: es una guía muy detallada que los pilotos tienen para sacar referencias de lugares a visitar. Algo así como una guía del viajero pero con datos de profundidades, faros, reglamentaciones y un largo etcétera), San Juan de Salvamento, en la Isla de los Estados, figuraba como un lugar ideal para hacer agua potable, leña para la cocina, caza de patos y gansos, y recolección de huevos de pingüinos en el mes de octubre. También avisaba que había apio silvestre, muy usado como anti escorbutiano. También comían la hoja del canelo, árbol típico de la región.

El escorbuto diezmó a las tripulaciones de los primeros exploradores (en la Era del Descubrimiento y cuando comenzaron los largos viajes oceánicos) y fue el gran navegante James Cook, a mediados del s. XVIII, quien descubrió la lima como un antídoto. Por dicha razón se le agregaba al agua potable. Esto se mantuvo como secreto de estado durante casi dos siglos. Incluso las exploraciones polares (invernadas) francesas al mando del Dr. Charcot pasaron por este problema que combatieron, sin saberlo, comiendo carne fresca de lobo marino y pingüinos.

Como este libro de lógico no tiene nada, puede ser que la parte de recetas no sea la más linda. A continuación, vamos a encontrar unas poesías escritas por Rosa Damiana «Tata» Fique.

including information on depths, lighthouses, regulations and so forth) on San Juan de Salvamento, Isla de los Estados, that marked this place as ideal to obtain drinking water, firewood to cook, hunting of ducks and geese and collecting of penguin eggs in October. It also said that there was wild celery which was widely used to fight scurvy. They also used to eat the leaves of winter's bark, a typical tree of the region.

This disease decimated the crews of the first explorers (during the Age of Discovery and when the long oceanic voyages began) and it was the great seaman James Cook, in the mid 1700s, who discovered that lime was antidotal. For this reason, this citrus fruit was added to drinking water. This was kept as a state secret for almost two centuries. Even French polar explorations (wintertime) in charge of Dr. Charcot suffered from this disease and fought it —ignoring it— by eating penguin and sealion fresh meat.

As this book is not in the least logical, it may turn out to be that the recipes part is not the nicest. Below, you will find some poems written by Rosa Damiana «Tata» Fique.

BUEN SUCESO HARBOR

I don't know you, and I love you.
I haven't trod on your ground and I tread on it.
I haven't breathed your air, and I breathe it.
Tell me, What is your enchantment
that as an umbilical cord

PUERTO DE BUEN SUCESO

No te conozco, y te quiero.
No he pisado tu tierra y la piso.
No he aspirado tu aire, y lo aspiro.
Dime, ¿Qué encanto tienes,
que como lazo umblical
unido a ti estoy?

Soy tuya porque al quererte,
como tu Faro que guía
cuando eterna mi alma.
Sobre tu tierra, se pose
sabrás que sin conocerte,
presintiéndote, te conocí.

Hoy tu Puerto, con sus rompientes olas.
Mi cuerpo, mi mente, envuelven crustáceos,
musgos, tus marineros,
y aquella casilla, que junto a tu emblema
Baluarte fue.

Este pensamiento fue dedicado a su abuelo, Luis Fique, quien fuera prefecto del Puerto de Buen Suceso, Tierra del Fuego.

EL RAMO DE ACHICORIA

De nostalgia su alma invadida
Recordando tantas caricias, tantas ternuras,
y eventos en tardes fueguinas de invierno,
¿qué niño no siente la ausencia de su nona querida?

La busca en su altura, no la encuentra.
No comprende, no se conforma,
ella ha partido.

Un atardecer palpa más que nunca,
en su piel esa ausencia,
del jardín de su casa
arranca unas flores
y escapando a la vigilancia materna,
toma rumbo hacia donde ella descansa.

Va corriendo con su apretado ramo
sintiendo en el aire, el olor a pasto,
a estiércol, a potreros, a vacas,
a Ushuaia, con sus caminitos de antaño,
y esos olores aledaños a sus casas.

Entre flores, cabriolas y olores,
va nublándose el atardecer. El niño ha llegado
al campo santo,
qué tristeza, qué soledad
¡Dónde ha quedado ese correr, ese coraje!
ya solo temores envuelven su alma.

Mira entorno y allá a lo lejos,
ve un puñado de hombres,
unos con trajes representado la ley,
otros con sus trajes rayados
no parecieran hombres, solo cebras,

bound to you I am?

I am yours because in loving you,
like your guiding Lighthouse,
when eternal my soul
On your ground comes to rest,
you will know that not knowing you,
having a premonition, I knew you.

Today your Harbor, with its breaking waves.
My body, my mind, surround crustacean, mosses, your seamen,
and that hut, together with your emblem,
a Bastion was.

These thoughts were dedicated to her grandfather Luis Fique, who was prefect of Puerto de Buen Suceso, Tierra del Fuego.

THE CHICORY BUNCH

Of nostalgia his soul pervaded
Recalling so many caresses, so many sweet nothings, and happenings in winter Fuegian afternoons,
What child would not feel the absence of his dear granny?

Searching at his height, he can't find her.
He can't understand, he can't find comfort,
she has left.

On one sunset he feels that absence
on his skin as never before,
from his home garden
he picks up some flowers
and escaping from mother's watch
he heads for the place where she rests.

Running he goes with his tight bunch
feeling in the air the smell of grass,
of manure, of colt tender, of cows,
of Ushuaia and its olden paths,
and those smells surrounding its houses.

Among flowers, leaps and smells,
the sunset turns cloudy. The child has reached the cemetery;
what a sadness, what a solitude
Where have that running, that courage gone to!
Only fears wrap his soul.

He looks around, and beyond
he sees a handful of men,
some in suits representing the law;
others in their striped suits
don't appear to be men but zebras,
their own destinies burying.

A thousand times he extends his little hands
he would like to offer the bunch he has taken

sus propios destinos enterrando.

*Mil veces extiende sus pequeñas manos
quisiera ofrecer el ramo que ha llevado
para su querida nona,
pero sujeto sus pies a la tierra,
mudo en su temor, en su pequeñez,
dolida doblemente, su alma de niño,
al ver que ellos, los hombres,
los de los trajes con rayas
juntando por flores, amarillos capullos,
ha quedado prendido a la cruz,
de achicorias un ramo,
llevando por lazo un resto, encontrado
de alambre oxidado.*

Rosa Damiana Fique («Tata Fique»)

A veces charlando comentamos sobre la influencia que pudo haber tenido la tristemente famosa Cárcel de Tierra del Fuego y la respuesta es siempre la misma: «Ninguna. Estaba en nuestras vidas, pero como algo lejano». Por estos versos podemos ver que formaba parte de cada uno de los habitantes; desde los más chicos a los mayores la llevaban adentro. Con o sin pesar, cada uno la vivía a su modo.

*for his dear granny,
but tied his feet to the ground,
dumb in his fear, in his smallness,
doubly hurt his child soul
in seeing that they, the men,
those wearing striped suits
picking up flowers, yellow buds,
a bunch of chicories,
with a remainder of rusty wire as bond,
is tied to the cross.*

Rosa Damiana Fique («Tata Fique»)

In our conversations we usually comment on the influence that the regrettably famous Prison of Tierra del Fuego could have had on the place and her answer always remains the same: «It had no influence. It **was** part of our lives, but something distant». These poems show us that the prison was part of every inhabitant, from the youngest to the eldest —they carried it inside, with or without sorrow, they experienced it in their own way.